고문허사사전

이경규 편

제이앤씨
Publishing Company

　고문허사사전의 내용은 주로 논어와 맹자 등 사서에 나오는 허사들의 활용을 쉽게 정리한 것입니다. 사전이라고 부르기에는 매우 부담스럽고 또 거창한 것 같지만 감히 고문 허사의 용법을 정리하게 된 것은 학교에서 시경이나 좌전, 당시, 송사, 당송팔가문 등 중국 고전 문학을 강의하면서 많은 학생들과 원문의 독해에 부딪히는 문제들을 서로 고민하고 정리하다 보니 책이 되었습니다.

　물론 이미 출판된 고문허사에 관한 좋은 서적들이 많이 있지만 이런 내용들은 너무 학술적이거나 전문적이고 분량도 상당하여 오히려 한문을 공부하려거나 고문의 이해에 관심을 가지려는 초학자들에게는 다소 부담스러울 수 있을 것 같습니다. 그리고 중국어문학을 전공한 사람들은 현대중국어를 먼저 배우게 되고 나중에 고대 중국어를 배우는데 같은 허사라고 할지라도 고대 중국어와 현대 중국어가 그 의미와 활용에 있어 차이가 있기 때문에 더욱 힘들어하는 것을 보았습니다. 이는 마치 현대를 살다가 갑자기 천년이나 이천년 전으로 타임머신을 타고 돌아가 현대의 언어로 과거의 문학과 역사, 철학을 이해하려니 쉬운 일은 아닐 것입니다. 이런 상황을 조금이나마 도와주고 싶은 마음에서 이 작은 책을 계획하게 된 것입니다.

　본서는 활용을 높이기 위해 한문 원문에 모두 한글 독음을 표기하였고 원문의 출전을 밝혔습니다. 그리고 가급적 원문에 충실하게 번역을 하려고 노력을 하였습니다. 그래서 이 책이 논어나 좌전, 손자병법과 같은 한문 원전을 읽고 싶은 분들에게 작은 도움이 되기를 진심으로 바랍니다.

　끝으로 고문허사사전을 출간할 수 있게 도와주신 J&C 출판사 사장님과 모든 분들에게 깊은 감사를 드립니다.

2011년 11월

1 이 책은 **170**개의 고문허사를 수록하였다. 허사의 배열방식은 필획 순에 따랐고 권말에 필획색인과 한국어 발음색인을 덧붙여 사용자가 손쉽게 찾을 수 있도록 하였다.

2 허사의 설명방식은 허사마다 품사 용법 용례로 구성하였다. 특히 실사의 의미를 겸하고 있는 허사는 동일한 조항에 실사의 용례를 들어 비교 설명을 하였다. 그리고 고문허사와 현대중국어의 허사용법에 있어서 유사한 용법을 예로 들어 설명하였다. 현대중국어 허사용법의 예문은 [ ]를 사용해 표기한다.

3 각 항목 안에 고문 허사와 유사한 현대중국어 허사 용법이 모두 있는 경우 고문을 우선적으로 배열하고 현대중국어를 나중에 배열하였다. 현대중국어 허사는 본문에 [ ]를 넣고 뒤에 중국어 발음을 달아서 고문 허사와 구별하였다.

4 이 책에 실려 있는 용례는 고문 허사의 경우 사서(四書)와 좌전(左傳)을 사기(史記) 등을 위주로 하였다.

5 이 책의 번역은 직역을 위주로 하였으나 의미가 불확실한 경우 의역을 하여 의미가 통하도록 하였고 해석을 추가하는 내용은( )를 넣어 원문과 구분하였다.

6 이 책에 사용하는 품사의 구분은 고대 중국어에서 사용하는 일반적인 경우로 국한 하였다. 그러므로 품사의 구분에 있어 이견이 있을 수 있다.

7 이 책은 학문적인 것 보다는 한문을 공부하거나 중국어를 공부하는 사람들에게 학습에 도움을 주는 것을 목표로 하여 편찬하였다.

고문허사사전

목 차

고문헌사사전

▮▮001 │ 一 (일)　　　　품사는 동사, 부사, 접속사 등이 있다.

(1) 동사로 사용될 때에는 "통일(統一)"의 의미이다.

> 例一 定於一, 孰能一之 ? 對曰. 不嗜殺人者能一之. (孟子梁惠
> 王上)
> 정어일, 숙능일지 ? 대왈, 불기살인자능일지. (맹자 · 양혜왕상)
>
> 해석 (양혜왕이 맹자에게 물었다.) 만일 천하를 통일하려고 한다면 누가
> 그것을 할 수 있겠습니까? 맹자가 대답하였다. "살인을 좋아하지
> 않는 사람이 천하를 통일할 수 있을 것 입니다."

> 例二 六王畢, 四海一. (杜牧阿房宮賦)
> 육왕필, 사해일. (두목 · 아방궁부)
>
> 해석 여섯 나라가 모두 멸망하고 천하가 통일되었다.

(2) 부사로 사용될 때에는 "전심으로", "모두", "확실히"의 의미이다.

> 例一 一心以爲有鴻鵠將至. (孟子告子上)
> 일심이위유홍곡장지. (맹자 · 고자상)
>
> 해석 전념을 다해 생각하면 큰기러기가 날아 올 수도 있다.

> 例二 公曰 寡人一樂之. (晏子春秋內篇諫上)
> 공왈 과인일락지. (안자춘추 · 내편 · 간상)
>
> 해석 경공이 말하기를 "과인은 확실히 이것을 좋아한다."라고 했다.

> 例三 萬民一從. (韓非子揚勸)
> 만민일종. (한비자 · 양권)
>
> 해석 만민이 모두 복종하였다.

(3) 접속사로 사용될 때는 "…하기만 하면"의 의미를 표시한다.

> 例一 彼一見秦王, 秦王必相之而奪君位. (戰國策秦策三)
> 피일견진왕, 진왕필상지이탈군위. (전국책 · 진책삼)
>
> 해석 그가 일단 진왕을 만나기만 하면 진왕은 반드시 그를 승상에 임명
> 하여 그대의 지위를 빼앗을 것이다.

例二 此鳥不飛則已, 一飛沖天, 不鳴則已, 一鳴驚人. (史記滑稽列傳)

차조불비즉이, 일비충천, 불명즉이, 일명경인. (사기·골계열전)

해석 이 새는 날지 않으면 그만이지만 일단 날면 하늘까지 솟아오르고 울지 않으면 그만이지만 일단 울면 사람을 놀라게 한다.

002 乃 (내)

품사는 부사, 대명사, 접속사 등이 있다. 迺(내)로도 쓴다.

(1) 부사로 사용할 때는 "비로소", "단지", "그러므로", "이미", "바로", "곧" 등의 의미이다.

例一 必以長安君爲質, 兵乃出. (戰國策觸讋說趙太后)

필이장안군위질, 병내출. (전국책·촉섭설조태후)

해석 반드시 장안군(長安君)을 인질로 삼아야만 군대가 비로소 출병할 것이다.

例二 天下勝者衆矣, 而霸王者乃五. (呂氏春秋孝行覽義賞)

천하승자중의, 이패왕자내오. (여씨춘추·효행람·의상)

해석 천하의 승자는 많지만 패자는 단지 5명이다.

例三 擧世混濁, 淸士乃見. (史記伯夷列傳)

거세혼탁, 청사내견. (사기·백이열전)

해석 세상이 모두 혼탁할지라도, 고상한 선비는 그러므로 더 잘 드러난다.

例四 子産聞其未張也, 使速往, 乃無所張矣. (左傳召公十三年)

자산문기미장야, 사속왕, 내무소장의. (좌전·소공십삼년)

해석 자산은 천막을 아직 치지 않았다는 말을 듣고 속히 가라고 보냈지만 이미 천막을 칠 곳이 없었다.

例五 無傷也, 是乃仁術也. (孟子梁惠王上)

무상야, 시내인술야. (맹자·양혜왕상)

해석 걱정할 것이 아니다, 이것이 바로 인을 행하는 방법이다.

例六 此乃智伯·夫差·湣王之所以亡也. (史記秦始皇本紀)
차내지백·부차·혼왕지소이망야. (사기·진시황본기)

해석 이것이 바로 지백·부차·민왕이 멸망할 수밖에 없었던 이유이다.

例七 深察禍變之故. 迺皇天之所以開至聖也. (路溫舒尙德緩刑書)
심찰화변지고. 내황천지소이개지성야. (노온서·상덕완형서)

해석 (신하는) 화와 변란의 연고를 깊이 생각하였습니다. 이것은 바로 하늘이 이런 것을 이용하여 성인에게 계시하는 것입니다.

(2) 대명사로 사용될 때는 "당신"의 뜻이다. 3인칭을 나타내기도 한다.

例一 王師北定中原日, 家祭無忘告乃翁. (陸游示兒詩)
왕사북정중원일, 가제무망고내옹. (육유·시아시)

해석 정부의 군대가 북쪽에서 중원을 평정한 날, 집에서 제사를 지낼 때, 네 부친에게 말하는 것을 잊지 말라.

例二 子不知乃翁與我友邪? (明史文徵明傳)
자부지내옹여아우야?(명사·문징명전)

해석 너는 네 부친과 내가 친구임을 모르는가?

例三 若民不力田, 默乃家畜. (呂氏春秋土容論上農)
약민불력전, 묵내가축. (여씨춘추·토용론상농)

해석 만약 백성들이 밭을 가는데 힘쓰지 않으면 그들의 가축은 없어질 것이다.

(3) 접속사로 사용할 때는 "그러나", "만약", "또한"의 의미이다.

例一 可以仕則仕, 可以止則止, 可以久則久, 可以速則速. 孔子也. 皆古聖人也. 吾未能有行焉, 乃所願, 則學孔子也. (孟子公孫丑上)
가이사즉사, 가이지즉지, 가이구즉구, 가이속즉속. 공자야. 개고

성인야. 오미능유행언, 내소원, 즉학공자야. (맹자·공손추상)

[해석] 관직을 할 수 있으면 관직을 맡고 은퇴를 할 수 있으면 은퇴를 하고 오래할 수 있으면 오래하고 신속할 수 있으면 신속하게 행한다. 이 것은 공자가 포함하는 종지(宗旨)이다. (백이·이윤·공자는) 모두 고대의 성인이다. 나는 그들의 행동을 배울 수 없지만 내가 원하기 는 공자를 배우고 싶다.

[例二] **今君乃亡趙, 走燕. 燕畏趙, 其勢必不敢留君. (史記廉頗 藺相如列傳)**

금군내망조, 주연. 연외조, 기세필불감류군. (사기·염파인상여 열전)

[해석] 지금 당신이 만약 조나라를 도망가 연나라에 간다면, 연나라는 조나 라를 두려워하므로 연나라의 형세가 당신을 받아들일 수 없을 것입 니다.

[例三] **奏刀騞然, 莫不中音, 合於桑林之舞, 乃中經首之會. (莊子 內篇養生主)**

주도확연, 막부중음, 합어상림지무, 내중경수지회. (장자·내편· 양생주)

[해석] 칼이 지나갈 때마다 설겅거리는 소리가 나는데 모두 음률에 맞았 다. 그의 동작은 상림의 춤에 맞았고 또한 절도는 경수의 음절에도 맞았다.

003 也 (야)   고문에서 항상 사용되는 허사중의 하나로 조사이다.

⑴ 주어나 부사 뒤에 사용하여 잠시 정지를 한 후 다음 문장을 시작 한다. 현대중국어의 "呢"의 의미이다.

[例一] **求爾何如?對曰. 方六七十, 如五六十, 求也爲之, 比及三 年, 可使民足. (論語先進)**

구이하여?대왈. 방육칠십, 여오륙십, 구야위지, 비급삼년, 가 사민족. (논어·선진)

[해석] 염구(冉求)야, 너라면 어떤가? 그가 대답하였다. "만약 6·70리나

5·60리 되는 지역이라면 내가 그곳을 다스린다면 삼년이면 백성들을 부유하게 만들 수 있다. "

例三 哀公問. 弟子孰爲好學? 孔子對曰. 有顏回者好學. 不遷怒. 不貳過. 不幸短命死矣. 今也則亡. 未聞有好學者也. (論語雍也)

애공문. 제자숙위호학. 공자대왈. 유안회자호학. 불천노. 불이과. 불행단명사의. 금야즉망. 미문유호학자야. (논어·옹야)

解釋 노나라 애공이 공자에게 문하생 중에 누가 가장 배우는 것을 좋아하냐고 물었다. 공자가 대답하였다. "안회라고 하는 사람이 정말로 배우기를 좋아한다. 그가 한 번도 화를 타인에게 전가하는 것을 보지 못하였고 같은 잘못을 범하는 것을 보지 못하였다. 그러나 불행하게도 요절하고 말았다. 지금 그가 사망한 후 그렇게 학문을 좋아하는 사람이 있다는 말을 들어보지 못하였다. "

例三 子禽問於子貢曰. 夫子之至於是邦也, 必聞其政. 求之與. 抑與之與? (論語學而)

자금문어자공왈. 부자지지어시방야, 필문기정. 구지여. 억여지여? (논어·학이)

解釋 자금이 자공에게 물었다. 공자께서 매번 다른 나라에 갈 때, 꼭 그 나라의 정사에 대하여 들으려고 한다. 이것은 공자께서 스스로가 요구하는 것인가? 아니면 그 나라의 임군이 스스로 그에게 이야기하는 것인가요?

(2) 사건을 나열한 뒤에 사용하며 어기조사로 사용된다. 현대 중국어의 "啊"의 의미이다.

例一 天下之達道五. 所以行之者三. 曰君臣也. 父子也. 夫婦也. 兄弟也. 朋友之交也. (中庸哀公問政)

천하지달도오. 소이행지자삼. 왈군신야. 부자야. 부부야. 형제야. 붕우지교야.

解釋 세상 사람들이 일반적으로 행동하는 인도적 원칙이 5개 있다. 이런 5개의 항목을 실천하는 덕성이 3가지가 있다. 이 5가지 인도(人道)는 바로 군신, 부자, 부부, 형제, 친구 간의 교제이다.

例二 惻隱之心, 仁之端也. 羞惡之心, 義之端也. 辭讓之心, 禮之端也. 是非之心. 智之端也. (孟子公孫丑上)

측은지심, 인지단야. 수오지심, 의지단야. 사양지심, 예지단야. 시비지심, 지지단야. (맹자·공손추상)

해석 상한 마음에 연민을 느끼는 것이 인(仁)의 시작이다. 수치를 미워하는 것이 의리의 시작이다. 사양하는 마음이 예절의 시작이다. 옳고 그름을 분별하는 마음이 지식의 시작이다.

例三 生. 亦我所欲也. 義. 亦我所欲也. 二者不可得兼. 舍生而取義者也. (孟子告子上)

생. 역아소욕야. 의. 역아소욕야. 이자불가득겸. 사생이취의자야. (맹자·고자상)

해석 생명은 매우 중요하며 나는 생명을 사랑하고 아낀다. 대의는 생명보다 더욱 중요하다. 두 가지는 내가 목숨을 걸고 지켜야 하는 원칙이다. 만약 생명과 의리를 둘 다 보존할 수 없을 경우에는 나는 차라리 생명을 포기하고 대의를 지킬 것이다.

(3) 놀램이나 명령의 어감을 표현할 때 사용한다.

例一 天命之謂性, 率性之謂道, 修道之謂敎. 道也者. 不可須臾離也. (中庸一章)

천명지위성. 솔성지위도. 수도지위교. 도야자. 불가수유리야. (중용·일장)

해석 하늘이 사람에게 준 기품을 본성이라고 하고, 본성에 따라 일을 하는 것을 도라고 부르고, 도를 닦고 지키는 것을 교화라고 한다. 이러한 도를 한 순간도 떠날 수 없다.

例二 孟子曰. 自暴者不可與有言也. 自棄者不可與有爲也. (孟子離婁上)

맹자왈. 자포자불가여유언야. 자기자불가여유위야. (맹자·이루상)

해석 맹자가 말씀하셨다. "자포자기하는 사람과는 함께 도리를 말할 수 없다. 자신의 인격을 가볍게 버리는 사람과는 어떤 일을 같이 도모할 수 없다."

例三 子曰. 鄕原. 德之賊也. 子曰. 道聽而塗說. 德之棄也.
(論語陽貨)

자왈. 향원. 덕지적야. 자왈. 도청이도설. 덕지기야. (논어 ·
양화)

해석 공자께서 말씀하셨다. "향원은(옳고 그름을 분별하지 않는다.) 덕
에 해를 가하는 도적이다." 공자께서 말씀하셨다. "거리에서(소문
을) 듣고 (진위을 가리지 않고) 전파하는 것은 이런 덕을 포기하는
것이다."

例四 子貢曰. 君子一言以爲知, 一言以爲不知, 言不可不愼也.
(論語子張)

자공왈. 군자일언이위지, 일언이위부지, 언불가불신야. (논어 ·
자장)

해석 자공이 말했다. "군자는 말 한마디로 가히 지혜롭다고 하며, 또
말 한마디로 어리석다고도 한다. (그러므로) 말이란 신중하게 하지
않을 수 없다."

例五 此謂誠於中, 形於外. 故君子必愼其獨也. (大學六章)

차위성어중, 형어외. 고군자필신기독야. (대학 · 육장)

해석 이것을 일러 안에서 정성 되면 밖으로 나타난다고 한다. 그러므로
군자는 반드시 그 혼자 있을 때를 삼가는 것이다.

(4) 의문의 어기에 사용하고 "…인가?", "…한가?"를 나타낸다. 현대
중국어의 "呢"의 의미이다.

例一 其生也榮. 其死也哀. 如之何其可及也？(論語子張)

기생야영. 기사야애. 여지하기가급야？(논어 · 자장)

해석 그는 살아서는 사람들의 존경을 받았고 죽어서는(사람들의) 애도를
받았다. 다른 사람이 어떻게 하면 이룰 수 있겠습니까?.

例二 寡人之囿, 方四十里, 民猶以爲大. 何也？(孟子梁惠王下)

과인지유, 방사십리, 민유이위대. 하야？(맹자 · 양혜왕하)

해석 과인의 사냥 터가 사방으로 사십 리인데 백성들이 오히려 크다고
하는 것은 무슨 연유인가요?

> 例三 若寡人者. 可以保民乎哉？曰. 可. 曰. 何由知吾可也？
> （孟子梁惠王下）
>
> 약과인자. 가이보민호재？왈. 가. 왈. 하유지오가야. (맹자·양
> 혜왕하)
>
> 解釈 만약 과인 같은 사람도 백성을 보호할 수 있습니까? "하실 수 있습니
> 다." 무슨 이유로 내가 할 수 있다는 것을 아십니까?

(5) 감탄의 어감을 표현하며 "…로구나"라는 의미이다. 현대중국어의
"呀", "哪"의 의미이다.

> 例一 宰予晝寢. 子曰. 朽木不可雕也. （論語公冶長）
>
> 재여주침. 자왈. 후목불가조야. (논어·공야장)
>
> 解釈 재여가 낮잠을 자자, 공자가 말했다. "썩은 나무에는 조각을 할 수
> 가 없구나."
>
> 例二 無惻隱之心. 非人也. 無羞惡之心. 非人也. （孟子公孫丑
> 上）
>
> 무측은지심. 비인야. 무수오지심. 비인야. (맹자·공손추상)
>
> 解釈 동정심이 없는 사람은 사람이라 할 수 없고, 수치심이 없는 사람
> 역시 사람이라 할 수 없구나.
>
> 例三 孔子謂季氏. 八佾舞於庭，是可忍也. 孰不可忍也. （論語
> 八佾）
>
> 공자위계씨. 팔일무어정，시가인야. 숙불가인야. (논어·팔
> 일)
>
> 解釈 공자가 계씨에게 이르되 "여덟 줄로 뜰에서 춤을 추게 하다니 이런
> 일을 참아 할진대 그 무슨 짓을 참아내지 못하리오."하셨다.

(6) 문장 뒤에서 설명하는 어감을 표현한다.

> 例一 吾何愛一牛？卽不忍其觳觫，若無罪而就死地. 故以羊易之
> 也. （孟子梁惠王上）
>
> 오하애일우？즉불인기곡속，약무죄이취사지. 고이양역지야. (맹
> 자·양혜왕상)

해석 내가 어찌 한 마리의 소를 아끼겠습니까? 바로 그 소가 벌벌 떨며 죄 없이 사지에 나가는 것 같아 차마 볼 수 없기에 양으로 바꾸어 쓰게 한 것입니다.

例二 君子之於禽獸也, 見其生不忍見其死, 聞其聲不忍食其肉. 是以君子遠庖廚也. (孟子梁惠王上)

군자지어금수야, 견기생불인견기사, 문기성불인식기육. 시이군자원포주야. (맹자・양혜왕상)

해석 군자란 금수에 대해서는 그것들이 살아있는 것을 보고서는 그것들이 죽는 것을 차마 보지 못하고 그 소리를 듣고는 그 고기를 차마 먹지 못합니다. 그렇기 때문에 군자는 주방을 멀리하는 것입니다.

例三 小人之使爲國家, 菑害並至. 雖有善者, 亦無如之何矣. 此謂國不以利爲利, 以義爲利也. (大學十章)

소인지사위국가, 치해병지. 수유선자, 역무여지하의. 차위국불이리위리, 이의위리야. (대학・십장)

해석 소인들로 하여금 국가 일을 하게 하면 재앙과 해악이 함께 이를 것이다. 비록 선한 이가 있다 하더라도 또한 그것을 어찌 할 수가 없는 것이다. 이래서 나라는 이로운 것으로 이로움을 삼지 아니하고 의로운 것으로 이로움을 삼는다고 하는 것이다.

(7) 긍정 판단의 어감을 표현한다.

例一 城郭不完, 兵甲不多, 非國之災也, 田野不辟, 貨財不聚, 非國之害也. (孟子離婁上)

성곽불완, 병갑부다, 비국지재야, 전야불벽, 화재불취, 비국지해야. (맹자・이루상)

해석 성곽이 완전하지 않고, 무기와 갑옷이 많지 않음은 나라의 재앙이 아니며, 밭과 들이 개척되지 않고, 재화가 모이지지 않음은 나라의 해가 아니다.

例二 知, 仁, 勇三者. 天下之達德也. (中庸二十章)

지, 인, 용삼자. 천하지달덕야. (중용・이십장)

해석 知(지), 仁(인), 勇(용), 이 세 가지는 천하의 공통적인 덕목이다.

(8) 강건한 어감을 표현한다.

> 例一 富與貴. 人之所欲也. 不以其道得之. 不處也. (論語里仁)
> 부여귀. 인지소욕야. 불이기도득지. 불처야. (논어 · 이인)
> 解釋 부와 귀함은 누구나 탐내는 것이다. 정도로써 그것을 얻음이 아니면 누리지 말라.

> 例二 聽訟. 吾猶人也. 必也使無訟乎. (論語顏淵)
> 청송. 오유인야. 필야사무송호. (논어 · 안연)
> 解釋 송사를 들음은 나도 다른 사람과 같으나 (내 소원은) 반드시 송사를 없게 하는 것이다.

현대중국어의 용법

[也] yě 부사.

(1) "…도"의 의미로, 앞에서 말한 것과 동일한 점이 있음을 표시한다. 부사 "旣"와 함께 사용하여 강조의 작용을 한다. ① 你去, 我也去. 네가 가면 나도 간다. ② "也"可以單用, 也可以連用. "也"는 단독으로 사용할 수도 있고 함께 사용할 수도 있다. ③ 他工作旣積極, 學習也認眞. 그는 일도 적극적이고 공부도 성실히 한다.

(2) 두 번 이상 사용하여, 동시에 존재함을 표시한다. 강조의 작용을 한다. ① 風也停了, 雨也上了. 바람도 멈추고 비도 그쳤다. ② 我們也學政治, 也學業務, 也參加勞動. 우리는 정치를 배우고 업무도 배우고 노동에 참가도 한다.
> 說明 두 번 이상 사용하면 가정의 조건이 어떻든지 간에 결과 혹은 결론이 모두 동일함을 표시한다. ① 刮風也好, 下雨世好, 我們每天準時到校. 바람이 불어도 좋고 비가 내려도 좋다. 우리는 매일 정각에 학교에 도착한다. ② 這也不對, 那也不是, 到底該怎樣? 이것도 틀리고 저것도 틀렸다. 도대체 어떻게 할 것인가?

(3) "都"의 의미로, 강조를 표시한다. 부사 "連"과 함께 사용하여 어감을 다소 강조한다. 주로 부정문에 사용한다. ① 這話一點也不錯.

이 말은 조금도 틀림이 없다. ② 一個學期以來誰也沒有遲到早退.
한 학기 동안 누구도 지각이나 조퇴를 하지 않았다. ③ 只要有決心,
甚麽困難也不怕. 단지 결심만 한다면 어떤 곤란도 두렵지 않다. ⑤
天空連一絲雲也沒有. 하늘에는 구름이 한 조각도 없다.

(4) "雖然", "卽使", "旣然", "寧可", "盡管" 등 허사와 함께 사용하여,
전후 구문의 전환, 양보, 조건, 취사선택 등의 관계를 표시한다.
① 盡管工作很忙, 也要擠點時間學習. 일이 아무리 바쁘다 할지라도
시간을 내어 공부를 해야한다. ② 卽使以前沒學過游泳, 也不妨去試
一試. 설령 이전에 수영을 배우지 않았더라도 한번 해보는 것도 무
방하다. ③ 旣然他已回去, 說也來不及了. 그가 이미 돌아가 버렸으
므로 말해도 이미 늦었다.

(5) 부드러운 어감을 표시한다. ① 茶都不喝一口, 你也太客氣了. 차도
한 모금 마시지 않고 너는 너무 겸손하다. ② 事情也只能如此了.
일이 단지 이와 같을 뿐이다.

[설명] 이러한 종류의 문장에서 "也"를 생략할 수 있다 ; "也"를 생략
하면 어감이 비교적 직접적이다.

▪️004 **也哉** (야재)　　　　　　어기조사로 개탄의 의미를 갖는다.

[例一] 雖然. 范增高帝之所畏也, 增不去, 項羽不亡. 嗚呼! 增亦
人傑也哉. (蘇軾范增論)
수연. 범증고제지소외야, 증불거, 항우불망. 오호! 증역인걸야
재. (소식 · 범증론)

[해석] 비록 한 고조가 범증을 두려워하였지만 만약 범증이 항우를 떠나
지 않았다면, 항우 역시 망하지 않았을 것이다. 오호! 범증은 준걸
중에 준걸이라 하겠다!

[例二] 美哉. 泱泱乎, 大風也哉. (左傳襄公二十九年)
미재. 앙앙호, 대풍야재. (좌전 · 양공이십구년)

[해석] 아름답구나! 넓고 넓어 큰 풍도가 있구나!

005 | 已 (이) 부사, 조사, 동사의 용법이 있다.

(1) 동사로 사용할 때는 "그치다(止)"의 의미이다.

> 例一 令尹子文, 三仕爲令尹, 無喜色, 三已之, 無慍色. (論語公冶長)
>
> 영윤자문, 삼사위영윤, 무희색, 삼이지, 무온색. (논어 · 공야장)
>
> 解釋 영윤 자문은 세 번이나 영윤 벼슬을 하였으나 즐거워하는 빛이 없었고 세 번에 그쳤지만 화내는 기색도 없었다.

> 例二 雞鳴不已. (詩經鄭風風雨)
>
> 계명불이. (시경 · 정풍 · 풍우)
>
> 解釋 닭 우는 소리가 그치지 않다.

(2) 부사로 사용할 때는 "이미", "너무 지나치게", "오래지 않아" 등의 의미이다.

> 例一 悟已往之不諫. 知來者之可追. (陶淵明歸去來辭)
>
> 오이왕지불간. 지래자지가추. (도연명 · 귀거래사)
>
> 解釋 이미 지난 간 잘못은 고칠 수 없다는 것을 깨달았다. 그러나 앞으로의 잘못은 고칠 수 있다는 것을 알았다.

> 例二 逮其父時, 雖少年, 已自成人. (韓愈柳子厚墓誌銘)
>
> 체기부시, 수소년, 이자성인. (한유 · 유자후묘지명)
>
> 解釋 그의 부친이 살아 있을 때에(그는) 비록 어렸었지만 이미 성인의 기개가 있었다.

> 例三 孟子曰. 仲尼不爲已甚者. (孟子離婁下)
>
> 맹자왈. 중니불위이심자. (맹자 · 이루하)
>
> 解釋 맹자가 말씀하셨다. "중니는 결코 지나친 일을 하지 않으시더라."

> 例四 韓王成無軍功, 項王不使之國, 與俱至彭城, 廢以爲侯, 已又殺之. (史記項羽本紀)
>
> 한왕성무군공, 항왕불사지국, 여구지팽성, 폐이위후, 이우살지.
> (사기 · 항우본기)

해석 한성왕은 군공이 없어 항우는 그를 본국에 돌아가지 못하게 한 후 그와 함께 팽성에 도착해 왕을 폐하여 제후로 삼았다가 오래지 않아 그를 죽였다.

(3) 어기사로 사용할 때는 "확정"의 어감을 표현한다.

例一 苟無恒心, 放僻邪侈, 無不爲已. (孟子梁惠王上)
구무항심, 방벽사치, 무불위이. (맹자·양혜왕상)
해석 진실로 항심(선한 불변의 마음)이 없으면 방탕하고 편벽하며 사악 사치 등 하지 않는 것이 없다.

例二 江漢以濯之, 秋陽以暴之. 皜皜乎. 不可尙已. (孟子滕文公上)
강한이탁지, 추양이폭지. 호호호. 불가상이. (맹자·등문공상)
해석 장강과 한수로 세탁을 하는 것 같고 가을 햇볕에 쬐인 것 같다. 너무 희어서 더 할 수 없다.

例三 臣之壯也, 猶不如人, 今老矣, 無能爲也已. (左傳燭之武退秦師)
신지장야, 유불여인, 금로의, 무능위야이. (좌전·촉지무퇴진사)
해석 신은 젊고 힘이 있을 때에도 다른 사람만 못하였는데, 지금은 늙어, 더욱 아무 일도 할 수가 없다.

例四 然則王之所大欲可知已. (孟子梁惠王上)
연즉왕지소대욕가지이. (맹자·양혜왕상)
해석 그러면 왕이 크게 원하시는 바를 알 수 있다.

例五 太史公曰. 夫神農以前, 吾不知已. (史記貨殖列傳序)
태사공왈. 부신농이전. 오부지이. (사기·화식열전서)
해석 태사공이 말했다. "신농 이전의 일은 나는 모른다."

例六 今失不治. 必爲痼疾. 後雖有扁鵲. 不能爲已. (賈誼治安第一)
금실불치. 필위고질. 후수유편작. 불능위이. (가의·치안제일)
해석 지금 치료하지 않으면, 반드시 고질병이 될 수 있으니, 후에 편작이 있을지라도 어찌 할 수가 없을 것이다.

현대중국어의 용법

[已] yǐ "已"는 현대중국어에서 부사 "已經"과 같다

[已經] yǐjing 부사.

(1) "이미·벌써"의 의미로, 동작의 변화가 모종의 시간이전에 발생하거 나 완성하는 것을 표시한다. 뒤에 만약 단독적인 단음절 단어가 오 면 마지막에 반드시 조사 "了"를 사용하여야 한다. 문장 안에 일반 적으로 시간을 표시하는 단어가 있다. ① 服了藥, 胸口已經舒服得 多. 약을 먹자 가슴이 이미 매우 편해졌다. ② 我去的時候, 他已經 睡了. 내가 갔을 때 그는 이미 잠들었었다. ③ 不到六點鍾天已經黑 了. 6시가 되지도 않았는데 하늘은 이미 어두워졌다. ④ 我離家才 半個月, 葡萄已經熟了. 내가 집을 떠난 지 반달도 안 되어 포도가 이미 익었다.

> 설명 "已經" 앞에 만약 시간을 표시하는 단어가 없으면 일반적으로 말할 당시를 가리킨다. ① 燈已經熄了. 불이 이미 꺼졌다. ② 天已經亮了. 날이 이미 밝았다.

(2) 수량사 앞에 표시하여 상당히 높은 정도를 표시한다. 주로 수량이 많거나 시간이 오래 걸리거나 혹은 늦은 것을 표시한다. ① 已經十 點鍾了, 該睡了. 벌써 10시다. 응당 잠을 자야한다. ② 已經四五年 不見面, 你還是那個樣子. 벌써 4·5년간 만나지 못했는데 당신은 여전히 그 모습이군요.

(3) 명사 앞에 사용할 때는, 명사 뒤에 조사 "了"를 넣어 강조를 표시한 다. ① 已經昆山了, 下一站就是上海. 이미 곤산이다. 다음 정거장이 바로 상해이다. ② 已經2012年了, 怎麼思想還這樣保守. 이미 2012 년인데 어떻게 사상이 아직도 이렇게 보수적일 수 있는가?

(4) "快", "差不多" 등의 부사 앞에 사용하여, 거의 완성 단계에 이르거 나 혹은 모종의 정도에 도달하였음을 강조한다. ① 飛機已經快開 了, 還等甚麼? 비행기가 이제 곧 출발한다. 아직 무엇을 기다리는 가? ② 天已經快黑了, 他怎麼還不回來? 날도 벌써 곧 어두워 가

는데 그는 왜 아직도 돌아오지 않는가? ③ 我們已經差不多十年不見
了. 우리는 이미 거의 십년을 만나지 못하였다.

006 **已矣** (이의)   어기조사로 "…이다"의 뜻으로 문미에 사용한다.

例一 賜也！始可與言詩已矣. (論語學而)
사야! 시가여언시이의. (논어・학이)
해석 사(賜)야! 비로소 너와 함께 시를 논할 수 있겠구나.

例二 見危致命, 見得思義, 祭思敬, 喪思哀, 其可已矣. (論語
子張)
견위치명, 견득사의, 제사경, 상사애, 기가이의. (논어・자장)
해석 위급함을 보고(자신의) 목숨을 내걸고, 얻음을 보고 의를 생각하며
제사함에 공경하고, 상사(喪事)에 슬퍼하면 옳은 것이다.

007 **凡** (범)   부사나 형용사이다.

(1) 부사로 사용할 때는 "모두 합하여", "전체", "무릇"의 의미이다.

例一 陳勝王, 凡六月. (史記陳涉世家)
진승왕, 범유월. (사기・진섭세가)
해석 진승(陳勝)이 병사를 일으켜(진나라에 대항하여), 스스로 초왕이 되
었으나, 모두 여섯 달 만에 실패하였다.

例二 凡今之人, 莫如兄弟. (詩經小雅常棣)
범금지인, 막여형제. (시경・소아・상체)
해석 지금 모든 사람들은 형제와 같다.

例三 上計軒轅, 下至于茲……凡百三十篇. (司馬遷報任少卿書)
상계헌원, 하지우자……범백삼십편. (사마천・보임소경서)
해석 위로는 헌원(軒轅) 황제로부터 아래로 현재까지 계산하면 …… 모

두 백 삼십 편이다.

例四 凡事豫則立, 不豫則廢. (中庸二十章)

범사예즉립, 불예즉폐. (중용·이십장)

[해석] 모든 일은 준비가 되어 있으면 곧 성공하고 준비가 되어 있지 않으면 실패한다.

例五 凡而器用財賄, 無寘於許. (左傳隱功十一年)

범이기용재회, 무치어허. (좌전·은공십일년)

[해석] 무릇 너의 기물과 재산을 허나라에 두지 말라.

(2) 형용사로 사용할 때는 "보통의", "평범한"의 의미이다.

例一 待文王而後興者, 凡民也. (孟子盡心上)

대문왕이후흥자, 범민야. (맹자·진심상)

[해석] 문왕(文王)이 나오기를 기다려 후에 분발한 자는 평범한 백성들이다.

현대중국어의 용법

[凡] fán 부사.

(1) 부사로 사용한다. "전체(所有)"의 의미로, 주어 앞에 사용하여 주어가 말한 모든 것을 총괄하고 예외가 없음을 표시한다. 항상 "都", "均", "一律" 등의 부사와 함께 사용한다. 문어체에서 많이 사용한다. ① 凡參加游泳比賽各班級, 請速來體育辦公室領取證件. 수영시합에 참가하는 각반은 빨리 체육사무실에서 증명서를 받으세요. ② 凡引用經典原文, 一律需要注明出處. 경전원문을 인용하면 전부 일률적으로 출처를 밝혀야만 한다.

[설명] 위에서 "凡"을 생략할 수 있다. "凡"을 사용하는 이유는 주어를 강조하기 위함이며 때로는 구어체에서도 사용한다. ① 凡是當面答應人家的事, 一定要盡可能辦到. 즉석에서 타인의 일을 응낙한 사람은 반드시 최선을 다해 처리해야 한다. ② 凡是

外出旅游的人, 都想買點紀念品帶回來. 밖으로 여행하는 모든 사람은 다 기념품을 사 가지고 오려는 생각을 한다.

(2) "모두 합하여(總共)"의 의미로, 수량사 앞에 사용하여 합계를 표시한다. 문어체에서 사용한다. ① 全書凡九十二篇, 分爲十卷. 책은 모두 92편으로 10권으로 나뉘어있다. ② 孫中山致力國民革命凡四十年之久. 손중산이 국민혁명에 힘써 온지 모두 40년이나 오래 되었다.

---

008 之 (지) 일반적으로 조사, 동사, 대명사, 접속사 등으로 사용한다.

(1) 조사로 사용할 때는 "…의"란 의미이다.

例一 百畝之田, 勿奪其時, 數口之家, 可以無飢矣. (孟子梁惠王上)

백무지전, 물탈기시, 수구지가, 가이무기의. (맹자·양혜왕상)

해석 백 이랑의 밭을 농사지을 시기를 빼앗지 않는다면, 수명의 식구가 있는 집이 굶는 일이 없다.

例二 以子之矛, 陷子之楯. 何如? (韓非子難一)

이자지모, 함자지순. 하여?(한비자·난일)

해석 너의 창으로 너의 방패를 찔러 보아라, 어떻게 되겠는가?

例三 吾善養吾浩然之氣. (孟子公孫丑上)

오선양오호연지기. (맹자·공손추상)

해석 나는 호연지기를 잘 기른다.

例四 明堂者, 王者之堂也. 王欲行王政, 則勿毀之矣. (孟子梁惠王下)

명당자, 왕자지당야. 왕욕행왕정, 즉물훼지의. (맹자·양혜왕하)

해석 명당(明堂)은 왕의 집이니 왕께서 왕도에 맞는 정치를 행하고자 하시면 헐지 마소서.

例五 四境之內不治, 則如之何? 王顧左右而言他. (孟子梁惠王下)

사경지내불치, 즉여지하? 왕고좌우이언타. (맹자・양혜왕하)

[해석] 국내가 다스려지지 않으면 어찌 할 것입니까? 왕이 좌우를 돌아보고 다른 말을 했다.

例六 惻隱之心, 人皆有之. 羞惡之心, 人皆有之. 恭敬之心, 人皆有之. 是非之心, 人皆有之. (孟子告子上)

측은지심, 인개유지. 수오지심, 인개유지. 공경지심, 인개유지. 시비지심, 인개유지. (맹자・고자상)

[해석] 측은해하는 마음은 사람이면 누구나 가지고 있으며, 부끄러워하는 마음은 사람이면 모두 가지고 있다. 공경하는 마음은 사람이면 누구나 가지고 있으며, 시비를 가리는 마음은 사람이면 누구나 가지고 있다.

例七 孟子曰. 人皆有不忍人之心. 先王有不忍之心. 斯有不忍人之政矣. (孟子公孫丑上)

맹자왈. 인개유불인인지심. 선왕유불인지심. 사유불인인지정의. (맹자・공손추상)

[해석] 맹자가 말했다. "사람은 모두 다른 사람을 차마 해치지 못하는 마음이 있다. 선왕들은 이런 마음이 있었다. 그래서 차마 다른 사람을 해치지 못하는 정치를 하였다."

例八 猶以一杯水, 救一車薪之火也. (孟子告子上)

유이일배수, 구일거신지화야. (맹자・고자상)

[해석] 마치 물 한 잔으로 한 수레의 땔나무에 붙은 불을 끄겠다는 것과 같다.

(2) 동사로 사용할 때는 "도착하다", "가다"의 의미이다.

例一 有託其妻子於其友. 而之楚遊者. 比其反也. 則凍餒其妻子. 則如之何. (孟子梁惠王下)

유탁기처자어기우. 이지초유자. 비기반야. 즉동뇌기처자. 즉여지하. (맹자・양혜왕하)

[해석] 처자를 친구에게 맡기고 초국에 가서 돌아다니던 자가 있었다. 그 사람이 돌아와서 자기의 처자가 얼고 굶주렸으면 어떻게 하겠습니까?

例二 違之, 之一邦. (論語公冶長)

위지, 지일방. (논어·공야장)

해석 그 나라를 떠나 또 다른 나라로 갔다.

例三 決汝漢, 排淮泗, 而注之江. (孟子滕文公上)

결여한, 배회사, 이주지강. (맹자·등문공상)

해석 여수와 한수를 트고 회수와 사수의 강바닥을 청소하여 물을 모두 강으로 가게 하였다.

例四 滕文公爲世子, 將之楚. (孟子滕文公上)

등문공위세자, 장지초. (맹자·등문공상)

해석 등문공이 태자였을 때에 초나라로 가려 하였다.

(3) 대명사로 사용할 때는 "그", "그녀", "그것"의 의미이다.

例一 以其子妻之. (論語公冶長)

이기자첩지. (논어·공야장)

해석 자신의 딸을 그에게 시집보냈다.

例二 鄕人皆好之, 何如? 子曰. 未可也. 鄕人皆惡之, 何如? 子曰. 未可也. 不如鄕人之善者好之, 其不善者惡之. (論語子路)

향인개호지. 하여? 자왈. 미가야. 향인개오지. 하여. 자왈. 미가야. 불여향인지선자호지. 기불선자오지. (논어·자로)

해석 (자공이 물었다) 마을 사람들이 다 그를 좋아하면 어떻습니까? 공자께서 말했다. "아직 그가 좋은 사람이라고 믿을 수 없다." 마을 사람이 그를 다 싫어하면 어떠합니까? 공자께서 말했다. "아직 그가 나쁜 사람이라고 확신할 수 없다. 한 마을의 선한 사람들이 그를 좋아하고 선하지 않은 사람들이 그를 미워하는 것만 못하다."

例三 丈夫之冠也, 父命之. 女子之嫁也, 母命之, 往送之門, 戒之曰. 往之女家, 必敬必戒. (孟子滕文公下)

장부지관야, 부명지. 여자지가야, 모명지, 왕송지문, 계지왈. 왕지녀가. 필경필계. (맹자·등문공하)

해석 남자가 성년이 되어 관례(冠禮)를 할 때에는 부친이 사람됨의 도리를 타이르고 여자가 시집을 갈 때에는 모친이 부인됨의 도리를 일러주고 대문까지 가서 떠나보내며 주의를 시키며 말한다. "네 시집에 가서는 반드시 시어른을 공경하고 스스로를 조심하라."

例四 冉子爲其母請粟. 子曰. 與之釜. 請益. 曰. 與之庾. 冉子與之粟五秉. (論語雍也)

염자위기모청속. 자왈. 여지부. 청익. 왈. 여지유. 염자여지속오병. (논어・옹야)

解釋 염자가 자화의 모친을 대신해 공자에게 곡식을 청하였다. 공자께서 부만큼 주라고 하시자 염자가 더 주기를 청하였다. 유만큼 주라 하셨다. 염자가(그것이 적다고 생각하여)스스로 그녀에게 곡식 오병을 주었다.

例五 三人行. 必有我師焉. 擇其善者而從之. (論語述而)

삼인행. 필유아사언. 택기선자이종지. (논어・술이)

解釋 (공자가 말씀하시길) 세 사람이 같이 길을 걸어가면 반드시(그중에) 나의 스승이 있으니, 좋은 것을 가려 그것을 배운다.

例六 洚水者, 洪水也. 使禹治之. 禹掘地而注之海. 驅蛇龍而放之菹. (孟子滕文公下)

홍수자, 홍수야. 사우치지. 우굴지이왕지해. 구사룡이방지저. (맹자・등문공하)

解釋 큰 물은 홍수니라,(순임금은) 禹(우)에게 홍수를 다스리게 하였다. 우는 땅을 파서 홍수를 바다로 통하게 하였고, 뱀과 용을 몰아내어 풀이 있는 늪으로 쫓아냈다.

(3) 접속사로 사용할 때는 "…와"의 의미이다.

例一 皇父之二子死焉. (左傳文公十一年)

황부지이자사언. (좌전・문공십일년)

解釋 황부와 두 아들이 죽었다.

例二 昔者, 鬼侯之鄂文王, 紂之三公也. (戰國策趙策三)

석자, 귀후지악문왕, 주지삼공아(전국책・조책삼)

解釋 옛날 귀후와 악후 문왕은 상주의 삼공이었다.

例三 知遠之近, 知風之自, 知微之顯, 可與入德矣. (中庸三十二
章)

지원지근, 지풍지자, 지미지현, 가여입덕의. (중용 · 삼십이장)

解析 멀고 가까운 것을 알고 기풍(起風)과 근원의 관계를 알며 미묘한
것과 드러난 것의 관계를 안다면 곧 성인의 덕에 들어설 수 있다.

현대중국어의 용법

[之] zhī 조사.

(1) "…의"의 의미로, 명사 앞에서 사용하여, 그 앞의 형용사어가 일종의
설명임을 표시한다. 문장에서 시작과 마무리의 작용을 한다. 뒤에
단음절의 단어가 많이 온다. ① 駱駝大家叫它"沙漠之舟". 낙타를
모두 "사막의 배"라고 부른다. ② 中秋之夜月光分外明亮. 중추절
의 밤 달빛이 특히 밝다. ③ 失足青年要走自新之路. 비행청년이 새
로운 길을 걸으려 한다.

(2) 주어와 술어 사이에 사용하여, 주술구조를 편정구조(偏正結構)로 만
든다. ① 長城氣魄之雄偉, 稱得上世界第一. 만리장성 기백의 웅장
하고 위대함은 세계 제일이라고 말할 수 있다. ② 這裏環境之幽靜,
簡直勝過深山曠野. 이곳 환경의 고요함은 거의 심산유곡보다 뛰어
나다.

(3) 단음절 단어 앞에 사용하여, 강조, 통괄 등을 표시한다. 가끔은 쌍
음절의 단어 앞에서 사용하기도 한다. ① 考試成績差, 完全是學習
不抓緊之故. 시험성적이 나쁜 것은 완전히 공부를 다그치지 않았기
때문이다. ② 補考不及格者, 不在錄取之列. 보충시험에 불합격한
사람은 뽑지 않는다. ③ 承蒙大家信任, 推選我當代表, 不勝榮幸之
至. 여러분의 신임을 받아 나를 대표로 선출하여 주어서 무한한 영
광이고 기쁨입니다.

說明 "之"는 문어체에서 많이 사용된다.

█009 夫 (부)　　　　　　　　　어기사, 접속사, 대명사의 용법이 있다.

(1) 어기사로 사용할 때는 의문이나 감탄을 표시한다.

> 例一 戰戰兢兢, 如臨深淵, 如履薄氷, 而今而後, 吾知免夫. (論語泰伯)
>
> 전전긍긍, 여림심연, 여리박빙, 이금이후, 오지면부. (논어 · 태백)
>
> 解釋 전전긍긍하며 마치 깊은 연못가에 서있는 듯, 살 얼음을 밟는 듯, (몸을 조심하였는데) 이후로는 어떻게 하면 다치지 않는 가하는 근심을 면한 것을 알게 되었다.

> 例二 子在川上曰. 逝者如斯夫. 不舍晝夜. (論語子罕)
>
> 자재천상왈. 서자여사부. 불사주야. (논어 · 자한)
>
> 解釋 공자께서 물가에서(흘러가는 물을 보며) 말씀하셨다. "(세상의 모든 것이) 가는 것은 이것과 같구나! 밤낮도 없이 쉬지도 않는구나. "

> 例三 率天下之人而禍仁義者, 必子之言夫. (孟子告子上)
>
> 솔천하지인이화인의자, 필자지언부. (맹자 · 고자상)
>
> 解釋 천하의 만민을 이끌고 인도(人道)와 의리(義理)를 상하게 하는 것은 확실히 너의 이런 말 뿐이다.

> 例四 人而無恒, 不可以作巫醫. 善夫. (論語子路)
>
> 인이무항, 불가이작무의. 선부. (논어 · 자로)
>
> 解釋 사람이 불변하는 마음이 없으면 무당이나 의원도 되지 못한다하니 (이 말은) 좋은 말이다.

> 例五 用之則行, 舍之則藏. 唯我與爾有是夫. (論語述而)
>
> 용지즉행, 사지즉장. 유아여이유시부. (논어 · 술이)
>
> 解釋 나를 등용하면 나의 도리가 행해지고 나를 버리면 나는 곧 은퇴한다. 단지 나와 너만이 할 수 있을 뿐이다.

(2) 접속사로 사용할 때는 "무릇(大凡)", "…로 말하면"의 의미이다.

> 例一 孟子曰. 世子疑吾言乎. 夫道一而已矣. (孟子滕文公上)
>
> 맹자왈. 세자의오언호. 부도일이이의. (맹자 · 등문공상)

[해석] 맹자가 말했다. "태자께서는 내 말을 의심하십니까? 무릇 사람됨의 도리는 하나일 뿐입니다."

[例二] 夫世祿, 滕固行之矣. (孟子滕文公上)

부세록, 등고행지의. (맹자 · 등문공상)

[해석] 세록(국가에 공로가 있는 사람과 자손에게 대대로 국가의 봉록을 주는 것)으로 말하자면, 본래 등(滕) 나라에서는 이미 실시하고 있습니다.

(3) 대명사로 사용할 때는 "이", "그", "모든"의 의미를 표시한다.

[例一] 夫人不言, 言必有中. (論語先進)

부인불언, 언필유중. (논어 · 선진)

[해석] 이 사람은 말을 하지 않을지언정 말을 하면 반드시 적중한다.

[例二] 王知夫苗乎. (孟子梁惠王上)

자지부묘호. (맹자 · 양혜왕상)

[해석] 왕은 그 싹이 자라는 상황을 알고 있는가?

[例三] 夫人愁痛, 不知所庇. (左傳襄公八年)

부인수통, 부지소비. (좌전 · 양공팔년)

[해석] 모든 사람들이 근심하고 슬퍼하여 어떻게 그들을 보호해야 할지 모르겠다.

不惟(불유) 접속사로 "…뿐만 아니라"의 뜻이다. 不惟(불유)는 "非惟(비유)", "不特(불특)" 등과 용법이 유사하다.

[例一] 不惟廣裨乎來學, 卽凡志切尊生者, 欲求玆妙, 無不信手可拈矣. (張介賓類經序)

불유광비호래학, 즉범지절존생자, 욕구자묘, 무불신주가념의. (장개빈 · 류경서)

[해석] 후학들을 널리 도울 수 있었을 뿐만 아니라 양생에 뜻을 둔 사람들

이 내경(內徑)의 오묘함을 구하고자 하면 원하는 대로 모두 얻을
수 있었다.

例二 爲人誠信者, 不惟爲人所重, 其事業亦必有成.
위인성신자, 불유위인소중, 기사업역필유성.

解釋 사람이 성실하고 신용을 지킨다면, 다른 사람의 존경을 받을 뿐만
아니라 사업을 하는데 있어서도 꼭 성공할 수 있을 것이다.

例三 罔敢湎于酒, 不惟不感, 亦不暇. (尙書酒誥)

망감면우주, 불유불감, 역불가. (상서·주고)

解釋 모두 감히 술에 빠지지 않았으니 하지 않았을 뿐 아니라 또한 한가
한 틈도 없었다.

▪ 011 | 方 (방)   동사, 부사의 용법이 있다.

(1) 동사로 사용할 때는 "위배하다", "비교하다"의 의미이다.

例一 方命虐命. (孟子梁惠王下)
방명학명. (맹자·양혜왕하)

解釋 천자의 명령을 어기고 백성들을 학대한다.

例二 子貢方人. (論語憲問)
자공(子貢)방인. (논어·헌문)

解釋 자공이 사람을 비교하였다.

(2) 부사로 사용할 때는 "바로", "비로소", "모두", "곧…하려 하다" 등의
의미이다.

例一 度白雪以方絜, 干靑雲而直上. 吾方知之矣. (孔稚珪北山
移文)

도백설이방혈, 간청운이직상. 오방지지의. (공치규·북산이문)

解釋 품행이 흰 눈처럼 결백하고, 뜻이 청운처럼 숭고하여, 나는 비로소

그것을 알았다.

例二 是時天子方好自擊熊豕, 馳逐野獸. (司馬相如上書諫獵)
시시천자방호자격웅시, 치축야수. (사마상여·상서간렵)

해석 이때에 천자가 마침 직접 곰과 돼지를 사냥하는 것을 좋아하여 들
짐승을 추격했다.

例三 方告無辜於上. (尚書呂刑)
방고무고어상. (상서·여형)

해석 모두 하느님에게 자신의 무고함을 고했다.

例四 信方斬, 曰, 吾悔不聽蒯通之計, 乃爲兒女子所詐, 豈非天
哉. (史記淮陰侯列傳)
신방참, 왈, 오회불청괴통지계, 내위아녀자소사, 기비천재. (사기
·회음후열전)

해석 한신이 곧 참형을 당하게 되자 말하기를 "내가 괴통의 계책을 쓰지
못한 것이 안타깝다. 아녀자에게 속았으니 어찌 운명이 아니랴."
라고 했다.

현대중국어의 용법

[方] fāng 부사로 현대중국어에서 "方才"와 용법이 같다.

[方才] fāngcái 부사.

(1) "방금"의 의미로, 동작이나 상황이 말하기 이전 얼마 되지 않아서 발
생한 것을 표시한다. 주어 앞에서 사용할 수 있다. ① 我方才在電
車裏碰到一位多年不見的老同學. 나는 방금 전차에서 수년간 만나
지 못했던 오래된 동창을 만났다. ② 方才外面門響, 大槪弟弟回來
了. 방금 밖에서 문소리가 났다. 아마도 동생이 돌아왔을 것이다.
비교 "方才"는 문어체에서 주로 사용하고, "剛才"는 구어체에서 주
로 사용한다.

⑵ "才"의 의미로, 모종의 동작이나 행위가 지나간 이후 상응하는 결과가 발생함을 표시한다. 주로 특정한 시간이나 조건을 지적한다. ① 球賽直到下午六點鍾方才結束. 구기 시합은 오후 6시가 되어 비로소 끝났다. ② 我昨天晩上聽完報告方才回家. 나는 어제 저녁 보고를 듣고서야 겨우 집으로 돌아왔다.

> 동의어 ⑴ "方" 역시 "才"의 의미이나, 뒤에 단음절의 단어만 온다. 문어체에서 많이 사용한다. ① 認眞學習, 方能不斷進步. 성실하게 배워야 비로소 계속 진보할 수 있다. ② 天方亮, 我們就出發了. 하늘이 방금 밝았고 우리는 곧 출발했다.
> ⑵ "方"은 "바로", "마침(正在)"의 의미도 있어, 마침 바로 그때를 표시한다. 성어나 숙어로 주로 사용한다. "方興未艾"(바야흐로 힘차게 발전하고 있다), "來日方長"(앞길이 구만리 같다).

012 及(급)
동사, 접속사의 용법이 있다.

⑴ 동사로 사용할 때는 "…미치다", "도달하다", "기회를 이용하다"라는 의미이다.

> 例一 子曰. 賜也！非爾所及也. (論語公冶長)
> 자왈. 사야. 비이소급야. (논어·공야장)
> 해석 사(賜)야! 이것은 네가 이룰 수 있는 것이 아니다.

> 例二 不及黃泉, 無相見也. (左傳鄭伯克段于鄢)
> 불급황천, 무상견야. (좌전·정백극단우언)
> 해석 황천에 도달하기 전에는 다시는 보고 싶지 않다.

> 例三 堯舜之聖, 不能及也. (淮南子修務訓)
> 요순지성, 불능급야. (회남자·수무훈)
> 해석 요순과 같이 수양이 높은 성인을 따라 갈 수가 없다.

> 例四 及其未能濟也. 請擊之. (左傳僖公二十二年)

급기미능제야. 청격지. (좌전·희공이십이년)

해석 그들이 홍수(泓水)를 완전히 건너기 전을 이용해 그를 공격한다.

例五 賢者在位. 能者在職. 國家閒暇. 及是時. 明其政刑. 雖大國必畏之矣. (孟子公孫丑上)

현자재위. 능자재직. 국가한가. 급시시. 명기정형. 수대국필외지의. (맹자·공손추상)

해석 현명한 사람이 벼슬자리에 있고 능력이 있는 사람이 직책을 맡으면 나라는 걱정이 없이 무사하게 태평성세를 누린다. 이 때를 이용해 정사와 형벌을 확실히 밝혀(국위를 신장한다면) 설령 아무리 대국이라 하더라도 반드시 그 나라를 두려워할 것이다.

(2) 접속사로 사용할 때는 의미가 "…과"의 의미이다.

例一 時日害喪. 予及汝偕亡. (書經湯誓)

시일해상. 여급여해망. (서경·탕서)

해석 언제 멸망할 것인가? 나는 너와 같이 망하고 싶다.

例二 及爾偕老. (詩經衛氓)

급이해로. (시경·위맹)

해석 (나는) 너와 함께 늙고 싶다.

例三 晉侯及秦伯戰于韓. (左傳僖公十五年)

진후급진백전우한. (좌전·희공십오년)

해석 진후(晉侯)와 진백(秦伯)은 한(韓)에서 전쟁을 했다.

例四 呂后婦人,　專欲以事誅異姓王者及大功臣. (史記韓信盧綰列傳)

여후부인, 전욕이사주이성왕자급대공신. (사기·한신로관열전)

해석 여후는 오로지 성이 다른 왕과 큰 공신들을 죽이는 것을 일삼으려고 했다.

현대중국어의 용법

[及] jí 접속사.

(1) "…과"의 의미로, 단어나 구문을 연결하여, 병렬관계를 표시한다.
① 工人, 農民及知識分子都是建設民主社會的重要力量. 노동자 농민 지식인은 모두 민주사회를 건설하는 중요한 역량이다. ② 陽台上, 屋檐下及走廊兩旁, 擺滿了各種盆花. 베란다 처마 밑과 복도 양옆에 각종 화분이 가득 놓아져 있다.

(2) "그리고(以及)"의 의미로, "及" 앞 항목이 비교적 중요한 것을 표시한다. ① 上海動物園展覽着中國珍稀動物大熊貓, 金絲猴, 東北虎及鶴, 鹿等三百多種動物. 상해동물원은 중국의 희귀 동물인 팬더·황금원숭이·동북호랑이 그리고 학·노루 등 삼백 여종의 동물을 전시하고 있다. ② 年度計劃及相應的實施方案已通過. 연간계획 및 상응하는 실천방안이 이미 통과되었다.

(3) 국부적인 것과 전체적인 것을 연결하여, 범위가 점차 확대됨을 표시한다. 예를 들어, "各國學生及勞動者"(각국 학생과 노동자), "亞洲及太平洋地區"(아시아와 태평양 지역), "男女團員, 干部及全國人民"(남녀단원 간부와 전국인민) 등이 있다.

(4) 대명사 "其"와 함께 사용하여, "그(들)과", "그(것)과"의 의미로 사용한다. ① 文章介紹了這位科學者的先進事迹及其成長過程. 문장은 이 과학자의 선진사적과 그 성장과정을 소개하였다. ② 教職員工及其家屬都參加了新年聯歡. 교직원과 그 가족들이 모두 신년하례에 참가하였다.

> 비교 "及"와 "以及"는 의미는 같지만 용법은 다르다 ;
> (1) "及"는 단지 단어와 구를 연결할 수 있을 뿐이고, "以及"는 절을 연결할 수 있다.
> (2) "及"는 "其"와 함께 사용할 수 있지만, "以及"는 함께 사용할 수 없다.
> (3) "以及"는 전면에 정지가 있지만, "及"는 정지가 없다.

▮013 今夫 (금부)   "이렇게…"란 의미지만 해석을 생략하기도 한다.

例一 今夫顓臾, 固而近於費. 今不取, 後世必爲子孫憂. (論語季氏)
    금부전유, 고이근어비. 금불취, 후세필위자손우. (논어ㆍ계씨)

解釋 이렇게 전유는 성곽이 견고하고 비에 가까워 지금 취하지 않으면 반드시 후손의 근심이 될 것이다.   .

例二 今夫奕之爲數, 小數也. (孟子告子上)
    금부혁지위수, 소수야. (맹자ㆍ고자상)

解釋 바둑 두는 기술이란 것은 대단한 것은 아니다.

▮014 云 (운)   동사, 대명사, 어기사로 사용한다.

(1) 동사로 사용할 때는 "말하다"의 의미이다.

例一 君子多乎哉? 不多也. 牢曰. 子云. 吾不試, 故藝. (論語子罕)
    군자다호재? 부다야. 뇌왈. 자운. 오불시, 고예. (논어ㆍ자한)

解釋 군자는 다재다능해야 할 것인가? 나는 다재다능할 필요가 없다고 생각한다. 제자 금뢰(琴牢)가 말했다. "공자께서 말씀하시기를 '내가 세상에 등용되지 못했기 때문에 나는 기예를 배울 수 있었다.'고 하셨습니다."

例二 詩云. 鳶飛戾天. 魚躍於淵. (中庸十二章)
    시운. 연비여천. 어약어연. (중용ㆍ십이장)

解釋 시경에서 말했다. "고개 들어보니 하늘에서는 솔개가 날고, 고개를 숙여 아래를 보니 물고기가 연못에서 튀어 오르고 있다."

例三 詩云. 節彼南山, 維石巖巖. 赫赫師尹, 民具爾瞻. (大學十章)
    시운. 절피남산, 유석암암. 혁혁사윤, 민구이첨. (대학ㆍ십장)

[해석] 시경에서 말했다. "우뚝 솟은 저 남산에, 바위들이 울퉁불퉁 쌓여있고, 위대한 태사(太師) 윤씨를, 백성들 모두 당신을 우러러본다."

(2) 대명사로 사용할 때는 "이렇게"의 의미이다.

[例一] 介葛盧聞牛鳴, 日, 是生三犧, 皆用之矣, 其音云. (左傳僖公二十九年)

개갈로문우명, 왈, 시생삼희, 개용지의, 기음운. (좌전·희공이십구년)

[해석] 개국 왕 갈로는 소 울음소리를 듣고 "이 소 세 마리는 새끼소를 낳았으나 모두 제물로 쓰였으니 그 울음이 이렇다."라고 했다.

[例二] 汲鄭亦云, 悲夫. (史記汲鄭列傳)

급정역운, 비부. (사기·급정열전)

[해석] 급암(汲黯)과 정당시(鄭當時) 역시 이와 같으니 슬프다.

(3) 어기사로 사용할 때는 문장 뒤에 사용하고 특별한 의미가 없다.

[例一] 故其儀闕然堙滅, 其詳不可得而記聞云. (史記封禪書)

고기의궐연인멸, 기상불가득이기문운. (사기·봉선서)

[해석] 봉선의식이 모두 사라져 그 상세한 내용을 얻을 수는 없으나 기대도어 전해진다.

[例二] 子曰. 若聖與仁. 則吾豈敢? 抑爲之不厭, 誨人不倦. 則可謂云爾已矣. (論語述而)

자왈. 약성여인. 즉오기감? 억위지불염, 회인불권. 즉가위운이기의. (논어·술이)

[해석] 공자가 말씀하셨다. "성스러움과 어진 것을 설명하는 것을 내 어찌 감당 할 수 있겠는가? 다만 그것을 배우는 것을 싫어하지 않고, 아울러 다른 사람 가르치기를 게을리 아니하였다고 가히 말할 만하다."

[例三] 適魯, 觀仲尼廟堂, 車服禮器. 諸生以時習禮其家. 餘低回留之, 不能去云. (史記孔子世家贊)

적노, 관중니묘당, 거복예기. 제생이시습예기가. 여저회류지,

불능거운. (사기·공자세가찬)

해석 노나라에 가서 공자(孔子)의 사당을 참관하고, 공자가 남긴 수레와 예복 제기를 보았다. 많은 학생들이 자주 여기에 와서 예의를 배운다. 이것을 본 후 나는 미련이 남아 서성거리며 그곳을 차마 뜨지 못하였다.

例四 於是東都之人士, 咸知大夫與先生, 果能相與以成也. 遂各爲歌詩六韻, 遣愈爲之序云. (韓愈送石處士序)

어시동도지인사, 함지대부여선생, 과능상여이성야. 수각위가시육운, 견유위지서운. (한유·송석처사서)

해석 이에 낙양(洛陽: 東都)의 인사들은 모두 대부와 선생이 서로 융합하고 도울 것을 알았다. 그러므로 각자 육운(六韻) 시를 지었고, 나에게 그것을 위해 서문을 쓰게 하였다.

例五 爲孔子者, 習聞其說. 樂其誕而自小也. 亦曰. 吾師亦嘗師之云爾. (韓愈原道)

위공자자, 습문기설. 낙기탄이자소야. 역왈. 오사역상사지운이. (한유·원도)

해석 공자를 숭배하는 사람은 그런 말에 익숙하다. 그래서 그들의 터무니없는 말에 즐거워하고, 스스로 유가의 도리를 편협하다고 여긴다. 또한 자신의 선사(공자)가 노자와 불교의 시조를 스승으로 삼은 적이 있다고 한다.

현대중국어의 용법

[云] "云(yún)"은 조사로 현대중국어에서 "云云(yúnyún)"과 같이 사용한다.

[云云] yúnyún 조사.

"운운하다"의 의미로, 인용문이나 전술된 단어 뒤에 사용하여, 생략 혹은 결속을 표시한다. 문어체에서 사용한다. ① 它以"盟友"自居, 滿口

"和平", "援助", "友誼"云云, 全是鬼話. 그는 "맹우"로 자처하면서 평화·원조·우의 등을 운운하지만 전부 거짓말이다. ② "沒有文化也可以建設公明社會"云云, 反映了某些人頭腦裏輕視知識和知識分子的糊涂思想. "문화가 없어도 공명사회를 건설할 수 있다"운운하는 것은 일부 사람들이 지식과 지식인을 경시하는 어리석은 사상을 반영한다.

015 勿 (물) 부사로 금지를 나타내며 "…하지 말라", "…아니다" 등의 의미를 표현한다.

例一 非禮勿視. 非禮勿聽. 非禮勿言. 非禮勿動. (論語顔淵)
비예물시. 비예물청. 비예물언. 비예물동. (논어·안연)

해석 예에 맞지 않으면 보지를 말며, 예에 맞지 않으면 듣지를 말며, 예에 맞지 않으면 말하지 말며, 예에 맞지 않으면(마음을) 움직이지 말라.

例二 齊侯欲勿許. (左傳襄公三年)
제후욕물허. (좌전·양공삼년)

해석 제나라 군주는 허락을 하려 하지 않는다.

例三 如得實情. 則哀矜而勿喜. (論語子張)
여득실정. 즉애긍이물희. (논어·자장)

해석 만약(범인이 어쩔 수 없는 상황을 고하여) 진정을 알게 되면 그를 슬퍼하고 불쌍히 여겨야 한다. 마음속으로 즐기지 말라.

例四 百畝之田, 勿奪其時. 數口之家, 可以無飢矣. (孟子梁惠王上)
백무지전, 물탈기시. 수구지가, 가이무기의. (맹자·양혜왕상)

해석 백 이랑의 밭을 농사지을 시기를 빼앗지 말라. 수명의 식구가 있는 집이 굶는 일이 없다.

例五 左右皆曰可殺, 勿聽. 諸大夫皆曰可殺, 勿聽. 國人皆曰可殺, 後然察之. (孟子梁惠王下)
좌우개왈가살, 물청. 제대부개왈가살, 물청. 국인개왈가살, 후연찰지. (맹자·양혜왕하)

해석 좌우의 사람들이 모두 다 이 사람은 죽여야 된다고 하여도 듣지 말라. 여러 대부들이 다 죽여도 된다고 하여도 듣지 말라. 온 나라 사람들이 다 죽여도 된다고 한 후에 살펴본다.

■016 兮 (혜)   어기사로 문미에 사용하여 어감을 편하게 한다.

例一 歸去來兮. 田園將蕪. 胡不歸?(陶淵明歸去來辭)

귀거래혜. 전원장무. 호불귀?(도연명·귀거래사)

해석 돌아가자! 밭이 모두 황폐해졌다, 왜 돌아가지 않는가?

例二 巧笑倩兮. 美目盼兮. 素以爲絢兮. (論語八佾)

교소천혜. 미목반혜. 소이위현혜. (논어·팔일)

해석 곱게 웃는 모습 아름답다. 아름다운 눈 검고 흰 동자 분명하여 더욱 아름답다. 흰 비단에 채색으로 그릴 수 있다.

例三 滄浪之水淸兮. 可以濯我纓. 滄浪之水濁兮. 可以濯我足.
(孟子離婁上)

창랑지수청혜. 가이탁아영. 창랑지수탁혜. 가이탁아족. (맹자·이루상)

해석 창랑의 물 맑으면 내 갓끈을 씻을 것이요, 창랑의 물 흐리거든 내 발을 씻을 것이다.

例四 力拔山兮氣蓋世. (史記項羽本紀)

역발산혜기개세. (사기·항우본기)

해석 힘은 산을 통째로 뽑아 올리고, 기백은 세상을 덮을 것 같다.

■017 毋 (무)   부사로 "불가", "…아니다"를 표현한다.

例一 所謂誠其意者, 毋自欺也. (大學六章)

소위성기의자, 무자기야. (대학·육장)

[해석] 소위(경전에서) 말하는 그 뜻을 정성되게 한다는 것은 스스로를 속이지 말라는 것이다.

[例二] 是以君子有絜矩之道也. 所惡於上, 毋以使下. 所惡於下, 毋以事上. (大學十章)

시이군자유혈구지도야. 소오어상, 무이사하. 소오어하, 무이사상. (대학·십장)

[해석] 그러므로 군자는 혈구지도(모범이 되어 백성들이 도를 취하게 하는 것)이 있다. 설사 내 윗사람이 불합리한 태도로 나를 대할 지라도 같은 태도로 내 아랫사람을 부리지 말 것이며, 내가 아랫사람의 불성실함을 싫어하는 태도로 윗사람을 섬기지 말라.

[例三] 子絶四. 毋意. 毋必. 毋固. 毋我. (論語子罕)

자절사. 무의. 무필. 무고. 무아. (논어·자한)

[해석] 공자께서 일을 처리하시는 태도로 네 가지를 마음의 경계로 삼았다. 이기적이지 말라. 무단(武斷)하지 말라. 고집부리지 말라. 자신만 알고 타인을 모르지 말라.

[例四] 趙王畏秦, 欲毋行. (史記廉頗藺相如列傳)

조왕외진, 욕무행. (사기·염파인상여열전)

[해석] 조왕은 진나라를 두려워하여 가지 않으려고 했다.

018 乎 (호)　　　　　　어기사, 전치사로 사용한다.

(1) 어기사로 사용할 때는 의문이나 심문의 어감을 표시한다.

[例一] 孟子見梁惠王. 王曰. 叟. 不遠千里而來, 亦將有以利吾國乎? (孟子梁惠王上)

맹자견양혜왕. 왕왈. 수. 불원천리이래, 역장유이리오국호? (맹자·양혜왕상)

[해석] 맹자께서 양혜왕을 만났다. 왕이 말했다. "노인께서 이렇게 천리를 멀다 않고 오셨으니 우리나라를 이롭게 할 방법이 있습니까?"

[例二] 曾子曰. 吾日三省吾身. 爲人謀而不忠乎? 與朋友交而不信

乎?傳不習乎?(論語學而)

증자왈. 오일삼성오신. 위인모이불충호?여붕우교이불신호?전
불습호?(논어·학이)

해석 증자(曾子)가 말했다. "나는 하루 세 가지 일로 스스로를 반성한
다. 다른 사람을 위해 일을 하며 충성되게 최선을 다하지 않았는
가? 벗과 교제함에 신의를 잃지 않았는가? 공부를 하면서 배우지
못한 것은 없는가?"

例三 子貢問曰. 有一言而可以終身行之者乎. 子曰. 其恕乎.
(論語衛靈公)

자공문왈. 유일언이가이종신행지자호. 자왈. 기서호. (논어·위
영공)

해석 자공(子貢)이 질문을 했다. "한 마디의 말로써 평생토록 지켜 행할
수 있는 것이 있습니까?" 공자께서 말씀하시기를, "그 용서라는 말
이다."라고 하셨다."

例四 頌其詩, 讀其書, 不知其人可乎?(孟子萬章下)

송기시, 독기서, 부지기인가호?(맹자·만장하)

해석 그 사람의 시를 낭송하고 그 사람이 쓴 책을 읽고도 그의 사람됨을
모른다면 명확하게 알았다고 할 수 있는가?

例五 子貢曰. 君子亦有惡乎?子曰. 有惡. 惡稱人之惡者. (論
語微子)

자공왈. 군자역유오호?자왈. 유오. 오칭인지오자. (논어·미자)

해석 자공이 말했다. "군자도 미워하는 것이 있습니까?" 공자께서 말씀
하셨다. "미워하는 것이 있다. 뒤에서 다른 사람의 잘못을 떠들어
대는 것을 미워한다."

例六 子曰. 其然. 豈其然乎?(論語憲問)

자왈. 기연. 기기연호?(논어·헌문)

해석 공자께서 말씀하셨다. "그러한가? 그가 왜 그렇게 했을까?"

(2) 감탄의 어감을 표시한다.

例一 今之孝者. 是謂能養. 至於犬馬. 皆能有養. 不敬. 何以別
乎!(論語爲政)

금지효자. 시위능양. 지어견마. 개능유양. 불경. 하이별호! (논어·위정)

[해석] 오늘날 효자라는 사람은 단지 부모를 봉양할 뿐이다. 개와 말도 양육을 할 수는 있다. 만약 부모님을 존경하지 않으면(개와 말을 양육하는 것과) 무엇이 다르랴!

[例二] 如不善而莫之違也. 不幾乎一言而喪邦乎！(論語子路)

여불선이막지위야. 불기호일언이상방호! (논어·자로)

[해석] 만약(임금이) 말한 것이 틀렸는데도 아무도 감히 그 말을 위반할 수 없다면 이것은 말 한마디에 나라가 거의 망하는 것이 아닌가!

(3) 문장 중간에 정지의 어감을 표현한다.

[例一] 子曰. 參乎！吾道一以貫之. (論語里仁)

자왈. 삼호! 오도일이관지. (논어·이인)

[해석] 공자께서 말씀하셨다. "삼아! 나의 도는 한가지로 관통되어 있다."

[例二] 我非愛其財，而易之以羊也. 宜乎百姓之謂我愛也. (孟子梁惠王上)

아비애기재, 이역지이양야. 의호백성지위아애야. (맹자·양혜왕상)

[해석] 나는 결코 소 한 마리의 가치를 아껴서 그것을 양으로 바꿔 쓰게 한 것이 아니다. 백성들이 그렇게 생각하여 내가 소 한 마리를 아꼈다고 말하는 것은 당연하다.

(4) 전치사로 사용하면서 "…에게(서)", "… 때문에" 등의 의미이다.

[例一] 信乎朋友有道. 不順乎親，不信乎朋友矣. (中庸二十章)

신호붕우유도. 불순호친, 불신호붕우의. (중용·이십장)

[해석] 친구에게 신임을 얻는데도 도(道)가 있으니 만약 어버이에게 효순치 못하면 친구에게 신용을 얻지 못할 것이다.

[例二] 君子依乎中庸. 遯世不見知而不悔. 唯聖者能之. (中庸十一章)

군자의호중용. 둔세불견지이불회. 유성자능지. (중용·십일장)

해석 군자는 중용의 도리에 의지하려 한다. 설사 세상을 피하여 사람들이 알아주지 않는다 하더라도 후회하지 않는다. 오직 성자라야 그렇게 할 수 있다.

例三 好學近乎知, 力行近乎仁, 知恥近乎勇. (中庸二十章)
호학근호지, 역행근호인, 지치근호용. (중용・이십장)

해석 학문을 좋아하는 것은 지(智)에 가깝고, 일을 힘써 행하는 것은 인(仁)에 가깝고, 수치를 아는 것은 용(勇)에 가까운 것이다.

例四 德蕩乎名, 知出乎爭. (莊子內篇人間世)
덕탕호명, 지출호쟁. (장자・내편・인간세)

해석 덕이 무너지는 것은 명예심 때문이고 지혜가 생겨나는 것은 경쟁심 때문이다.

█ 019 | 以 (이)　　　대명사, 부사, 접속사, 전치사 등의 용법이 있다.

⑴ 대명사로 사용할 때는 "이것"의 의미를 표현한다.

例一 叔孫武叔毀仲尼, 子貢曰：無以爲也. (論語子張)
숙손무숙훼중니, 자공왈 : 무이위야. (논어・자장)

해석 숙손무숙이 중니를 비방했다. 자공이 말하기를 "이처럼 하지 말라."라고 했다.

例二 妾唯以一太子一女, 奈何棄之匈奴. (漢書酈陸朱劉叔孫傳)
첩유이일태자일녀, 내하기지흉노. (한서・역육주류숙손전)

해석 신첩에게는 이 태자 하나와 여식 하나뿐인데 어찌하여 그들을 흉노에 버려두라 하십니까?

⑵ 접속사로 사용할 때는 용법이 매우 다양하다. "而"자와 용법과 유사하다. "…와", "… 때문에", "그러나" 등의 의미를 나타낸다.

例一 上不怨天, 下不尤人. 故君子居易以俟命. 小人行險以徼幸. (中庸十四章)

상불원천, 하불우인. 고군자거역이사명. 소인행험이요행. (중용
·십사장)

[해석] (실망을 할 때) 위로는 하늘을 원망하지 아니하고, 아래로는 다른
사람을 탓하지 않는다. 그러므로 군자는 마음가짐이 항상 평탄하
고 하늘의 운명을 기다리지만 소인은 모험을 행하여 특별한 요행을
기대한다.

[例二] 少以犯衆, 弱以侮强, 忿怒不量力子, 兵共殺之. (說苑雜言)
소이범중, 약이회강, 분노불량역자, 병공살지. (설원·잡언)

[해석] 적은 숫자로 많은 것을 침범하고 힘이 약하지만 오히려 강한 자를
공격하니 분노로 자신의 힘을 헤아리지 못하는 왕은 다른 나라 군
대가 함께 그를 죽일 것이다.

[例三] 子曰. 父母之年, 不可不知也. 一則以喜. 一則以懼. (論
語里仁)
자왈. 부모지년, 불가부지야. 일즉이희. 일즉이구. (논어·이인)

[해석] 공자께서 말씀하셨다. "부모의 나이는 반드시 알아두어야 한다.
한편으론 즐겁고 한편으론 두렵다."

[例四] 晋侯秦伯圍鄭, 以其無禮於晋, 且貳於楚也. (左傳僖公三十
年)
진후진백위정, 이기무례어진, 차이어초야. (좌전·희공삼십년)

[해석] 진후와 진백은 정나라를 포위했는데 이는 정나라가 진(晋)나라에게
예의가 없고 또한 진(晋)나라를 배반하고 초나라와 결탁했기 때문
이다.

[例五] 徒善不足以爲政, 徒法不能以自行. (孟子離婁上)
도선부족이위정, 도법불능이자행. (맹자·이루상)

[해석] 가령 선하기만 하고 선한 정치가 없으면 나라를 다스릴 수 없고, 가령
선한 법만 있고 실질적인 성의가 없으면 어진 정치를 행할 수 없다.

(3) 부사로 사용하면 "너무", "단지"의 의미를 나타낸다.

[例一] 三月無君則弔, 不以急乎. (孟子滕文公下)
삼월무군즉조, 불이급호. (맹자·등문공하)

해석 세달 간 섬길 임금이 없다고 위문한다는 것은 너무 조급한 것이 아닌가?

例二 方六七十. 如五六十. 求也爲之. 比及三年, 可使民足. 如其禮樂, 以俟君子. (論語先進)

방육칠십. 여오륙십. 구야위지. 비급삼년, 가사민족. 여기예악, 이사군자. (논어·선진)

해석 만약 사방 6·7십리 혹은 5·6십리가 되는 곳을 염구에게 다스리라고 한다면 단지 삼년이면 그곳 백성들의 생활을 풍족하게 만들 수 있다. 다만 예악에 있어서는 군자를 기다리겠습니다.

(4) 전치사로 사용할 때는 "…로써", "…에서", "… 때문에" 등을 표현한다.

例一 孟子曰. 離婁之明, 公子輸之巧, 不以規矩, 不能成方員, 師曠之聰, 不以六律, 不能正五音. 堯舜之道. 不以仁政. 不能平治天下. (孟子離婁上)

맹자왈. 이루지명, 공자수지교, 불이규구, 불능성방원, 사광지총, 불이육률, 불능정오음. 요순지도. 불이인정. 불능평치천하. (맹자·이루상)

해석 맹자께서 말했다. "이루(離婁)의 밝음과 공자수(公子輸)의 교묘한 기술로도 규와 구(원을 그리는 기구와 자)를 쓰지 않으면, 능히 네모와 원을 그리지 못하고, 사람의 예민한 청각으로도 육률을 쓰지 않으면 천하를 태평하게 다스리지 못하느니라. "

例二 敵以東方來. (墨子迎敵祠)

적이동방래. (묵자·영적사)

해석 적이 동쪽에서 바야흐로 왔다.

例三 晋侯以我喪故, 未之見也. (左傳襄公三十一年)

진후이아상고, 미지견야. (좌전·양공삼십일년)

해석 진후는 우리나라의 국상(國喪) 때문에 그들을 아직 만나지 못하였다.

例四 陛下起布衣 以此屬取天下. (史記留侯世家)

폐하기포의, 치차속취천하. (사기·류후세가)

해석 폐하는 포의의 신분으로 일어나 이들과 함께 천하를 취하셨다.

현대중국어의 용법

[以] yǐ 전치사와 접속사로 사용된다.

(一) 전치사.

(1) "…로써(用)"의 의미로, 전치사 구조를 이루어 동작의 수단, 근거 혹은 방식을 표시한다. 항상 "來"와 함께 사용한다. ① 大家都以高標準嚴格要求自己. 모두 다 높은 표준으로 자신에게 엄격히 요구한다. ② 公社以豐富的農產品供應市場, 滿足群衆的需要. 회사는 풍부한 농산품으로 시장에 공급하여 군중의 수요를 만족시킨다. ③ 老師個個以高度負責的精神來指導我們的學習. 선생님은 각자 높은 책임감으로 우리의 학습을 지도한다.

(2) 전치사 구조를 이루어, 단음절 동사 뒤에 사용하여 보충설명을 표시한다. ① 他這樣處處節約, 完全出以公心. 그가 이렇게 모든 것에 절약하는 것은 완전히 공적인 마음에서 나온 것이다. ② 全同志向大會致以熱烈的祝賀. 전동지는 대회에 열렬한 축하를 보냈다. ③ 群衆都報以掌聲, 贈以鮮花. 군중들은 박수로 보답하고 꽃을 증정한다.

(3) "因爲", "由于", "靠"의 의미로 전치사 구조를 이루어, 행위의 원인을 표시한다. 항상 "而"과 함께 사용한다. ① 長城以它雄偉的建築聞名于全世界. 만리장성은 그의 웅장하고 위대한 건축 때문에 전세계에 유명하다. ② 杭嘉湖平原以物產豐富而被譽爲"魚米之鄉". 항가호 평야는 생산량이 풍부하기 때문에 "곡창지대"라고 영예롭게 불린다. ③ 我們都以生活在這樣偉大的時代而感到自豪. 우리는 이처럼 위대한 시대에 살고 있기 때문에 자긍심을 느낀다.

(4) "給"와 함께 사용하여, "공급하다"라는 의미를 표시한다. ① 這套郵票新穎別致, 人們給它以很高的評價. 이 우표세트는 참신하고 유별나서 사람들은 우표에 매우 높은 평가를 준다. ② 加强市場管理, 決不給投機商人以可乘之機. 시장관리를 강화하여 결코 투기상인들에게 기회를 잡을 수 없게 한다. ③ 各地群衆給災區人民以熱情的支援. 각 지역의 군중들은 재난구역의 인민들에게 열정적인 지원을 하였다.

(5) "爲"와 함께 사용하여, 다양한 관계를 표시한다. ① 我們要以金九先

生爲榜樣, 全心全意地爲人民服務. 우리는 김구 선생님을 모델로 삼아 최선을 다하여 인민들에게 봉사한다. ② 他品格高尙, 處處以助人爲樂. 그는 품격이 고상하여 사방에서 사람을 돕는 것을 즐긴다. ③ 在這幾個方案中, 以採用第三方案爲宜. 이 몇 가지 방안 중에 세 번째 방안을 채택하는 것이 좋다.

(二) 접속사로 사용한다. "…을 사용하여"의 의미로, 목적을 표시한다.

① 努力增加生産, 以支援國家經濟建設. 열심히 생산을 증가시켜 국가경제건설을 지원한다. ② 發展輕工業, 以滿足人民日益增長的需要. 경공업을 발전시켜 인민들의 날로 증가하는 수요를 만족시킨다.

---

020 且 (차)　　　　접속사, 부사 두 가지 용법이 있다.

(1) 접속사로 사용할 때는 "아울러", "하물며", "또한"의 의미이다.

> **例一** 道之以德, 齊之以禮, 有恥且格. (論語爲政)
> 도지이덕, 제지이례, 유치차격. (논어 · 위정)
> **해석** 덕으로 인도하고, 예절로 가지런히 하면 백성들이 부끄러움을 느낄 뿐만 아니라 착하게 된다.

> **例二** 邦無道, 富且貴焉, 恥也. (論語泰伯)
> 방무도, 부차귀언, 치야. (논어 · 태백)
> **해석** 나라가 도가 없어 어지러운데, 자신만 부하고 또 고귀하면 부끄러운 것이다.

> **例三** 學不厭, 智也. 敎不倦, 仁也. 仁且智, 夫子旣聖矣. (孟子公孫丑上)
> 학불염, 지야. 교불권, 인야. 인차지, 부자기성의. (맹자 · 공손추상)
> **해석** 배우기에 싫증나지 않음은 지혜로운 것이고, 가르치기를 권태로이 안함은 어진 것이다. 어질고 또한 지혜로우시니 선생님은 이미 성인이십니다.

例四 王自以爲與周公, 孰仁且智. (孟子公孫丑下)
왕자이위여주공, 숙인차지. (맹자·공손추하)
해석 군왕이 자신과 주공을 비교하여, 누가 인자하고 또한 지혜로운가? 하였다.

例五 百工之事, 固不可耕且爲也. 然則治天下, 獨可耕且爲與.
(孟子滕文公上)
백공지사, 고불가경차위야. 연즉치천하, 독가경차위여. (맹자·등문공상)
해석 모든 기술자들의 일은 절대 농사를 지으면서, 또(겸직) 할 수 없는 노릇이다. 그런즉 천하를 다스리는 일을 혼자서 농사를 지으면서 같이 할 수 있겠는가?

例六 昔者先王以爲東蒙主, 且在邦域之中矣. (論語季氏)
석자선왕이위동몽주, 차재방역지중의. (논어·계씨)
해석 옛날 주나라 선왕께서 그를 동몽산의 주인으로 봉하여 좨주(祭主)로 삼았고, 또 그 지역은 노나라 관할 지역의 경내에 있다.

例七 君子有酒旨且多. (詩經小鹿魚)
군자유주지차다. (시경·소록어)
해석 군자에게 술이 있는데, 맛도 좋고 양도 많다.

(2) 부사로 사용할 때는 "하물며", "거의", "장차", "여전히"의 의미이다.

例一 獸相食, 且人惡之. 爲民父母行政, 不免於率獸而食人. 惡其爲民父母也. (孟子梁惠王上)
수상식, 차인오지. 위민부모행정, 불면어솔수이식인. 오기위민부모야. (맹자·양혜왕상)
해석 짐승들이 서로 잡아먹는 것도 하물며 사람들이 싫어하는데, 백성의 부모 되어 정사를 하는 관리들은 짐승을 몰다가 사람을 잡아먹게 하는 것을 피하지 못하는 상황이 있다. 어떻게 그들이 백성의 부모 되었다고 할 수 있습니까?

例二 管仲且猶不可召, 而況不爲管仲者乎? (孟子公孫丑下)
관중차유불가소, 이황불위관중자호? (맹자·공손추하)

[해석] 관중도 또한 마음대로 부르지 못했는데, 하물며 관중을 높게 보지 않는 사람이야 더 말할 나위가 있겠오?

[例三] 率其黨且萬人降匈奴. (漢書匈奴傳)

솔기당차만인항흉노. (한서 · 흉노전)

[해석] 그의 일당을 인솔하여 거의 만 명에 가까운 흉노를 항복시켰다.

[例四] 漢王已幷漢中，且東. (史記項羽本紀)

한왕이병한중，차동. (사기 · 항우본기)

[해석] 한 왕은 이미 한나라 지역을 통일하여, 장차 동쪽으로 전진하려 했다.

[例五] 不誅，且爲楚憂. (史記項羽本紀)

부주，차위초우. (사기 · 항우본기)

[해석] 만약 (그를) 죽이지 않는다면, 장차 초나라의 후환이 될 것이다.

[例六] 不義而富且貴，於我如浮雲. (論語述而)

불의이부차귀，어아여부운. (논어 · 술이)

[해석] 의롭지 못하면서 부유하고 고귀한들 내게는 뜬구름과 같으니라.

현대중국어의 용법

[且] qiě 부사와 접속사로 사용한다.

(一) 부사.

(1) "잠시"의 의미로, 단시간 안에 모종의 사건이 먼저 진행되고 다른 것은 나중에 다시 말할 것을 표시한다. ① 話還沒有說完, 你且慢走. 말이 아직 끝나지 않았으니 당신은 잠시 가지 마시오. ② 得過且過 的思想要不得. 되는대로 살아가려는 생각은 절대 안 된다.

(2) "우선"의 의미로, 모종 정도상의 양보를 표시한다. ① 且不論考試成 績, 就是平時成績也是全班第一. 우선 시험 성적은 논하지 말고 평 상시 성적도 반 전체에서 일등이다. ② 我們且先聽聽群衆的意見,

然後再制訂計劃. 우리는 우선 대중의 의견을 먼저 듣고 난 후에 다시 계획을 제정하자.

(二) 접속사로 사용한다.

⑴ "다시금", "게다가"의 의미로, 한층 더 나아간 것을 표시한다. ① 她工作既快且好, 不愧爲生産能手. 그녀는 일도 매우 빠르고 게다가 잘해서 생산의 달인이라고 하기에 부족함이 없다. ② 方案已定, 且經上級批準, 卽可動工. 방안이 이미 결정되었고 더욱이 상급기관의 비준이 나면 즉시 시작할 수 있다.

⑵ "…且…且"의 형식으로 사용하고, 뒤에 단음절의 동사만 사용한다. 구어체에서 "邊…邊…"의 용법에 해당하고, 동작이 동시에 진행함을 표시한다. ① 我們且談且走, 不覺來到了湖濱. 우리들은 이야기하면서 걸었는데 우리도 모르게 호숫가까지 왔다. ② 幾個人且看且記, 一個上午就把資料整理完了. 몇 명이 함께 보면서 동시에 기록을 하였는데 오전에 자료 정리를 마쳤다.

021 且夫 (차부)　　접속사로 "하물며", "게다가"의 의미이다.

例一 且夫大伐小, 取其所得, 以作彝器, 銘其功烈, 以示子孫, 昭明德而懲無禮也. (左傳襄公十九年)

차부대벌소, 취기소득, 이작이기, 명기공렬, 이시자손, 소명덕이징무례야. (좌전 · 양공십구년)

해석 게다가 대국이 소국을 정벌하여 그 소득을 취해 제기를 만들고 그것들에 공을 새겨 둠으로써 자손들에게 알리는데 이는 밝은 덕을 밝히고 무례한 자를 징계하기 위함이다.

例二 君亟定變法之慮, 殆無顧天下之議之也. 且夫有高人之行者, 固見負於世. (商君書更法)

군극정변법지려, 태무고천하지의지야. 차부유고인지행자, 고견부어세. (상군서 · 경법)

해석 군주께서는 빨리 법을 고칠 생각을 정하여 마땅히 세상 사람들이 이

일에 대한 논의를 돌아보지 않도록 해야 합니다. 하물며 보통 사람을 뛰어넘는 행동이 있으면 진실로 세상 사람들에게 비난을 받습니다.

022 乍 (사) 부사로 "갑자기", "간혹", "방금" 등의 의미를 표현한다.

例一 今人乍見孺子，將入於井，皆有怵惕惻隱之心. （孟子公孫丑上）
금인사견유자, 장입어정, 개유출척측은지심. (맹자·공손추상)

해석 지금 누군가 갑자기 어린 아이가 우물에 빠지려 하는 것을 보면, 모두 놀라고 가련한 마음이 생긴다.

例二 細萍時帶楫，低荷乍入舟. （徐陵山池應令）
세평시대즙, 저하사입주. (서릉·산지응령)

해석 가는 부평초가 때때로 노에 거리며 낮은 연잎이 간혹 배 위로 올라온다.

例三 乍至中土，思憶本鄕. （洛陽伽藍記景寧寺）
사지중토, 사억본향. (낙양가람기·경녕사)

해석 막 중원에 도착했는데 고향이 그리워진다.

023 必 (필) 부사와 접속사의 용법이 있다.

(1) 부사로 "반드시"의 의미이다.

例一 故天將降大任於是人也，必先苦其心志，勞其筋骨，餓其體膚，空乏其身，行拂亂其所爲. （孟子告子下）
고천장강대임어시인야, 필선고기심지, 노기근골, 아기체부, 공핍기신, 행불난기소위. (맹자·고자하)

해석 그러므로, 하늘에서 장차 사람에게 큰일을 맡기려면 반드시 먼저 그들의 마음을 괴롭히고, 그들의 근골을 수고롭게 하고, 육체를 굶주리게 하고, 그들 자신에게 아무것도 없게 하여서 그들이 하는 것이 그들이 해야 할 일과는 어긋나게 만든다.

例二 有人於此, 其待我以橫逆, 則君子必自反也. (孟子離婁下)

유인어차, 기대아이횡역, 즉군자필자반야. (맹자·이루하)

해석 만약 누군가 여기서 나를 횡포하게 대하면 군자는 반드시 스스로 반성을 한다.

例三 在邦必聞, 在家必聞. 子曰. 是聞也, 非達也. (論語顔淵)

재방필문, 재가필문. 자왈. 시문야, 비달야. (논어·안연)

해석 (명예는) 나라 안에서 반드시 소문이 나고, 집에 있어도 반드시 소문이 나는 것입니다. 공자께서 "그것은 이름을 날리는 것이지 덕이 통달한 것이 아니다." 라고 하셨다.

例四 聽訟, 吾猶人也. 必也使無訟乎. (論語顔淵)

청송, 오유인야. 필야사무송호. (논어·안연)

해석 송사를 처리하는 것은 나도 다른 사람과 같지만 나는 반드시 송사가 없도록 한다.

例五 女子之嫁也, 母命之, 往送之門, 戒之曰. 往之女家, 必敬必戒. (孟子滕文公下)

여자지가야, 모명지, 왕송지문, 계지왈. 왕지여가, 필경필계. (맹자·등문공하)

해석 여자가 시집을 갈 때에는 모친이 말을 일러 주고 문까지 가서 보내며 주의시키기를 "네 시집에 가서는 반드시 공경하고 조심하여야 한다."고 말한다.

例六 人無遠慮, 必有近憂. (論語衛靈公)

인무원려, 필유근우. (논어·위영공)

해석 사람이 멀리 생각지 않으면 반드시 가까운 근심이 있느니라.

(2) 접속사로 사용할 때는 "만약 정말로 …라면"의 의미이다.

例一 王必無人, 臣願奉璧往使. (史記廉頗藺相如列傳)

왕필무인, 신원봉벽왕사. (사기·염파인상여열전)

해석 만일 왕께서 정말로 사람이 없으시면 신이 옥을 받들고 사신으로 가길 원합니다.

[例三] 必欲長生, 當服山精. (抱朴子內篇仙藥)
필욕장생, 당복산정. (포박자·내편신약)

[해석] 만약 불로장생하기를 원한다면 마땅히 산정을 복용해야 한다.

현대중국어의 용법

[必] bì 부사.

(1) "필수, 꼭(一定要 yīdìngyào)"의 의미로 사실 혹은 상황을 긍정하며 굳은 결단을 표시한다. ① 有法必依, 執法必嚴, 違法必究. 어떤 법이던 근거하는 바가 있고, 법을 집행할 시는 엄해야하고, 법을 위반하면 꼭 처벌해야 한다. ② 言必信, 行必果. 말은 믿음이 있어야하고 행동은 꼭 결단성이 있어야 한다. ③ 驕者必敗. 교만한 자는 꼭 패한다.

(2) 반드시(一定)의 의미로 사용한다. ① 堅持學習, 必有收獲. 학습을 굳건히 하면 반드시 수확이 있다. ② 他是個守信用的人, 說來必來. 그는 신용을 지키는 사람이다. 그가 온다고 말했으면 반드시 온다. ③ 今年風調雨順, 收成必好. 올해는 날씨가 좋아 확실히 수확이 좋을 것이다.

[주의] "必(bì)"는 문어체로 뒤에 반드시 단음절의 단어만 온다.

---

024 **弗**(불) 부사로 사용하여 "부정", "불능", "금지"를 표현한다.

[例一] 鑿斯池也. 築斯城也. 與民守之. 效死而民弗去. 則是可爲也. (孟子梁惠王下)
착사지야. 축사성야. 여민수지. 효사이민불거. 즉시가위야. (맹자·양혜왕하)

해석 성을 보호할 연못을 파고 성곽을 쌓고 백성들과 이 성을 굳건히 지키며 모두들 성에서 죽기에 이르더라도 떠나지 않으면 그것은 할 만한 일입니다.

例二 信於友有道. 事親弗悅. 弗信於友矣. (孟子離婁上)
신어우유도. 사친불열. 불신어우의. (맹자·이루상)

해석 벗들에게 믿음을 얻는데 방법이 있다. 어버이를 섬김에 기쁘게 해 드리지 못하면 벗들에게 신임을 얻지 못한다.

例三 弗與天位共也. 弗與治天職也. 弗與食天祿也. 士之尊賢者也. 非王公之尊賢也. (孟子萬章下)
불여천위공야. 불여치천직야. 불여식천녹야. 사지존현자야. 비왕공지존현야. (맹자·만장하)

해석 (그와) 하늘에서 준 작위를 함께 누리지도 않았고, 그와 하늘에서 준 직분을 함께 수행하지도 않았고, 그와 하늘에서 내린 녹을 함께 먹지도 않았으니, 그것은 선비가 현자를 존경하는 것이었지 왕공이 현자를 존경하는 것은 아니었다.

例四 一簞食. 一豆羹. 得之則生. 弗得則死. 呼爾而與之. 行道之人弗受. 蹴爾而與之. 乞人不屑也. (孟子告子上)
일단사. 일두갱. 득지즉생. 불득즉사. 호이이여지. 행도지인불수. 축이이여지. 걸인불설야. (맹자·고자상)

해석 대그릇의 밥과 나무 그릇의 국을 한 그릇 얻으면 살고, 얻지 못하면 죽는 경우에라도 여기 있다하고 주면 길가는 사람도 받지 않고, 발로 차서 주면 거지도 받으려 들지 않는다.

例五 子謂冉有曰. 女弗能救與. (論語八佾)
자위염유왈. 여불능구여. (논어·팔일)

해석 공자께서 염유에게 묻기를, 네가 구할 수 없는가?

例六 賜也何敢望回. 回也聞一以知十. 賜也聞一以知二, 子曰. 弗女也. 吾與女弗如也. (論語公冶長)
사야하감망회. 회야문일이지십. 사야문일이지이, 자왈. 불여야. 오여녀불여야. (논어·공야장)

해석 사는 "어찌 감히 회를 바라보겠습니까, 회는 하나를 듣고 열 가지를 알지만, 저는 한 가지를 듣고 두 가지를 알뿐입니다."라고 했다.

공자께서 말씀하시기를 "같지 않다. 나와 너는 그와 같지 않다"고
하셨다.

例七 仁人心也. 義人路也. 舍其路而弗由. 放其心而不知求. 哀
哉. (孟子告子上)

인인심야. 의인로야. 사기로이불유. 방기심이부지구. 애재. (맹
자·고자상)

解釋 인은 사람의 마음이다. 의는 사람이 걸어갈 길이다. 길을 버리고
따르지 않고, 마음을 드러내 놓고 찾을 줄을 모르니 슬프다.

例八 拱把之桐梓. 人苟欲生之. 皆知所以養之者. 至於身而不知所
以養之者. 豈愛身不若桐梓哉. 弗思甚矣. (孟子告子上)

공파지동재. 인구욕생지. 개지소이양지자. 지어신이부지소이양
지자. 개애신불약동재재. 불사심의. (맹자·고자상)

解釋 한 아름이나 한줌 되는 오동나무와 가래나무도 사람이 재배하려고
만 힘쓰면 방법을 알 수가 있다. 자기 몸에 대해선 수양하는 방법
을 모른다. 어찌 자기 몸을 아끼는 것이 오동나무나 가래나무 아끼
는 것만 못하겠는가? 생각을 깊이 하지 않는다.

025 未 (미)　　　　부사로 "없다", "…아니다" 등을 표현한다.

例一 侍於君子有三愆. 言未及之而言. 謂之躁. 言及之而不言.
謂之隱. 未見顏色而言. 謂之瞽. (論語季氏)

시어군자유삼건. 언미급지이언. 위지조. 언급지이불언. 위지
은. 미견안색이언. 위지고. (논어·계씨)

解釋 군자를 모심에 세 가지 허물이 있다. 말할 때가 아닌데 먼저 입을
여는 것은 조급하다 하고, 말할 때인데도 말하지 않는 것을 숨긴다
고 하고, 안색을 살피지 않고 말함은 맹목적이라 한다.

例二 其未得之也. 患得之. 旣得之. 患失之. 苟患失之. 無所不
至矣. (論語陽貨)

기미득지야. 환득지. 기득지. 환실지. 구환실지. 무소부지의.
(논어·양화)

해석 그들은 얻지 못해서는 얻을 것을 걱정하고 얻으면 잃을까 걱정한다. 만일 잃을 것을 걱정한다면 무슨 짓인들 못할 짓이 없다.

例三 或問曰. 勸齊伐燕. 有諸. 曰. 未也. (孟子公孫丑下)
혹문왈. 권제벌연. 유제. 왈. 미야. (맹자 · 공손추하)

해석 어떤 사람이 물었다. "제나라를 권하여 연 나라를 쳤다는데 그런 일이 있습니까?" 맹자가 말하기를 "없다."라고 하셨다.

例四 有能一日用其力於仁矣乎. 我未見力之不足也. 蓋有之矣. 我未之見也. (論語里仁)
유능일일용기력어인의호. 아미견력지부족야. 개유지의. 아미지견야. (논어 · 이인)

해석 하루라도 그 힘을 인을 위해 쓸 수 있는 사람이 있는가? 나는 힘이 부족한 자는 보지 못했노라 아마 있을 것이나 내가 보지 못하였다.

例五 仁矣乎. 曰. 未知. (論語公冶長)
인의호. 왈. 미지. (논어 · 공야장)

해석 어진 사람입니까? 말하기를 "아직 알지 못한다."라고 했다.

例六 可與共學. 未可與適道. 可與適道. 未可與立. 可與立. 未可與權. (論語子罕)
가여공학. 미가여적도. 가여적도. 미가여립. 가여립. 미가여권. (논어 · 자한)

해석 같이 배울 수 있어도 같이 도로 나갈 수는 없으며, 같이 도로 나갈 있어도, 같이 설 수는 없으며, 같이 선다 해도 더불어 일을 함께 할 수는 없다.

例七 季路問事鬼神. 子曰. 未能事人. 焉能事鬼. 敢問死. 曰. 未知生. 焉知死. (論語先進)
계로문사귀신. 자왈. 미능사인. 언능사귀. 감문사. 왈. 미지생. 언지사. (논어 · 선진)

해석 계로가 귀신 섬김에 대해 물으니, 공자께서 말씀하셨다. "어찌 아직 사람도 섬기지 못하거늘 어찌 귀신을 섬기랴" 감히 묻겠습니다. 죽음은 어떤 것입니까? 대답하시기를 "삶을 알지 못하는데 어찌 죽음을 알리요."라고 하셨다.

例八 動之不以禮. 未善也. (論語衛靈公)

동지불이례. 미선야. (논어·위영공)

[해석] 행동이 예에 맞지 않으면 아름답지 않다.

현대중국어의 용법

[未] wèi 부사.

(1) "不"의 의미로, 부정을 표시한다. 뒤에 단음절의 단어가 많이 오고 주로 문어체에서 사용한다. ① 好久沒通音訊, 未知你身體可好? 오랫동안 소식이 없어 당신이 잘 있는지 모르겠다. ② 這是老李負責的, 我未便決定. 이것은 이형(老李) 책임이다. 나는 결정하기가 곤란하다. ③ 這幾位靑年自學成績優異, 前途未可限量. 이 청년 몇 명은 자습 성적이 우수하여 전도를 헤아릴 수 없다.

(2) "沒有", "不曾"의 의미로, 상황이 아직 발생하지 않았음을 표시한다. ① 未經同意, 不得隨便離開工作崗位. 동의를 거치지 않고 임의로 일하는 단위를 이탈할 수 없다. ② 甚麼時候動身尙未最後決定. 언제 출발할지 아직 마지막 결정을 하지 않았다. ③ 天未大亮, 他就下地干活去了. 날이 아직 밝지도 않았는데 그는 벌써 들로 일하러 갔다.

(3) 관용적으로 사용한다. 예를 들어, "未卜先知"(점을 치지 않고 미리 알다 : 선견지명이 있다), "未可厚非"(지나치게 나무랄 수 없다)에서 "未"는 "不"의 의미이다 ; "未老先衰"(겉늙다), "未雨綢繆"(비가 오기 전에 창문을 수리하다 : 사전에 준비하다)에서 "未"는 "없다(沒有)", "…한 적이 없다(不曾)"의 의미이다.

026 未嘗 (미상)　　부사로 "부정"이나 "없었음"을 표현한다.

[例一] 非公事. 未嘗至於偃之室也. (論語雍也)

비공사. 미상지어언지실야. (논어·옹야)

해석 공적인 일이 아니면 제 집에 온 적이 없습니다.

例二 自行束修以上. 吾未嘗無誨焉. (論語述而)
자행속수이상. 오미상무회언. (논어·술이)

해석 마른 고기 한 묶음 이상을 가져온 이에게 내가 일찍이 가르치지 아니한 적이 없었다.

例三 吾他日未嘗學問. (孟子滕文公上)
오타일미상학문. (맹자·등문공상)

해석 내 전날에 일찍이 학문하기를 좋아하지 않았다.

例四 是以未嘗有所終三年淹也. (孟子萬章下)
시이미상유소종삼년엄야. (맹자·만장하)

해석 그래서 삼년이 지나도록 한 나라에서 계속 머문 적이 없으셨던 거다.

例五 人見其禽獸也. 而以爲未嘗有才焉者. 是豈人情也哉. (孟子告子上)
인견기금수야. 이이위미상유재언자. 시개인정야재. (맹자·고자상)

해석 사람들이 그가 짐승 같은 것을 보고서 그에게는 선한 재기가 있은 적이 없었던 사람이라고 생각한다. 하지만 그것이 어찌 사람의 성정이기야 하겠는가?

例六 雖疏食菜羹. 未嘗不飽. (孟子萬章下)
수소식채갱. 미상불포. (맹자·만장하)

해석 거친 밥과 야채 국일지라도 배불리 먹지 않은 적이 없었다.

例七 君子之至於斯也. 吾未嘗不得見也. (論語八佾)
군자지지어사야. 오미상부득견야. (논어·팔일)

해석 군자가 이 곳에 왔을 적에 내가 일찍 찾아뵙지 않은 적이 없다.

例八 告子未嘗知義. 以其外之也. (孟子公孫丑上)
고자미상지의. 이기외지야. (맹자·공손추상)

해석 고자(告子)는 의를 알지 못한다. 그것은 그가 의를 외적인 것으로 여기기 때문이다.

例九 古之人未嘗不欲仕也. (孟子滕文公下)

고지인미상불욕사야. (맹자·등문공하)

[해석] 옛날 사람들은 벼슬을 살려고 하지 않은 적이 없다.

[未嘗] wèicháng 부사.

(1) "결코 …이 아니다"의 의미로, "不", "沒有" 등의 부정사 앞에 사용하여, 이중부정으로 긍정을 표시한다. 부드러운 어감을 갖고 주로 문어체에서 사용한다. ① 篇幅太長, 這樣刪改一下未嘗不可. 편폭이 너무 길어 이렇게 빼버려도 안 된다고 할 수 없다. ② 要提高寫作能力, 寫日記未嘗不是個好辦法. 작문 능력을 높이려고 일기를 쓰는 것은 좋은 방법이 아니라고 할 수 없다. ③ 這個辦法總的說來很好, 但也未嘗沒有缺點. 이 방법은 전체적으로 볼 때 매우 좋다. 그러나 결코 결점이 없는 것도 아니다. ④ 小場未嘗沒有這種先進設備, 祇是利用率不高. 작은 공장에 이런 선진 설비가 없는 것은 아니다. 단지 이용률이 높지 않을 뿐이다.

[동의어] "未始"(결코 …이 아니다)와 "未嘗"의 의미는 같고 교환하여 사용할 수 있다.

(2) "…한 적이 없다"의 의미로, 동작이 발생하지 않거나 출현하지 않음을 표시한다. 문어체에서 사용한다. ① 住院養病期間, 學習也未嘗中斷. 병원에 입원하여 치료하는 기간에 학습을 중단한 적이 없다. ② 雖然同住一個城市, 因交通不便, 三年來未嘗會面. 비록 한 도시에 같이 살지만 교통이 불편하기 때문에 삼년 동안 만난 적이 없다. ③ 終夜未嘗合眼. 밤새껏 눈을 붙이지 못했다.

027 由 (유)   주로 전치사, 접속사, 부사로 사용한다.

(1) 전치사로 사용할 때는 "…로부터", "…에서"의 의미이다.

> 例一 仁, 義, 禮, 智. 非由外鑠我也. 我固有之也. (孟子告子上)
> 인, 의, 례, 지. 비유외삭아야. 아고유지야. (맹자·고자상)
>
> 解釋 仁, 義, 禮, 智 이 네 가지 덕성은 결코 외부에서 나를 단련하여 이렇게 된 것이 아니라 원래 내가 갖추고 있던 것이다.

> 例二 孟子曰. 由堯舜至於湯. 五百有餘歲. (孟子盡心下)
> 맹자왈. 유요순지어탕. 오백유여세. (맹자·진심하)
>
> 解釋 맹자가 말하기를 "요순임금에서 탕임금에 이르기까지 모두 500여 년이 걸렸다."라고 하였다.

> 例三 由百世之後. 等百世之王. 莫之能違也. (孟子公孫丑上)
> 유백세지후. 등백세지왕. 막지능위야. (맹자·공손추상)
>
> 解釋 백세대가 지난 후부터 백세대 동안의 임금과 비교해 보면 결코 아무런 잘못도 없다.

> 例四 由是觀之. 無惻隱之心. 非人也. (孟子公孫丑上)
> 유시관지. 무측은지심. 비인야. (맹자·공손추상)
>
> 解釋 이로부터 볼 때 연민과 애통의 마음이 없으면 사람이 아니다.

> 例五 五百年必有王者興. 其間必有名世者. 由周而來. 七百有餘歲矣. (孟子公孫丑下)
> 오백년필유왕자흥. 기간필유명세자. 유주이래. 칠백유여세의. (맹자·공손추하)
>
> 解釋 500년마다 반드시 성군이 등장할 뿐만 아니라 이 기간에 반드시 후세에 이름을 전할 사람이 있다. 주나라에서 지금까지 이미 700여년이 되었다.

(2) 부사로 사용할 때는 "아직", "여전히", "마치 …처럼"의 의미이다.

> 例一 舜爲法於天下. 可傳於後世. 我由未免爲鄕人也. (孟子離婁下)

순위법어천하. 가전어후세. 아유미면위향인야. (맹자·이루하)

해석 순임금이 세상을 위하여 법을 만들고 후세에 전했지만 그러나 나는 아직도 시골 사람에 불과할 뿐이다.

例二 王由足用爲善. 王如用子. 則豈徒齊民安. 天下之民擧安. (孟子公孫丑下)

왕유족용위선. 왕여용여. 즉기도제민안. 천하지민거안. (맹자·공손추하)

해석 제나라 왕은 아직은 선을 행할 만하다. 만약 제나라 임금이 나를 등용한다면 어찌 제나라 백성들만 편안하겠는가? 천하의 백성들을 모두 편안하게 만들 수 있다.

例三 其自反而仁矣, 自反而有禮矣. 其橫逆由是也, 君子必自反也, 我必不患. (孟子離婁下)

기자반이인의, 자반이유례의. 기횡역유시야, 군자필자반야, 아필불환. (맹자·이루하)

해석 스스로 반성해도 어질고 스스로 반성해도 예의가 있지만 그 도리에 어긋나는 행동이 여전하다면 군자는 반드시 스스로 반성해야 하니 내가 틀림없이 충실하지 않았던 것이다.

例四 由射於百步之外也. 其至. 爾力也. 其中. 非爾力也. (孟子萬章下)

유사어백보지외야. 기지. 이력야. 기중. 비이력야. (맹자·만장하)

해석 백보 밖에서 활을 쏘아 목표에 이르는 것은 당신의 능력이다. 그러나 목표의 중앙을 맞추는 것은 당신의 능력이 아니라(정성과 기교가 필요하다.)

(3) 접속사로 사용할 때는 "···때문에", "왜냐하면"의 의미이다.

例一 夫賣者滿市, 而盜不敢取. 由名分已定也. (商君書定分)

부매자만시, 이도불감취. 유명분이정야. (상군서·정분)

해석 (토끼를) 파는 사람들이 시장에 가득했지만 도둑이 감히 취하지 못했다. 왜냐하면 토끼를 사려는 사람이 이미 정해졌기 때문이다.

例三 由所殺蛇白帝子. 殺者赤帝子. 故上赤. （史記高祖本紀）
유소살사백제자. 살자적제자. 고상적. (사기・고조본기)

[해석] 죽임을 당한 뱀이 백제의 아들이고 그 뱀을 죽인 자가 적제의 아들이기 때문에 적색을 숭상하게 되었다.

현대중국어의 용법

[由] yóu 전치사.

(1) "…이(가)"의 의미로, 동작의 주체를 표시한다. ① 會議由老李主持. 회의는 이형이 주관한다. ② 院子裏的淸潔工作由我們幾個人輪流負責. 정원의 청결은 우리 몇 사람이 돌아가면서 책임을 진다. ③ 郵購事業由讀者服務部辦理. 우편 구매사업은 독자봉사부가 처리한다.

(2) "…으로부터"의 의미로, 내원, 근거 혹은 방식을 표시한다. ① 句子是由詞組成的. 문장은 구로 구성된다. ② 由此可知. 이로부터 알 수 있다. ③ 代表由大會選擧産生. 대표는 대회선거로부터 탄생한다.

(3) "…로부터(從)"의 의미로, 기점 혹은 시작을 표시한다. ① 萬米長跑由春川出發. 일만 미터 장거리 경주는 춘천에서 출발한다. ② 天氣由多雲轉晴了. 날씨는 흐림에서 맑음으로 전환되었다. ③ 觀衆由三號門進場. 관중들은 삼번 문으로 입장한다.

(4) 관용적인 용법으로 사용한다. "由此及彼"(더욱 진일보하다), "由表及裏"(현상에서 본질까지) 등이 있다.

[실사] "信不信由你"(믿고 안 믿고는 당신에게 달렸다), "腿脚有病, 行動不由自主"(다리가 병이 나서 행동이 부자유스럽다)에서 "由"는 동사이다.

▋028 ▎ **可** (가)　　　　　　　　　　동사와 부사의 용법이 있다.

(1) 동사로 사용할 때는 "가능", "허락", "응당"의 의미이다.

> **例─** 往者不可諫. 來者猶可追. (論語微子)
> 왕자불가간. 내자유가추. (논어·미자)
> **해석** 이미 과거의 일은 만회할 수가 없지만 미래의 일은 쫓아가 말릴
> 수 있다.

> **例二** 左右皆曰賢. 未可也. 諸大夫皆曰賢. 未可也. 國人皆曰
> 賢. 然後察之. 見賢焉. 然後用之. (孟子梁惠王下)
> 좌우개왈현. 미가야. 제대부개왈현. 미가야. 국인개왈현. 연후
> 찰지. 견현언. 연후용지. (맹자·양혜왕하)
> **해석** 좌우의 신하들이 모두 이 사람이 현덕하다고 말하면 절대 믿을 수 없
> 다. 조정의 대부들이 다 이 사람이 현덕하다고 할지라도 믿을 수 없
> 다. 전 국민이 모두 이 사람이 현덕하다고 말하기를 기다려 다시 그를
> 살펴본 후 그가 확실히 현덕하다면 비로소 그를 등용한다.

> **例三** 片言可以折獄者. 其由也與. (論語顏淵)
> 편언가이절옥자. 기유야여. (논어·안연)
> **해석** 단편적인 말을 듣고 송사를 판단할 수 있는 사람은 단지 유(子路)만
> 이 할 수 있는 일이다

> **例四** 故君子. 名之必可言也. 言之必可行也. (論語子路)
> 고군자. 명지필가언야. 언지필가행야. (논어·자로)
> **해석** 그러므로 군자는(명분을 세워) 반드시 이치에 맞게 말할 수 있어야
> 한다. 말을 하더라도 반드시 행해야한다.

> **例五** 懷其寶而迷其邦. 可謂仁乎. 曰. 不可. 好從事而亟失時.
> 可謂知乎. 曰. 不可. (論語陽貨)
> 회기보이미기방. 가위인호. 왈. 불가. 호종사이기실시. 가위지
> 호. 왈. 부가. (논어·양화)
> **해석** 재주를 가지고 있으면서 오히려 나라를 어지럽히는 사람이 있다. 이
> 를 인이라고 할 수 있습니까? 공자가 말했다 "인이라고 할 수 없다"
> 또 국가의 정사를 처리하기를 좋아하는 사람이 오히려 기회를 여러

번 실패하고도 총명하다고 할 수 있습니까? 공자가 말했다. "총명하다고 말할 수 없다."

(2) 부사로 사용할 때는 "대략", "어찌", "오히려"의 의미이다.

例一 飮可五六斗. 徑醉矣. (史記滑稽傳)
음가오륙두. 경취의. (사기·골계전)
해석 대략 대 여섯 말의 술을 마시고 마침내 취했다.

例二 吾與足下相知久矣, 可不復相解. (諸葛亮答李嚴書)
오여족하상지구의, 가불복상해. (제갈량·답이엄서)
해석 나와 그대가 서로 알고 지낸 지 오래되었으나 오히려 아직도 서로를 잘 이해하지 못하는 구료.

例三 夫爲人臣者, 言可必用, 盡忠而已矣. (戰國策韓策一)
부위인신자, 언가필용, 진충이이의. (전국책·한책일)
해석 신하된 자의 충언이 어찌 반드시 받아들여진다고 하겠는가? 충성을 다할 뿐이다.

현대중국어의 용법

[可] kě 부사와 접속사로 사용된다.

(一) 부사.

(1) "확실", "적확"의 의미로, 강조의 어감을 표시한다. ① 這一問可把他問倒了. 이 질문은 그를 분명히 꼼짝못하게 만들었다. ② 生活上的問題, 我可從來不計較. 생활상의 문제를 나는 한번도 따져본 적이 없다.

(2) 간구하는 문장에 사용하여, 모종의 요구, 권유 혹은 희망을 강조한다. 항상 "要", "能", "應該" 등의 능원동사와 함께 사용한다. ① 這個公式很重要, 可千萬要記着. 이 공식은 매우 중요하여 반드시 기억해야만 한다. ② 你身體不好, 可應該多保重. 당신은 건강이 나

쓰니 당연히 몸을 조심해야만 한다.

(3) 감탄문이나 의문문에 사용하여, 어감을 강조함을 표시한다. 반문 의 문장에서, "可"를 문장의 처음에 놓는다(例②). ① 這可是件新 鮮事啊! 허지만 이것은 신선한 일이 아닌가! ② 可誰見過這樣的好 收成? 누가 이렇게 좋은 수확을 본적이 있는가?

> 동의어 "可是"를 부사로 사용하면, 의미가 "可"와 같지만 일반적으 로 반문의 문장에는 사용하지 않는다. ① 這種新鮮事, 我可是 從來沒見過. 이런 신선한 일을 나는 이제껏 본적이 없다. ② 說話可是要算數的. 한 말은 반드시 지켜져야 한다.

(二) 접속사. "그러나", "오히려"의 의미로, 의미상의 전환을 표시한 다. 주어 앞에 사용할 수 있다(例①). ① 文章雖短, 可內容不錯. 문장은 비록 짧지만 그러나 내용은 좋다. ② 以前他還是個文盲, 可現在成了工程師了. 이전에 그는 문맹이었으나 지금 그는 기술 자가 되었다.

▪**029** 令 (령)　　　　　　　　　　동사와 접속사로 사용한다.

(1) 동사에 사용할 때는 "파견하다"나 "사역"의 의미를 나타낸다.

> 例一 此時魯仲連適游趙. 會秦圍趙. 聞魏將欲令趙尊秦爲帝. 乃 見平原君曰……. (戰國策魯仲連義不帝秦)
> 차시노중련적유조. 회진위조. 문위장욕령조존진위제. 내견평원 군왈……. (전국책·노중련의불제진)
> 해석 이 때 마침 노중련은 조나라를 여행하다가 진나라 군대가 조나라를 포위하는 것을 보고 위나라 장군(신항연)이 조나라 임금으로 하여 금 진나라 임금을 황제라고 부르도록 강요하는 것을 보았다. 그러 므로 그는 곧 평원군을 만나 말하기를 …

> 例二 左右之人. 見陵如此. 以爲不入耳之歡, 來相勸勉. 異方之 樂. 祇令人悲. 憎忉怛耳. (李陵答蘇武書)
> 좌우지인. 견능여차. 이위불입이지환, 내상권면. 이방지낙. 지

령인비. 증도달이. (이릉·답소무서)

[해석] 내 주변의 사람들은 내가 이러고 있는 것을 보면 귀에 들어오지도 않는 즐거운 말로 나를 위로한다. 이국의 즐거움은 나를 상심하도록 만들고 더욱 비통하게 만들기에 충분하다.

[例三] 而管仲因而令燕修召公之政. (史記管晏列傳)

이관중인이령연수소공지정. (사기·관안열전)

[해석] 관중은 이 기회를 이용하여 연나라로 하여금 소공 때의 정치를 시행하려 한다.

(2) 접속사로 사용할 때는 "만약", "가령"의 의미로 가정을 표현한다.

[例一] 令此六七公者皆亡恙. 當是時而陛下卽天子位. 能自安乎. (賈誼治安策一)

영차육칠공자개망양. 당시시이계하즉천자위. 능자안호. (가의·치안책일)

[해석] 만약 한신 등 6·7명의 신하들이 모두 아무 걱정이 없다면 이때 폐하께서 천자의 보위에 즉위하심이 편안할 수 있겠습니까?

[例三] 令信越之倫. 列爲徹侯而居. 雖至今存可也. (賈誼治安策一)

영신월지륜. 렬위철후이거. 수지금존가야. (가의·치안책일)

[해석] 만약 한신 팽월 등이 철후의 자리에 있다면 아마도 지금까지 살아 있을 것이다.

▌030 │ 而 (이)　　　대명사, 부사, 접속사의 용법이 있다.

(1) 대명사로 사용할 때는 2인칭 대명사로 사용하며 "너", "너의 것"을 표현한다. 지시대명사로도 사용한다.

[例一] 漢王曰. 吾與項羽俱北面受命懷王. 曰. 約爲兄弟. 吾翁卽若翁. 必欲烹而翁. 則幸分我一杯羹. (史記項羽本紀)

한왕왈. 오여항우구북면수명회왕. 왈. 약위형제. 오옹즉약옹.
필욕팽이옹. 즉행분아일배갱. (사기 · 항우본기)

[해석] 한나라 왕(유방)이 말했다 : 나와 항우는 모두 신하된 입장으로 회왕
의 명령을 받아 피차 형제가 되기로 약속을 했다. 그러므로 나의
부친이 곧 당신의 부친이다. 만약 꼭 당신의 부친을 삶아 국을 끓
이려면 나에게도 국 한 그릇을 달라.

[例二] 余知而無罪也. (左傳昭公二十年)

여지이무죄야. (좌전 · 소공이십년)

[해석] 나도 당신이 죄가 없음을 안다.

[例三] 離守者三日而一徇, 而所以備奸也. (墨子號令)

리수자삼일이일순, 이소이비간야. (묵자 · 호령)

[해석] 수자리를 떠난 자들은 삼일이면 한곳에 모이는데 이는 간악한 자들
에 대비하기 위한 수단이다.

(2) 부사로 사용할 때는 "충분히", "그러면 곧", "…조차"의 의미이다.

[例一] 三十而立, 四十而不惑. 五十而知天命. 六十而耳順. 七十
而從心所欲. 不踰矩. (論語爲政)

삼십이립, 사십이불혹. 오십이지천명. 육십이이순. 칠십이종심
소욕. 불유구. (논어 · 위정)

[해석] 30세에 자신의 뜻을 세우고 40세에 모든(사물의 이치를 명확히 알
아) 의혹을 갖지 않는다. 50세에 천명의 도리를 알고, 60세에 무슨
소리를 들어도 마음속으로 관통하고, 70세에 마음이 원하는 바를
행동으로 옮겨도 법도에 어긋남이 없다.

[例二] 吾未見能見其過. 而內自訟者也. (論語公冶長)

오미견능견기과. 이내자송자야. (논어 · 공야장)

[해석] 나는 스스로 자신의 실수를 발견하고 마음속으로 진정으로 책망하
는 사람을 본적이 없다.

[例三] 千乘之君, 求與之友, 而不可得也, 而況可召與. (孟子萬章
下)

천승지군, 구여지우, 이불가득야, 이황가소여. (맹자 · 만장하)

[해석] 천대의 전차를 가진 임금이 그와 벗이 되고자 했음에도 할 수 없었

는데 하물며 그들을 부를 수 있단 말인가?

例四 躬自厚. 而薄責於人. 則遠怨矣. (論語衛靈公)

궁자후. 이박책어인. 즉원원의. (논어·위영공)

해석 자신의 잘못을 엄히 책망하고 타인을 가볍게 꾸짖는다면(타인의) 원한이 멀어진다.

例五 先生者先死. 若是. 則先死者, 非父則母, 非兄而似也. (墨子明鬼下)

선생자선사. 약시. 즉선사자, 비부즉모, 비형이사야. (묵자·명귀하)

해석 먼저 태어난 자가 먼저 죽는 것이 이와 같다면 먼저 죽은 자는 아버지가 아니면 곧 어머니이고 형이 아니면 곧 동서이다.

例六 揖讓而升. 下而飲. 其爭也君子. (論語八佾)

읍양이승. 하이음. 기쟁야군자. (논어·팔일)

해석 서로 인사하고 양보하며 당에 올라(활쏘기를 마친 후) 내려와 술을 마신다. 이런 다툼이 군자의 풍도이다.

例七 見賢思齊焉. 見不賢而內自省也. (論語里仁)

견현사제언. 견불현이내자성야. (논어·이인)

해석 현인을 만나면 그에게 배우고 싶고 그와 똑 같아지고 싶다. 현명하지 못한 사람을 만나면 내심으로(자신에게 그와 같이 현명하지 못함이 있나) 성찰한다.

⑶ 접속사로 사용할 때는 "오히려(却)", "곧", "만약", "비로소" 등 다양한 의미를 표현한다.

例一 君子泰而不驕. 小人驕而不泰. (論語子路)

군자태이불교. 소인교이불태. (논어·자로) 태연

해석 군자는 마음이 편안하고 교만하지 않지만 소인은 교만하지만 마음은 오히려 불안하다.

例二 關雎樂而不淫. 哀而不傷. (論語八佾)

관저낙이불음. 애이불상. (논어·팔일)

해석 (시경의) 관저편은 비록 즐거워하지만 오히려 음란하지 않고 비록 애통하지만 오히려 지나치지 않다.

例三 君子周而不比. 小人比而不周. (論語爲政)
군자주이불비. 소인비이부주. (논어·위정)

해석 군자는(공정한 마음으로) 널리 통하면서 편파적이지 않지만 소인은 편파적이면서(사적인 마음을 갖고) 널리 통하지 못한다.

例四 道在邇而求諸遠. 事在易而求諸難. (孟子離婁)
도재이이구제원. 사재이이구제난. (맹자·이루)

해석 (사람됨의) 도리는 원래 매우 가까운 곳에 있지만 굳이 먼 곳에서 찾는다. (큰 도리에 의거하여) 일을 행하는 것은 본래 매우 쉽지만 굳이 어려운 곳에서 시작하려한다.

例五 且以文王之德. 百年而後崩. 猶未洽於天下. (孟子公孫丑上)
차이문왕지덕. 백년이후붕. 유미치어천하. (맹자·공손추상)

해석 문왕과 같은 덕행도 백년이 지난 후에 사라졌다. 오히려 교화가 천하에 미흡했다.

例六 昔者禹抑洪水. 而天下平. 周公兼夷狄. 驅猛獸而百姓寧. 孔子成春秋. 而亂臣賊子懼. (孟子滕文公下)
석자우억홍수. 이천하평. 주공겸이적. 구맹수이백성녕. 공자성춘추. 이난신적자구. (맹자·등문공하)

해석 이전에 하나라 우임금이 치수를 하여 홍수를 막자 천하가 비로소 태평해졌다. 주공이 오랑캐를 병합하고 맹수를 축출하자 백성들이 비로소 안정을 얻었다. 공자가 춘추를 저술하자 간신과 역적들이 (그 가르침을) 두려워했다.

현대중국어의 용법

[而] ér 접속사.

(1) 의미가 같은 형용사를 연결한다. "又…又…"의 용법과 같고 병렬관계를 표시한다. ① 長而空的文章沒人要看. 길고 공허한 문장은 아무도 보려하지 않는다. ② 江南的黃梅天潮濕而悶熱. 강남의 매우

(梅雨)철은 습하고 무덥다. ③ 偵察員機智而勇敢, 出色地完成了任務. 정찰병은 지혜롭고 용감하여 임무를 뛰어나게 완성하였다.

(2) "그러나 · 오히려(却, 但是, 可是)의 의미로, 의미가 상반되거나 대비되는 단어나 구문을 연결하여 전환관계를 표시한다. ① 與其多而濫, 不如少而精. 많아서 넘치는 것보다는 적어도 정교한 것이 났다. ② 訂了規章制度而不執行, 等于沒訂. 규제와 제도를 정한 후 집행하지 않으면 정하지 않은 것과 같다. ③ 球隊隊員不在人數多而在素質好. 구기팀의 대원은 숫자가 많은 것이 아니라 소질이 좋아야한다.

(3) 다른 단어와 같이 사용하거나 단독으로 사용하여 인과, 목적, 계승 등의 관계를 표시한다. ① 因爲失敗而灰心, 因爲成功而驕傲, 都是不應該的. 실패했기 때문에 낙심하고 성공했기 때문에 교만한 것은 모두 다 옳지 않다. ② 全國人民正在爲早日實現國際化而奮鬪. 모든 백성들이 마침 국제화를 조기에 실현하기 위하여 분투하고 있다. ③ 我們必須努力學習科學文化知識, 而科學文化知識不是一下可以學到手的, 必須刻苦研究, 才能取得成果. 우리는 반드시 과학문화지식을 열심히 배워야 하지만 과학문화지식은 일시에 배울 수는 없는 것이고 반드시 각고의 탐구를 하여야 비로소 성과를 얻을 수 있다.

> **설명** 위의 예문 ①에서 "而"은 "因爲"와 함께 사용하여, 원인과 결과를 설명한다. 예문 ②에서 "而"은 "爲"와 호응하여, 행위와 목적을 연계한다. 예문 ③에서 "而"은 동작의 방식을 표시하며 더욱 깊은 의미가 있다.

---

031 而已 (이이)

어기사로 문장의 뒷부분에 사용하고 "…뿐이다"라는 어감을 표현한다.

例一 回也. 其心三月不違仁. 其餘. 則日月至焉而已矣. (論語雍也)
회야. 기심삼월불위인. 기여. 즉일월지언이이의. (논어 · 옹야)

[해석] 안회야! 너의 마음은 삼개월간 인을 위반함이 없이 살기에 족하다. 다른 제자들은 하루나 심지어 한 달에 한번 인을 생각할 뿐이다.

[例二] 古之人所以大過人者. 無他焉. 善推其所爲而已矣. (孟子梁惠王上)

고지인소이대과인자. 무타언. 선추기소위이이의. (맹자・양혜왕상)

[해석] 옛 사람이 일반 사람들보다 훨씬 뛰어난 점은 결코 다른 연유가 아니라 바로 그 해야 할 일을 널리 추진했을 뿐이다.

[例三] 聖人之行不同也. 或遠或近. 或去或不去. 歸潔其身而已矣. (孟子萬章上)

성인지행부동야. 혹원혹근. 혹거혹불거. 귀결기신이이의. (맹자・만장상)

[해석] 성인의 행위는 원래 다르다. 혹자는(임군을) 멀리하고 혹자는 가까이 한다. 혹자는(의견이 임군과 달라) 사직을 하고 떠나고 혹자는 비록 의견이 달라도 사직하고 떠나지 않는다. 그러나 자기의 몸을 깨끗이 함에 귀결될 뿐이다.

[例四] 夫子之道. 忠恕而已矣. (論語里仁)

부자지도. 충서이이의. (논어・이인)

[해석] 공자의 도는 바로 충서일 뿐이다.

현대중국어의 용법

[而已] éryǐ 조사.

의미와 용법은 "罷了(bàle)"와 같고, "이와 같을 뿐이다(不過如此)"라는 의미이다. 어감을 약하게 만드는 작용이 있다. 항상 "不過", "無非", "只是", "僅僅" 등의 부사와 함께 문어체에서 사용한다. ① 說說而已, 別當眞. 말을 해본 것뿐이니 사실로 여기지 말라. ② 這不過是舊事重提而已, 幷無新的內容. 이는 과거 일을 다시 거론하는 것에 불과하고 결코 새로운 내용이 없다. ③ 我無非是隨便哼幾句而已, 算不得詩. 나

는 단지 아무렇게나 몇 구 흥흥된 것뿐이다. 시라고 할 수도 없다. ④
我僅僅翻一下而已, 怎麼能完全記住? 나는 겨우 한번 보았을 뿐인데 어
떻게 완전히 기억할 수 있겠는가? ⑤ 如此而已, 豈有他哉! 이와 같을
뿐이다. 어찌 다른 것이 있겠는가!

> 비교 위의 예문 중 ④번까지는 "而已"를 "罷了"와 교체할 수 있다.

032 自(자) 대명사와 접속사 부사로 사용한다.

(1) 대명사로 사용할 때는 1인칭대명사로 "자기", "스스로"를 표현한다.

> 例一 所謂誠其意者. 毋自欺也. (大學六章)
> 소위성기의자. 무자기야. (대학 · 육장)
> 해석 이른바 '그 뜻을 성실하게 한다.'는 것은 바로 스스로 자신을 속이지
> 말라는 것이다.

> 例二 太甲曰. 天作孽. 猶可違. 自作孽. 不可逭. (孟子公孫丑
> 上)
> 태갑왈. 천작얼. 유가위. 자작얼. 불가환. (맹자 · 공손추상)
> 해석 (서경) 태갑편에서 말하기를 "하늘이 만든 화는 피할 수 있지만 자
> 신이 만든 화는 피할 수 없다."라고 하였다.

> 例三 自暴者. 不可與有言也. 自棄者. 不可與有爲也. (孟子離
> 婁上)
> 자포자. 불가여유언야. 자기자. 불가여유위야. (맹자 · 이루상)
> 해석 스스로 해하는 사람과는 함께 논할 수 없고 스스로(인격을) 버린
> 사람과는 같이 아무 것도 할 수 없다.

(2) 접속사로 사용하면 "비록", "설령…일지라도"의 의미이다.

> 例一 昔有成湯, 自彼氐羌, 莫敢不來享, 莫敢不來王. (詩經商頌
> 殷武)
> 석유성탕자피저강, 막감불래향, 막감불래왕. (시경 · 상송 · 은무)

해석 옛날 성탕이 재위에 있을 때 설령 저나 강족 일지라도 감히 조공을 바치러 오지 않은 적이 없고 임금을 뵈러 오지 않은 적이 없다.

例二 夫自上聖皇帝作爲禮樂法度, 身以先之, 僅以小治. (史記秦本紀)

부자상성황제작위예악법도, 신이선지, 근이소치. (사기·진본기)

해석 비록 상고시대의 성인인 황제가 예악과 법도를 만들어 몸소 앞장섰지만 겨우 다스려졌다.

(3) 부사로 사용하면 "다른", "본래", "저절로", "…에서"의 의미이다.

例一 自有肺腸, 俾民卒狂. (詩經大雅桑柔)

자유폐장, 비민졸광. (시경·대아·상유)

해석 다른 마음이 있어 백성들로 하여금 발광하도록 하네.

例二 式不願爲官. 上強拜之. 稍遷至齊相. 語自在其傳. (漢書食貨志)

식불원위관. 상강배지. 초천지제상. 어자재기전. (한서·식화지)

해석 복식(卜式)은 관리가 되기를 원치 않았으나 황제가 강제로 벼슬을 내려 점차 齊 나라의 재상에 이르렀다. 그에 대한 기록은 별도로 그의 전에 있다.

例三 古之明君錯法而民無邪. 擧事而材自練. (商君書錯法)

고지명군착법이민무사. 거사이재자련. (상군서·착법)

해석 고대의 명군은 법을 시행함으로써 백성들에게 사악함이 없게 했고 사업을 일으켜 인재들이 스스로 익히게 했다.

例四 人之死生自有長短, 不在於操行善也. (論衡問孔)

인지사생자유장단, 부재어조행선야. (논형·문공)

해석 사람의 생사는 본래 장단이 있을 뿐 품행의 선함에 달려있지 않다.

例五 杞子自鄭使告于秦. (左傳僖公三十二年)

기자자정사고우진. (좌전·희공삼십이년)

해석 기자는 정나라에서 사자를 보내어 진나라에 알리도록 했다.

[自] zì 부사와 전치사로 사용된다.

(一) 부사.

"당연"의 의미로, 상황의 발생이 이치에 맞는 것을 표시하고 뒤에 단음절의 단어만 온다. 주로 문어체에서 사용한다. ① 每天的課外作業自應在當天完成. 매일 과외작업은 당연히 그날 완성해야한다. ② 孩子已參加工作, 自當獨立生活. 아이가 이미 일을 시작하여 당연히 독립적으로 생활한다. ③ 教練安排小周參加團體賽, 自有道理. 교련은 주군(小周)을 단체시합에 참가하도록 안배하였다. 당연히 이유가 있다.

(二) 전치사.

(1) "…로부터(從)"의 의미로, 전치사 구조를 이루어 동사 앞에 사용하여 시간 혹은 장소의 기점을 표시한다. 항상 "至", "到", "而"등과 함께 문어체에서 사용한다. ① 獨島自古就是韓國的領土. 독도는 고대부터 한국의 영토이다. ② 新建的水電站自五月一日開始送電. 새로 건설한 수력발전소는 5월1일부터 송전을 시작한다. ③ 燈光自遠而近, 最後又消失在黑夜之中. 불빛이 멀리서부터 가까워지다가 최후에는 또 어두운 밤 속으로 사라졌다. ④ 自此以後, 他再沒有遲到早退. 이 이후부터 그는 더 이상 지각이나 조퇴를 하지 않았다. ⑤ 她自小在外婆家長大. 그녀는 어릴 때부터 외가집에서 자랐다.

(2) 전치사 구조로 동사 뒤에서 사용하여 사물의 근원이나 출처를 표시한다. ① 這是一封寄自外國的信. 이것은 외국에서 붙여온 편지이다. ② 這批學生來自全國各地. 이 학생들은 전국각지에서 왔다. ③ 本文選自《文藝》一九九八年第二期. 본문은 《문예》 1998년 제2기에서 골랐다. ④ "更上一層樓"這個成語出自唐代王之渙〈登鶴雀樓〉詩. "한 단계 더 높이다" 이 숙어는 당나라 왕지환의 〈등학작루〉 시에서 나왔다.

033 | 如(여)　　　　　부사, 접속사, 어기사의 용법이 있다.

(1) 부사로 사용할 때는 "곧", "…와 같다", "당연히"의 의미이다.

> 例一 不失其馳, 舍矢如破. (詩經小雅車攻)
>
> 불실기치, 사시여파. (시경・소아・거공)
>
> 해석 달리는 것에 절도를 잃지 않고 화살을 쏘면 곧 명중한다.

> 例二 知之者, 不如好之者. 好之者, 不如樂之者. (論語雍也)
>
> 지지자, 불여호지자. 호지자, 불여낙지자. (논어・옹야)
>
> 해석 (진리를) 아는 사람은 좋아하는 사람만 못하고 이 진리를 알아 실행하는 사람은 진리 속에 빠져서 즐기는 사람만 못하다.

> 例三 天欲殺之. 則如勿生. (左傳僖公二十一年)
>
> 천욕살지. 즉여물생. (좌전・희공이십일년)
>
> 해석 하늘이 그를 죽이려 한다면 당연히 살 수 없다.

> 例四 回也聞一以知十. 賜也聞一以知二. 子曰. 弗如也. 吾與女弗如也. (論語公冶長)
>
> 회야문일이지십. 사야문일이지이. 자왈. 불여야. 오여여불여야. (논어・공야장)
>
> 해석 안회(顔回)는 하나를 들으면 열을 알고 사(賜)는 하나를 들으면 둘을 안다. 공자가 말하였다. "같지 않다. 나와 너는 그와 같지 않다."

(2) 접속사로 사용할 때는 "…아니면 또는", "만약", "…와" 등 다양한 의미를 표현한다.

> 例一 公如大夫入, 主人降. (儀禮鄕飮酒禮)
>
> 공여대부입, 주인강. (의례・향음주례)
>
> 해석 공과 대부가 들어오니 주인이 물러갔다.

> 例二 安見方六七十如五六十, 而非邦也者. (論語先進)
>
> 안견방육칠십여오육십, 이비방야자. (논어・선진)
>
> 해석 어찌 육칠십리 또는 오륙십리 뿐이라고 나라가 아니라고 할 수 있는가?

例三 如知其非義. 斯速已矣. 何待來年. (孟子滕文公下)

여지기비의. 사속이의. 하대내년. (맹자・등문공하)

해석 만일 옳지 않은 것을 알았으면 즉시 그만둘 것이지 어찌 내년까지 기다려야 하는가?

(3) 어기사로 사용할 때는 형용사나 부사와 함께 사용하며 "…한 모습" 이란 의미이다.

例一 出. 降一等. 逞顔色. 怡怡如也. (論語鄕黨)

출. 강일등. 영안색. 이이여야. (논어・향당)

해석 나오시어 한 계단 내려가 원래의 안색을 회복하고 매우 기쁜 모습을 보였다.

例二 閔子侍側. 誾誾如也. 子路, 行行如也. 冉有, 子貢, 侃侃如也. (論語先進)

민자시측. 은은여야. 자로. 항항여야. 염유, 자공. 간간여야. (논어・선진)

해석 민자건이 공자의 옆에 시립하고 서 있었다. 온화하고 강직한 모습이었다. 자로는 강직하고 영웅의 기운이 뛰어난 모습이었다. 염유와 자공은 모두 정직한 모습이었다.

例三 子之燕居. 申申如也. 夭夭如也. (論語述而)

자지연거. 신신여야. 요요여야. (논어・술이)

해석 공자가 집에서 한가로이 거쳐할 때는 편안한 모습을 보여주고 신색이 기뻐하는 모습을 띤다.

현대중국어의 용법

[如] rú 현대중국어에서는 "如果(rúguǒ)"로 많이 사용된다.

[如果] rúguǒ 접속사.

(1) "만약"의 의미로, 가정을 표시한다. 전반 구문에 사용하고 후반 구문은 그것에 근거하여 결론을 추출하거나 의문을 제시한다. 항상 "就", "那", "那麼" 등의 허사와 함께 사용한다. ① 如果我們不按照客觀規律辦事, 那麼最終必將受到它的嚴厲懲罰. 만약 우리가 객관적인 규율에 따라 일을 하지 않으면 그러면 결국은 그의 엄격한 처벌을 반드시 받게 될 것이다. ② 如果大家一起動手干, 這個工作三天就能完成. 만약 모두 함께 일을 하면 이 일은 삼일이면 완성할 수 있다. ③ 你如果不抓緊時間學習, 將來就不能適應工作的需要. 당신이 만약 시간을 짜서 공부를 하지 않으면 장래에 일의 수요에 적응할 수 없을 것이다. ④ 如果今天不去, 那甚麼時候再去呢? 만약 오늘 안가면 언제 다시 갑니까?

(2) "如果"로 시작된 구문은 때로는 마지막 문장 끝에 조사 "的話"를 사용하여 말의 호응을 하고 상황적 조건을 강조한다. ① 如果有空的話, 請你來一趟. 만약 시간이 있으면 한번 오세요. ② 昨天你如果能及時趕來的話, 就可以一同去游長城. 어제 당신이 만약 제때에 왔더라면 함께 만리장성에 갈 수 있었을 것이다.

> 설명 위와 같은 종류의 문장에서는 일반적으로 "如果"만을 사용하거나 "的話"만을 사용할 수 있다 ; 만약 가정관계가 명확하면, "如果", "的話"를 모두 생략할 수도 있다. 예를 들어, "如果有空的話, 請你來一趟"을 "有空請你來一趟"으로 고치면 의미는 변화하지 않지만 어감이 비교적 직설적이다.

(3) 후반 구문에 사용할 수 있다. 먼저 추론할 수 있는 결론이나 결과를 말하고, 다시 추측한 가설에 근거하여 추가 설명을 한다. 이렇게 사용할 경우 일반적으로 조사 "的話"를 함께 사용한다. ① 請你下班以後把門鎖上, 如果我來不及回來的話. 당신이 퇴근한 후에 문을 잠그시오. 만약 내가 제때에 돌아오지 않으면. ② 這個工作三天就可以完成, 如果大家一起動手干的話. 이 일은 삼일이면 완성할 수 있다. 만약 모두 함께 일을 한다면.

> 비교 "倘若", "假如", "要是"와 "如果"의 의미는 같다. "倘若", "假如"는 주로 문어체에서 사용하고, "要是"는 구어체에서 많이 사용한다.

034 如…何 (여…하)   "왜, 어떻게…"의 의미이다.

例一 人而不仁. 如禮何? 人而不仁. 如樂何? (論語八佾)
인이불인. 여례하? 인이불인. 여악하? (논어·팔일)

해석 사람이 어질지 않으면 예법은 무엇 하며 음악은 무엇 하는가?

例二 定公問. 君使臣. 臣使君. 如之何. (論語八佾)
정공문. 군사신. 신사군. 여지하. (논어·팔일)

해석 노나라 정공이 공자에게 물었다. "임금이 신하를 부리고 신하가 임금을 받드는 것은 어떻게 하는 것이 맞는 것입니까?"

例三 有父兄在. 如之何其聞斯行之. (論語先進)
유부형재. 여지하기문사행지. (논어·선진)

해석 부모와 형제가 계신데 어찌 들었다고 바로 가서 행하겠는가?

例四 始作俑者. 其無後乎. 爲其象人而用之也. 如之何其使斯民飢而也. (孟子梁惠王上)
시작용자. 기무후호. 위기상인이용지야. 여지하기사사민기이야. (맹자·양혜왕상)

해석 나무 인형을 만드는 사람은 후손이 없을 것이다. (그가 만든) 인형이 산사람 모양을 썼기 때문이다. 어떻게 이 백성을 굶주려 죽게 할 수 있겠습니까?

例五 我之不賢與. 人將拒我. 如之何其拒人也. (論語子張)
아지불현여. 인장거아. 여지하기거인야. (논어·자장)

해석 만약에 내가 현명하지 않은 사람이라면 다른 사람이 먼저 나를 거절할 것이다. 어떻게 내가 다른 사람을 먼저 거절할 수 있겠는가?

例六 子欲居九夷. 或曰. 陋. 如之何. (論語子罕)
자욕거구이. 혹왈. 누. 여지하. (논어·자한)

해석 공자가 여러 이민족이 사는 곳에 가려고 했다. 혹자가 말하기를 "그런 곳은(풍속이) 너무 누추한데 어떻게 거주할 수 있겠는가"라고 하였다.

▐ 035 ▌ 此 (차)   대명사, 부사로 사용한다.

(1) 대명사로 사용할 때는 "이", "이것"의 의미이다.

> **例一** 此謂誠於中. 形於外. 故君子必愼其獨也. (大學六章)
> 차위성어중. 형어외. 고군자필신기독야. (대학·육장)
>
> **해석** 이것이 바로 내면이 성실하여 외부로 표출된다고 말하는 것이다.
> 그러므로 군자는 반드시 자신이 혼자 거처할 때 더욱 근신하고 조
> 심해야한다.

> **例二** 賢者亦樂此乎. 孟子對曰. 賢者而後樂此. 不賢者雖有此不
> 樂也. (孟子梁惠王上)
> 현자역낙차호. 맹자대왈. 현자이후낙차. 불현자수유차불낙야.
> (맹자·양혜왕상)
>
> **해석** 현자도 이러한 것을 즐기나요? 맹자는 이에 대하여 말하기를 "현자
> 가 된 후에야 이러한 것을 좋아할 수 있는 것이다. 만약 현자가
> 아니라면 이와 같은 것이 있어도 진정으로 느낄 수 없을 것이다."
> 라고 했다.

> **例三** 王如知此, 則無望民之多於鄰國也. (孟子梁惠王上)
> 왕여지차, 즉무망민지다어린국야. (맹자·양혜왕상)
>
> **해석** 임금께서 만약 이러한 도리를 아신다면 백성의 숫자가 이웃 나라보
> 다 많아지기를 희망하지 마십시오.

> **例四** 夫何使我, 至於此極也. (孟子梁惠王下)
> 부하사아, 지어차극야. (맹자·양혜왕하)
>
> **해석** 무엇이 우리를 이 지경에 빠지게 하였는가?

(2) 부사로 사용할 때는 "비로소", "그렇다면"의 의미를 갖는다.

> **例一** 有德此有人. 有人此有土. 有土此有財. 有財此有用. 德者
> 本也. 財者末也. (大學十章)
> 유덕차유인. 유인차유토. 유토차유재. 유재차유용. 덕자본야.
> 재자말야. (대학·십장)

[해석] (임금의) 덕행이 있어야 비로소 백성들이 있고, 백성들이 있어야 비로소 토지를 보존할 수 있고, 토지가 있어야 비로소 재물이 있고, 재물이 있어야 비로소 사용할 곳이 있다. 덕행은(나라를 세우는) 근본이고 재물은 말단에 불과하다.

[例二] 自生民以來, 善政少而亂俗多. 必待堯舜之君, 此爲志士終無時矣. (後漢書左周黃列傳)

자생민이래, 선정소이난속다. 필대요순지군, 차위지사종무시의. (후한서·좌주황열전)

[해석] 백성이 생겨난 이래, 훌륭한 정치는 적고 음란한 풍속이 많아졌으니 만일 요순 같은 군주가 생겨나기를 기다린다면 뜻있는 선비라도 끝내 때를 만나지는 못할 것이다.

▌036 ▌ 至 (지)   부사, 접속사, 전치사로 사용한다.

(1) 부사로 사용할 때는 "가장", "매우", "의외로"의 의미를 표현한다.

[例一] 其爲氣也. 至大至剛. 以直養而無害. 則塞於天地之間. (孟子公孫丑上)

기위기야. 지대지강. 이직양이무해. 즉색어천지지간. (맹자·공손추상)

[해석] 이 기운(호연지기)이 극도로 크고 강성하다. 곧은 것을 양성하여 해함이 없으면(이 기운이) 천지간에 충만할 수 있다.

[例二] 中庸之爲德也. 其至矣乎. (論語雍也)

중용지위덕야. 기지의호. (논어·옹야)

[해석] 중용의 덕성(자연의 올바른 도리와 인사의 정해진 이치)은 가장 좋은 것이다.

[例三] 泰伯其可謂至德也已矣. (論語泰伯)

태백기가위지덕야이의. (논어·태백)

[해석] (주나라 태와의 장자) 태백의 덕행은 최고에 도달했다고 말할 수 있다.

例四 先生之巧, 至能使木鳶飛. (韓非子外諸說左上)

선생지교, 지능사목연비. (한비자・외제설좌상)

해석 선생의 기교로 의외로 나무 연을 날게 할 수 있었습니다.

例五 卓王孫大怒曰, 女至不材, 我不忍殺, 不分一錢也. (史記司馬相如列傳)

탁왕손대노왈, 여지부재, 아불인살, 불분일전야. (사기・사마상여열전)

해석 탁왕손은 크게 화를 내며 말했다. "내 딸은 너무 재주가 없으나 나는 차마 죽일 수 없으며 한 푼의 돈을 줄 수도 없다."

(2) 접속사로 사용할 때는 "심지어", "…에 관해서"의 의미를 표현한다.

例一 漢使乏節, 責怨, 至相攻擊. (漢書張騫列傳)

한사범절, 책원, 지상공격. (한서・장건열전)

해석 한나라가 식량을 끊으니 질책하고 원망하며 심지어 서로 공격한다.

例二 至攘人犬豕鷄豚者. 其不義又甚入人園圃竊桃李. (墨子非攻上)

지양인견시계돈자. 기불의우심입인원포절도리. (묵자・비공상)

해석 다른 사람의 개, 돼지, 닭을 훔친 사람에 관해서는 그 의롭지 못함이 또한 다른 사람의 과수원에 깊이 들어가 복숭아와 오얏을 훔치는 것에 비유된다.

(3) 전치사로 사용할 때는 "…에 이르러", "도달하다"의 의미로 사용한다.

例一 至如閭巷之俠. 修行砥名. 聲施於天下. 莫不稱賢. 是爲難耳. (史記游使列傳序)

지여려항지협. 수행지명. 성시어천하. 막불칭현. 시위난이. (사기・유사열전서)

해석 시정의 의로운 선비들은 품덕을 수행하고 명예와 절개를 지키며 이름이 세상에 알려짐에 이르러 현자라고 불리지 않기는 매우 어렵다.

例二 舟車所至. 人力所通. (中庸三十一章)
주거소지. 인력소통. (중용·삼십일장)

[해석] 배나 수레가 갈수 있는 곳이라면 사람의 힘이 통하는 곳이다.

例三 公不留賓. 而亦無廢事. 憂樂同之. 事則巡之. 教其不知. 而恤其不足. 賓至如歸. 無寧菑患. (左傳子産壞晉館垣)
공불류빈. 이역무폐사. 우락동지. 사즉순지. 교기부지. 이휼기부족. 빈지여귀. 무녕치환. (좌전·자산괴진관원)

[해석] 문공은 손님을 머무르게 하거나 일을 폐지하지도 않고 손님과 근심과 즐거움을 같이 한다. 일이 생기면 제후를 대신하여 순찰을 했다. 모르는 것을 가르치고 부족한 것을 구휼한다. 때문에 손님들은 진나라에 도착하면 자신의 집에 온 것 같이 느꼈다. 그러니 무슨 재앙이나 근심이 있겠는가?

현대중국어의 용법

[至] zhì 전치사와 부사로 사용된다.

(一) 전치사. "…까지"의 의미로 전치사 구조를 이루어 부사어나 보어가 되어 도달한 정도를 표시한다. 주로 문어체에서 사용한다. ① 安重根大義凜然, 至死不屈. 안중근은 대의명분이 떳떳하여 죽음에 이르러서도 굽히지 않았다. ② 去信已達兩個月, 至今仍無消息. 편지를 보낸 지 두 달이 이미 지났으나 지금까지 여전히 소식이 없다. ③ 貨物發至南京站, 因無人領取, 只得退回. 화물이 남경 역에 도착했으나 아무도 찾아가지 않았기 때문에 되돌아 왔다.

(二) 부사. "제일(最)", "지극히(極)"의 의미로, 최고도에 도달한 것을 표시한다. ① 你要早來, 至遲下星期內一定趕到. 너는 될수록 빨리 오되 아무리 늦어도 다음 주안으로는 반드시 도착해야 한다. ② 學習上多承指教, 至爲感激. 학습상 많은 가르침을 받아 매우 감사합니다. ③ 諸位如能光臨參觀, 不勝榮幸之至. 여러분들이 만일 왕림하여 참관할 수 있다면 무한한 영광이겠습니다.

[주의] "上海至北京每天有班機來往"(상해에서 남경까지 매일 비행기가 왕래한다)에서 "至"는 동사이다.

▌**037** ▐ **因** (인)   접속사와 부사, 전치사로 사용한다.

(1) 접속사로 사용할 때는 원인을 표현하며 "… 때문에", "그러므로", "만일"의 의미이다.

> **例一** 足下胤子無恙. 勿以爲念. 努力自愛. 時因北風. 復惠德音. (李陵答蘇武書)
>
> 족하윤자무양. 물이위념. 노력자애. 시인북풍. 부혜덕음. (이릉・답소무서)
>
> **해석** 당신의 자녀가 평안하니 걱정할 필요가 없다. 스스로를 중히 여기기를 바란다. 겨울바람이 불 때가 되면 다시 편지를 보내기를 바란다.

> **例二** 先生不知何許人也. 亦不詳其性字. 宅邊有五柳樹. 因以爲號焉. (陶淵明五柳先生傳)
>
> 선생부지하허인야. 역불상기성자. 댁변유오류수. 인이위호언. (도연명・오류선생전)
>
> **해석** 이 사람은 어느 시대 사람인지, 이름과 자도 알 수 없다. 그의 집 옆에 버드나무 다섯 그루가 있어 이 때문에 그것으로 호를 삼아 (오류선생이라고) 부른다.

> **例三** 以陛下之明通,   因使少知治禮者得佐下風,   致此治非有難也. (新書數寧)
>
> 이폐하지명통, 인사소지치례자득좌하풍, 치차치비유난야. (신서・수녕)
>
> **해석** 폐하의 명찰에 근거하면 만일 나라를 다스리는 근본을 적게 알고 있는 하위직으로 하여금 폐하를 보좌하게 해도 이와 같은 치세를 이루는 데에 어려움이 없을 것입니다.

(2) 부사로 사용할 때는 "곧", "오히려"의 의미를 갖는다.

> **例一** 齊因秉勝盡破其軍, 虜魏太子申以歸. (史記孫子吳起列傳)
>
> 제인병승진파기군, 로위태자신이귀. (사기・손자오기열전)
>
> **해석** 제나라는 곧 승세를 타고 그 군대를 전부 격파하고 위나라 태자 신

을 포로로 잡아 돌아왔다.

例二 至於俗流失, 世壞敗, 因恬而不知怪. (漢書賈誼傳)

지어속유실, 세괴패, 인념이부지괴. (한서·가의전)

해석 풍속이 나쁘게 변화하여 세상이 쇠퇴하는 데도 오히려 평안하여 이상함을 모르겠다.

(3) 전치사로 사용할 때는 "···에서", "··· 때문에", "···를 틈타"의 의미를 갖는다.

例一 西傾因桓是來, 浮于潛, 逾于沔, 入于渭. (尙書禹公)

서경인환시래, 부우잠, 유우면, 입우위. (상서·우공)

해석 서경산은 환수로부터 와서 잠수에서 배를 띄워 면수를 지나 위수로 들어 왔다.

例二 今政治和平. 世無兵革, 上下相安. 何因當有大水一日暴至. (漢書王商傳)

금정치화평. 세무병혁, 상하상안. 하인당유대수일일폭지. (한서·왕상전)

해석 지금은 정치가 평화롭고 세상에 전쟁이 없으며 상하가 안정 되었다. 무엇 때문에 큰 홍수가 하루 만에 갑자기 이르겠는가?

例三 魏往年大破於齊, 諸侯畔之, 可因此時伐魏. (史記商君列傳)

위왕년대파어제, 제후반지, 가인차시벌위. (사기·상군열전)

해석 위나라는 작년에 제나라에게 대패하여 제후들이 그를 배반하니 이 시기를 틈타면 위나라를 공격할 수 있다.

현대중국어의 용법

[因] yīn 현대중국어에서는 "因爲(yīnwèi)"로 많이 사용된다.

[因爲] yīnwèi　접속사와 전치사로 사용된다.

(一) 접속사.

(1) "…때문에"의 의미로, 원인이나 이유를 표시한다. ① 因爲工作忙, 我已經幾個月沒看電影了. 일이 바쁘기 때문에 우리는 이미 수개월간 영화를 보지 못하였다. ② 他們因爲學習能夠理論聯系實際, 進步很快. 그들은 학습이 이론을 실제와 충분히 연결시킬 수 있으므로 진보가 매우 빠르다. ③ 我非常高興, 因爲買到了這樣一本好書. 이렇게 좋은 책을 구입했기 때문에 나는 매우 기쁘다. ④ 我們必須學習政治, 鉆硏業務, 練好身體, 因爲這是祖國的需要. 우리는 반드시 정치를 배우고 업무를 연구하고 신체를 단련해야만 한다. 이것은 조국이 필요로 하기 때문이다.

> **설명** "因爲"를 사용한 구문은 일반적으로 앞에 오고, 먼저 원인을 설명한다 ; 예문 ①②. 결과나 결론을 강조하기 위하여 후반 구문에서 사용하기도 한다 ; 예문 ③④.

(2) 항상 결과를 표시하는 "所以"와 함께 사용하여 인과관계를 강조한다. ① 他因爲平時注意鍛煉, 生活有規律, 所以身體一直很好. 그는 평시에 단련에 주의하기 때문에 생활에 규율이 있다. 그러므로 신체가 계속 건강하다. ② 因爲我們是爲人民服務的, 所以, 我們如果有缺點, 就不怕別人批評指出. 우리는 인민을 위하여 봉사하기 때문에 그러므로 우리가 만약 결점이 있다면 절대 타인이 비평하고 지적하는 것을 두려워하지 않는다. ③ 群衆所以敬愛他, 是因爲他時時把群衆放在自己心上. 군중은 그를 경애한다. 이것은 그가 항상 군중을 자신의 마음속에 놓고 있기 때문이다. ④ 孩子們之所以喜愛熊貓, 是因爲它實在可愛. 아이들이 판다를 좋아하는 것은 판다가 정말 사랑스럽기 때문이다.

> **설명** 위에서 앞의 예문 ①②는 원인을 먼저 설명하고 후반 절에 주어가 "所以"뒤에 왔다. 예문 ③④는 먼저 결과를 말하고 전반 절에 주어가 "所以" 앞에 왔다.

(3) 인과관계가 매우 분명하여 원인이나 결과를 강조할 필요가 없는 문장에서, "因爲"와 "所以"는 모두 생략할 수 있다. ① (因爲)小李有

病,(所以)沒參加演出. 이군(小李)은 병 때문에 연출에 참가하지 않았다. ② (因爲)她是先進生産者, (所以)大家應當向她學習. 그녀는 선진 기술생산자이기 때문에 모두 당연히 그녀에게 배우고자 한다.

(二) 전치사.

⑴ 전치사 구조로, 주어의 뒤나 앞에 사용하여, 원인을 표시한다. ① 他因爲訂貨問題昨天就回南京了. 그는 물건을 주문하는 것 때문에 어제 남경으로 갔다. ② 因爲工作關系, 我們在天津住了半個月. 일 관계로 우리는 천진에서 보름간 묶었다.

⑵ "而"과 함께 사용하여, 전후 관련을 표시한다. ① 因爲成功而驕傲, 因爲失敗而灰心, 都是不應該的. 성공했기 때문에 교만하고 실패했기 때문에 낙심하는 것은 모두 옳지 않다. ② 社員們千方百計想辦法, 克服了因爲水澇而造成的困難. 사원들은 모든 방법을 생각하여 장마 때문에 조성된 곤란을 극복하였다.

> [동의어] "因"은 "因爲"의 의미로, 문어체에서 많이 사용한다. ① 他昨天因公去北京. 그는 어제 공무로 북경에 갔다. ② 會議因故延期擧行. 회의는 사고 때문에 거행이 연기되었다. ③ 小張今天因病請假. 장군(小張)은 오늘 병 때문에 휴가를 냈다. ④ 他因一時疏忽造成了嚴重錯誤. 그는 일시적으로 소홀했기 때문에 엄중한 착오를 범했다. ⑤ 因劇場另有任務, 演出推遲一天. 극장이 다른 임무가 있기 때문에 공연을 하루 연기했다.

> [설명] 예문 ① ② ③ ④에서 "因"은 전치사이고, 그중 예문 ① ② ③은 뒤에 단음절의 단어가 왔으므로, "因爲"와 교환하여 사용할 수 없다 ; 예문 ④는 뒤에 쌍음절의 단어가 왔으므로, "因爲"와 교환하여 사용할 수 있다. 예문 ⑤에서 "因"은 접속사이다. 그러므로 "因爲"와 교환하여 사용할 수 있다.

> [비교] "由于"와 "因爲"는 의미가 유사하지만 용법이 다르다. 접속사로 사용할 때, "由于"는 "因此", "因而"과 함께 사용할 수 있지만, "因爲"는 사용할 수 없다.

▎038 安 (안)

부사, 접속사의 용법이 있다.

(1) 부사로 사용하여 "어찌", "천만에"의 의미를 표현한다.

> 例一 蛇固無足, 子安能爲之足. (戰國策齊策)
>
> 사고무족, 자안능위지족. (전국책·제책)
>
> 解釋 뱀은 원래 다리가 없다. 너는 어떻게 뱀에게 다리를 그릴 수 있는가?

> 例二 子非魚. 安知魚之樂. (莊子秋水)
>
> 자비어. 안지어지락. (장자·추수)
>
> 解釋 당신은 물고기가 아닌데, 어떻게 물고기의 즐거움을 아는가?

> 例三 臣死且不避. 厄酒安足辭. (史記項羽本紀)
>
> 신사차불피. 치주안족사. (사기·항우본기)
>
> 解釋 나는 신하된 사람으로 죽음도 두렵지 않은데 어찌 술 한 잔을 사양하겠는가?

(2) 접속사로 사용할 때 "곧"의 의미로 사용한다.

> 例一 旣而皆入其地. 王安挺志. (國語吳語)
>
> 기이개입기지. 왕안정지. (국어·오어)
>
> 解釋 오래지 않아 모두 제후의 국경으로 들어가자 대왕은 곧 마음을 놓았다.

> 例二 今日置質爲臣, 其主安重, 今日釋璽辭官. 其主安輕. (呂氏春秋審分覽)
>
> 금일치질위신, 기주안중, 금일석새사관. 기주안경. (여씨춘추·심분람)
>
> 解釋 오늘 내가 어떤 나라의 신하가 되면 그 군주는 곧 중요하게 되고 오늘 내가 옥새를 놓고 벼슬을 그만두면 그 군주는 곧 가벼워진다.

⑶ 대명사로 사용할 때 "누구", "무엇", "어디"의 의미로 사용한다.

> 例一 固一世之雄也. 而今安在哉. (蘇軾前赤壁賦)
> 고일세지웅야. 이금안재재. (소식・전적벽부)
> 해석 원래 한 세대의 영웅호걸들이었는데 지금은 어디에 있는가?

> 例二 泰山其頹, 則吾將安仰. (禮記檀弓上)
> 태산기퇴, 즉오장안앙. (예기・단궁상)
> 해석 태산이 무너졌으니 나는 장차 무엇을 우러를 것인가?

039 耳 (이)

문장의 뒤에서 어기사로 사용한다.
"…뿐이다", "바로 그러하다"의 의미이다.

> 例一 兵刃旣接. 棄甲曳兵而走. 或百步而後止. 或五十步而後
> 止. 以五十步笑百步. 則何如. 曰. 不可. 直不百步耳. 是
> 亦走也. (孟子梁惠王上)
> 병인기접. 기갑예병이주. 혹백보이후지. 혹오십보이후지. 이오
> 십보소백보. 즉하여. 왈. 불가. 직불백보이. 시역주야. (맹자・
> 양혜왕상)
> 해석 전쟁에서 접전을 하다 병기를 버리고 병사가 도망을 쳤다. 혹은
> 100보를 도망가다 멈추고 혹은 50보를 도망가다 멈추었다. 50보를
> 도망친 병사가 100보를 도망친 병사를 보고 웃는다면 어떠합니까?
> 혜왕이 말하였다 : 이것은 안 된다. 그는 100보를 도망치지 않았을
> 뿐 도망간 것은 마찬가지이다.

> 例二 子曰. 二三子. 偃之言是也. 前言戱之耳. (論語陽貨)
> 자왈. 이삼자. 언지언시야. 전언희지이. (논어・양화)
> 해석 공자께서 말씀하셨다. "여러분 자유의 말이 옳습니다. 내가 이전
> 에 말한(닭 잡는데 소 잡는 칼을 사용한다는) 것은 단지 농담에 불과
> 합니다."

> 例三 仁, 義, 禮, 智. 非由外鑠我也. 我固有之也. 弗思耳矣.
> (孟子告子上)

인, 의, 예, 지. 비유외삭아야. 아고유지야. 불사이의. (맹자·고자상)

[해석] 인, 의, 예, 지 이 네 종류의 덕성은 외부에서 나를 단련하여 이렇게 된 것이 아니라 원래 나에게 있던 것이다. 단지 생각하지 않았을 뿐이다.

[例四] 不識, 可以繼此而得見乎. 對曰. 不敢請耳. 固所願也. (孟子公孫丑下)

불식, 가이계차이득견호. 대왈. 불감청이. 고소원야. (맹자·공손추하)

[해석] 계속하여 만날 수 있을지 모르겠습니다. 맹자가 대답하였다 : "단지 감히 요구할 수 없을 뿐입니다. 진실로 계속 만날 수 있기를 바랍니다."

[例五] 謂理也. 義也. 聖人先得我心之所同然耳. (孟子告子上)

위리야. 의야. 성인선득아심지소동연이. (맹자·고자상)

[해석] 이치와 의리라고 하는 것이다. 내 마음속에 그렇게 여기는 것을 성인이 먼저 깨달은 것뿐이다.

040 亦 (역)　　　　　　　부사와 접속사로 사용한다.

(1) 부사로 사용하여 "역시, 또한", "단지", "천만에", "곧", "이미" 등의 의미를 표현한다.

[例一] 知者不失人. 亦不失言. (論語衛靈公)

지자불실인. 역불실언. (논어·위영공)

[해석] 지혜가 있는 사람은 사람을 잘못 등용하지 않고 또 식언도 하지 않는다.

[例二] 使於四方. 不能專對. 雖多亦奚以爲. (論語子路)

사어사방. 불능전대. 수다역해이위. (논어·자로)

[해석] 그를 사방 각국에 사신으로 보내어 만약 그가 단독으로 업무를 처리하지 못할 때는 비록 그가 학식이 많이 있더라도 무슨 소용이 있겠는가?

例三 堯舜之治天下. 豈無所用其心哉. 亦不用於耕耳. (孟子滕
文公上)

요순지치천하. 개무소용기심재. 역불용어경이. (맹자·등문공상)

해석 요순이 천하를 다스림에 어찌 마음 씀이 없겠는가? 단지 경작하지
않을 뿐이다.

例四 魚. 我所欲也. 熊掌. 亦我所欲也. 二者不可得兼. 舍魚而
取熊掌者也. (孟子告子上)

어. 아소욕야. 웅장. 역아소욕야. 이자불가득겸. 사어이취웅장
자야. (맹자·고자상)

해석 생선은 내가 얻고 싶은 것이다. 또한 곰발바닥도 내가 얻고 싶은
것이다. 만약 두 가지를 함께 얻을 수 없다면 나는 생선을 버리고
곰발바닥을 택하겠다.

例五 王不如遠交而近攻, 得寸則王之寸, 得尺亦王之尺也. (戰國
策秦策三)

왕불여원교이근공, 득촌즉왕지촌, 득척역왕지척야. (전국책·진책
삼)

해석 대왕께서 원교근공법을 쓰시는 것만 못합니다. 1촌의 땅을 얻더라
도 왕의 땅 1촌이고 1척의 땅을 얻더라도 곧 왕의 땅 1척일 것입니
다.

例六 昔者夫差恥吾君於諸侯之國, 今越國亦節矣, 請報之. (國語
越語上)

석자부차치오군어제후지국, 금월국역절의, 청보지. (국어·월어
상)

해석 옛날 부차가 우리 임금님으로 하여금 제후국들에게 치욕을 당하게
했습니다. 지금 월나라는 이미 절도가 있게 되었으니 그 원수를 갚
게 해 주십시오.

(2) 접속사로 사용할 때는 "만약"의 의미로 사용한다.

例一 云不可使, 得罪于天子. 亦云可使, 怨及朋友. (詩經小雅雨
無正)

운불가사, 득죄우천자. 역운가사, 원급붕우. (시경·소아·우무정)

[해석] 시키는 일을 그만두려 하니 천자에게 죄를 짓고, 만약 시키는 일을 하려고 하니 벗들에게 원망을 듣네.

[例三] 此五人者, 亦有獻子之家, 則不與之友矣. (孟子萬章下)

차오인자, 역유헌자지가, 즉불여지우의. (맹자·만장하)

[해석] 이 다섯 사람이 만약 헌자의 집안을 마음에 두고 있다면 그들과 벗하지 않았을 것이다.

현대중국어의 용법

[亦] yì 부사.

(1) "…도 역시(也)"의 의미로, 동일하거나 유사한 상황이 동시에 존재함을 표시한다. 일반적으로 뒤에 단음절의 단어가 오고 문어체에 사용한다. ① "和"是連詞, 亦是介詞. "和"는 접속사이며 역시 전치사이다. ② 打字工作雖較簡單, 亦應認眞對待. 타자 작업은 비록 비교적 간단하지만 또 성실하게 대처해야한다. ③ 水庫旣能蓄水防洪, 亦能灌漑發電. 댐은 저수와 홍수예방을 할 수 있고 또 관개발전도 할 수 있다. ④ 這篇文章內容豐富, 結構嚴密, 文字亦好. 이 문장은 내용이 풍부하고 구조가 엄밀하고 문자도 역시 좋다.

(2) 관용적인 용법으로 사용한다.

"亦復如是(역시 그러하다)", "亦步亦趨"(남이 걸으면 걷고 남이 뛰면 뛰다 : 맹목적으로 남을 따라하다).

041 何 (하)

부사, 대명사로 사용된다.

(1) 부사로 사용할 때는 "왜", "어떻게", "얼마나"의 의미이다.

[例一] 彼丈夫也. 我丈夫也. 吾何畏彼哉. (孟子滕文公上)

피장부야. 아장부야. 오하외피재. (맹자·등문공상)

해석 그도 사내대장부이고 나도 사내대장부인데 내가 왜 그를 두려워하겠는가?

例二 然則廢釁鐘與. 曰. 何可廢也. (孟子梁惠王上)

연즉폐흔종여. 왈. 하가폐야. (맹자·양혜왕상)

해석 그렇다면 종에 피를 칠하는 일(제사의 일종)을 폐지할 수 있습니까? 어떻게 폐지할 수 있겠습니까?

例三 士何事. 孟子曰. 尙志. 曰. 何謂尙志. 曰. 仁義而已矣. (孟子盡心上)

사하사. 맹자왈. 상지. 왈. 하위상지. 왈. 인의이이의. (맹자·진심상)

해석 선비는 무슨 일을 해야합니까? 맹자가 말했다. "자신의 뜻을 고상하게 해야 한다." 왕자가 또 말했다. "자신의 뜻을 고상하게 하는 것은 무엇입니까?" 맹자가 말했다. "인도와 의리에 뜻을 두고 행하는 것이다."

例四 受賜不待詔. 何無禮也. (漢書東方朔傳)

수사부대조. 하무례야. (한서·동방삭전)

해석 황제에게 받은 하사품이 책으로 알려지기를 기다리지 않고(자기가 가져가니) 얼마나 무례한가?

例五 以位則子, 君也. 我臣也. 何敢與君友也. (孟子萬章下)

이위즉자, 군야. 아신야. 하감여군우야. (맹자·만장하)

해석 지위로 말하자면 당신은 임금이고 나는 신하입니다. 신하가 어찌 감히 임금과 친구가 될 수 있습니까?

(2) 대명사로 사용할 때는 "무엇", "누구"의 의미이다.

例一 一抔之土未乾. 六尺之孤何托. (駱賓王·爲徐敬業討武曌檄)

일부지토미건. 육척지고하탁. (낙빈왕·위서경업토무조격)

해석 (고종의) 무덤 위의 진흙이 아직 마르지도 않았는데, 이 고아를 누구에게 맡길 것인가?

例二 責畢收. 以何市而反. (戰國策馮諼客孟嘗君)

책필수. 이하시이반. (전국책·풍훤객맹상군)

［해석］ 빚을 다 받은 후 무엇을 사서 돌아올까요?

［例三］ 元年者何. 君之始年也. 春者何. 歲之始也. (左傳隱公元年)

원년자하. 군지시년야. 춘자하. 세지시야. (좌전·은공원년)

［해석］ 무엇을 원년이라고 부르는가? (원년은) 임금이 즉위하는 첫해이다. 무엇을 봄이라고 하는가? (봄은) 일 년에서 첫 번째 계절이다.

［例四］ 爾之愛我也不如彼. 君子之愛人也以德. 細人之愛人也以姑息. 吾何求哉. (禮記檀弓曾子易簀)

이지애아야불여피. 군자지애인야이덕. 세인지애인야이고식. 오하구재. (예기·단궁·증자역책)

［해석］ 당신들이 나를 사랑하는 것이 그만도 못하다. 군자는 덕으로 사람을 사랑하고 소인이 사람을 사랑하는 것은 도의를 논하지 않고 단지 일순간의 편안함을 추구한다. 지금 내가 무엇을 요구할 것인가?

---

042 何也 (하야)

"무엇", "어떤 이유"라는 의미이다.
也(야)는 어조사로 의문문을 만든다.

［例一］ 鄰國之民不加少. 寡人之民不加多. 何也. (孟子梁惠王上)

인국지민불가소. 과인지민불가다. 하야. (맹자·양혜왕상)

［해석］ 이웃나라의 백성이 더 줄지 않고 과인의 백성이 더 늘지 않는 것은 무슨 이유입니까?

［例二］ 君子之不敎子. 何也. (孟子離婁上)

군자지불교자. 하야. (맹자·이루상)

［해석］ 군자가 자기 자식을 가르치지 않는 것은 무슨 까닭입니까?

［例三］ 匡章, 通國皆稱不孝焉. 夫子與之遊. 又從而禮貌之. 敢問何也. (孟子離婁下)

광장, 통국개칭불효언. 부자여지유. 우종이례모지. 감문하야. (맹자·이루하)

해석 온 나라가 다 광장을 불효하다고 하는데 선생님께서는 그와 교유하
시고 또 상종하면서 예절을 차리시니 감히 여쭈어 보겠습니다.
"무슨 이유인가요?"

例四 帝之妻舜而不告. 何也. (孟子萬章上)
제지처순이불고. 하야. (맹자・만장상)

해석 요임금이 순에게 아내를 맞게 하면서도(부모에게) 알리지 않은 것
은 어찌된 것인가요?

例五 象, 日以殺舜爲事. 立爲天子則放之. 何也. (孟子萬章上)
상, 일이살순위사. 립위천자즉방지. 하야. (맹자・만장상)

해석 상은 매일같이 순을 죽이려는 것으로 일을 삼았는데 순이 천자가
되어서는 그를 방출만 한 것은 어찌된 일입니까?

例六 士之不託諸侯, 何也. (孟子萬章下)
사지불탁제후, 하야. (맹자・만장하)

해석 선비가 제후에게 의탁하지 않는 것은 어떤 까닭입니까?

043 何以(하이)   고문에서 자주 사용하는 단어중 하나이다.
"어떻게", "어째서"의 의미이다.

例一 王曰, 何以利吾國. 大夫曰, 何以利吾家. 士庶人曰, 何以
利吾身. 上下交徵利. 而國危矣. (孟子梁惠王上)
왕왈, 하이이오국. 대부왈, 하이이오가. 사서인왈, 하이이오
신. 상하교징리. 이국위의. (맹자・양혜왕상)

해석 왕께서 어떻게 하면 나라에 이롭게 할까라고 말씀하시면 대부들은
어떻게 하면 내 집을 이롭게 할까하고 말할 것이고 사서인들은 어
떻게 하면 내 자신을 이롭게 할까하고 말할 것이니 위와 아래가 서
로 이익만을 취하면 나라가 위태로워 질 것입니다.

例二 何以異於人哉. 堯舜與人同耳. (孟子離婁下)
하이이어인재. 요순여인동이. (맹자・이루하)

해석 (내가) 어떻게 일반 사람과 다르겠는가? 요임금과 순임금도 일반
사람들과 같았다.

例三 今之孝者. 是謂能養. 至於犬馬. 皆能有養. 不敬，何以別乎. (論語爲政)

금지효자. 시위능양. 지어견마. 개능유양. 불경, 하이별호. (논어·위정)

해석 오늘날 효라는 것은 부모를 잘 봉양하는 것을 말하고 있는데 심지어 개와 말 같은 짐승까지도 다 먹여 기르고 있으니 공경하지 않으면 어찌 부모와 짐승을 구별할 수 있겠는가?

例四 夫顓臾，昔者先王以爲東蒙主. 且在邦域之中矣. 是社稷之臣也. 何以伐爲. (論語季氏)

부전유, 석자선왕이위동몽주. 차재방역지중의. 시사직지신야. 하이벌위. (논어·계씨)

해석 전유(顓臾)는 옛 성왕께서 동몽산(東蒙山)의 좨주로 삼으셨고 또 (그 봉지가) 노나라의 영역 안에 있다. 그는 나라의 사직을 지키는 신하인데 어찌 정벌하겠는가?

例五 不爲者與不能者之形，何以異？ (孟子梁惠王上)

불위자여불능자지형, 하이리？ (맹자·양혜왕상)

해석 하지 않는 자와 할 수 없는 자의 모습이 어떻게 다른가요?

例六 諸侯多謀伐寡人者. 何以待之. (孟子梁惠王下)

제후다모벌과인者. 하이대지. (맹자·양혜왕하)

해석 제후들이 과인을 치려고 도모하는데 어떻게 대처할까요?

例七 孔文子何以謂之文也：子曰，敏而好學. 不恥下問. 是以謂之文也. (論語公冶長)

공문자하이위지문야：자왈, 민이호학. 불치하문. 시이위지문야. (논어·공야장)

해석 공문자를 어찌 문이라고 부르게 되었습니까? 공자께서 대답하였다. "그는 매우 영민하고 학문을 좋아하며 아랫사람에게 묻는 것을 부끄럽게 여기지 않는 자이므로 문이라고 부르게 되었다."

例八 以一服八. 何以異於鄒敵楚哉. (孟子梁惠王上)

이일복팔. 하이이어추적초재. (맹자·양혜왕상)

해석 하나를 가지고 여덟을 굴복시킨다는 것이 어찌 추나라가 초나라와 대적하는 것과 다르겠습니까?

何如(하여)

고문에서 관용하는 형식으로,
"어떻게"의 의미이다.

例一 或百步而後止. 或五十步而後止. 以五十步笑百步. 則何
如. (孟子梁惠王上)

혹백보이후지. 혹오십보이후지. 이오십보소백보. 즉하여. (맹자
·양혜왕상)

해석 어떤 자는 백보를 달아난 뒤에 멈추고 어떤 자는 오십보를 달아난
후에 멈추었다. 오십보를 달아난 자가 백 보 달아난 자를 비웃는
다면 어떻겠습니까?

例二 吾欲二十而取一. 何如. (孟子告子下)

오욕이십이취일. 하여. (맹자·고자하)

해석 나는 20분의 1의 세금을 받으려하는데 어떨까요?

例三 吾語子游. 人知之亦囂囂. 人不知亦囂囂. 曰, 何如斯可以
囂囂矣. 曰, 尊德樂義, 則可以囂囂矣. (孟子盡心上)

오어자유. 인지지역효효. 인부지역효효. 왈, 하여사가이효효
의. 왈, 존덕락의, 즉가이효효의. (맹자·진심상)

해석 내가 당신에게 유세에 대하여 말해 주겠다. 다른 사람이 알아주어
도 태연하여야 하고 다른 사람이 알아주지 않아도 태연해야 한다.
어떻게 해야 태연질 수 있겠습니까? 덕을 존중하고 의리를 즐거워
하면 태연해 질 수 있다.

例四 不取. 必有天殃. 取之. 何如. (孟子梁惠王下)

불취. 필유천앙. 취지. 하여. (맹자·양혜왕하)

해석 차지하지 않으면 반드시 하늘이 재앙을 내릴 것이니 차지해 버리는
것이 어떻겠습니까?

例五 什一, 去關市之徵. 今茲未能. 請輕之. 以待來年然後,
已. 何如. (孟子滕文公下)

십일, 거관시지징. 금자미능. 청경지. 이대내년연후, 이. 하
여. (맹자·등문공하)

해석 십분의 일로 세를 실시하고 관문과 시장의 징세를 폐지하는 일은 지

금은 더욱 불가능하니 경감했다가 내년까지 기다린 뒤에 폐지함이 어떻겠습니까?

例六 禮爲舊君有服, 何如, 斯可爲服矣. (孟子離婁下)
예위구군유복, 하여, 사가위복의. (맹자·이루하)
해석 예(禮)에 전에 섬기던 임금을 위하여 복(服)을 입는다고 하였는데 어떻게 해야 복을 입을 수 있습니까?

---

045 **何其** (하기)   "왜", "어떻게", "얼마나"란 의미를 표현한다. 유사한 용법으로 何由(하유), 何有(하유)가 있다.

例一 此非吾君也. 何其聲之似我君也. (孟子盡心上)
차비오군야. 하기성지사아군야. (맹자·진심상)
해석 이 이는 우리 임금이 아닌데 왜 그 목소리가 우리 임금님과 닮았을까?

例二 夫子聖者與? 何其多能也? (論語子罕)
부자성자여? 하기다능야? (논어·자한)
해석 공자께서는 성인이신가요? 어찌 그리 능한 것이 많으십니까?

例三 若寡人者, 可以保民乎哉. 曰, 可. 曰, 何由知吾可也.
(孟子梁惠王上)
약과인자, 가이보민호재. 왈, 가. 왈, 하유지오가야. (맹자·양혜왕상)
해석 과인 같은 사람도 백성을 보호할 수 있겠습니까? 할 수 있습니다. 어떤 이유로 내가 할 수 있다는 것을 아십니까?

例四 孟子曰, 於答是也何有. (孟子告子下)
맹자왈, 어답시야하유. (맹자·고자하)
해석 맹자께서 말씀하셨다. "그런 것을 대답하는데 무슨 어려움이 있겠는가?"

例五 今忽棄舊好, 助一叛臣, 何其愚也. (新唐書郭子儀列傳)
금홀기구호, 조일반신, 하기우야. (신당서·곽자의열전)
해석 그대는 지금 갑자기 이전의 교제를 버리고 배반한 신하를 도우니 얼마나 어리석은가.

현대중국어의 용법

[何其] héqí 부사.

"얼마나"의 의미로 정도가 깊은 것을 표시한다. 문어체에서 사용한다. ① 遠眺西湖, 風景如畫, 祖國山河何其美呀! 멀리 서호를 바라보니 풍경이 그림과 같다. 조국의 강산이 얼마나 아름다운가! ② 這家伙爲掩盖罪行想殺人滅口, 居心何其險惡! 그 놈은 죄를 숨기기 위하여 살인 멸구를 하려하였으니 그 마음이 얼마나 흉험한가!

> 설명 "何其相似乃爾"은 숙어로 그 의미는 "어떻게 이렇게 둘이 닮을 수가 있는가"이다. 양자를 비교하여 차이가 없음을 표시한다. 폄의(貶義)에 쓰인다.

046 何爲(하위)　부사로 "왜"라는 의미를 표현한다.

例一 許子何不爲陶冶, 舍皆取諸其宮中而用之. 何爲紛紛然與百工交易. (孟子滕文公上)

허자하불위도야, 사개취제기궁중이용지. 하위분분연여백공교역. (맹자·등문공상)

해석 허자는 왜 도기와 철기를 만들지 않고 모든 것을 자기 집안에서 내다 쓰지 않고 무엇 때문에 귀찮게 여러 장인들과 교역을 하는 거요?

例二 葛伯放而不祀, 湯使人問之曰, 何爲不祀. (孟子滕文公下)

갈백방이불사, 탕사인문지曰, 하위불사. (맹자·등문공하)

해석 갈백이 방종하고 제사를 지내지 않자, 탕임금이 사람을 시켜서 왜 제사를 지내지 않느냐고 그에게 물었다.

例三 如欲平治天下. 當今之世. 舍我其誰也. 吾何爲不豫哉. (孟子公孫丑下)

여욕평치천하. 당금지세. 사아기수야. 오하위불예재. (맹자·공

손추하)

[해석] 만일 천하가 태평하게 다스려지기를 바란다면 지금 세상에서 나를
버리고 그 누가 있겠는가? 내가 왜 불쾌하겠는가?

[例四] 往役. 義也. 往見. 不義也. 且君之欲見之也. 何爲也哉？
(孟子萬章下)

왕역. 의야. 왕견. 불의야. 차군지욕견지야. 하위야재？(맹자・
만장하)

[해석] (서민이) 가서 부역을 하는 것은 의무이고 가서 만나는 것은 의무가
아니다. 그런데 임금이 그를 만나보고 싶어 하는 것은 무엇 때문이
라고 생각하는가?

047 矣 (의) 어기사로 감탄, 명령, 직접 진술 등의 어감을 표시한다.

(1) 직접 진술하는 어감을 표현한다.

[例一] 五畝之宅. 樹之以桑. 五十者可以衣帛矣. 雞豚狗彘之畜.
無失其時. 七十者可以食肉矣. 百畝之田. 勿奪其時. 數口
之家. 可以無飢矣. (孟子梁惠王上)

오무지택. 수지이상. 오십자가이의백의. 계돈구체지축. 무실기
시. 칠십자가이식육의. 백무지전. 물탈기시. 수구지가. 가이무
기의. (맹자・양혜왕상)

[해석] 다섯 묘의 집터에 뽕나무를 심으면 노인 오십 인이 명주옷을 입을
수 있을 것이며 닭 새끼 새끼돼지 개 큰 돼지의 목축은 그 번식하는
시기를 잃지 않으면 노인 칠십 인이 고기를 먹을 수 있을 것이다.
백 묘의 밭을 농사지을 시기를 빼앗지 않으면 여러 가족이라도 굶
주리지 않을 것이다.

[例二] 夫子之道. 忠恕而已矣. (論語里仁)

부자지도. 충서이이의. (논어・이인)

[해석] 공자의 도는 충(忠)과 서(恕)일 뿐이다.

[例三] 鄉人飲酒. 杖者出. 斯出矣. (論語鄉黨)

향인음주. 장자출. 사출의. (논어·향당)

[해석] 시골 사람들과 술을 마실 때에는 지팡이를 짚은 노인이 나가면 따라 나가셨다.

[例四] 今日病矣. 予助苗長矣. 其子趨而往視之. 苗則槁矣. (孟子公孫丑上)

금일병의. 여조묘장의. 기자추이왕시지. 묘즉고의. (맹자·공손추상)

[해석] 오늘은 고생을 했다. 내가 싹이 자라는 것을 도와주었다. 그 아들이 달려가 가서 싹을 살펴보니 싹은 말라 죽어 있었다.

[例五] 生事之以禮. 死葬之以禮. 祭之以禮. 可謂孝矣. (孟子滕文公上)

생사지이례. 사장지이례. 제지이례. 가위효의. (맹자·등문공상)

[해석] 부모가 살아계실 때는 예로써 섬기고 돌아가시면 예로써 장사지내고 예로써 제사지내면 효라고 말할 수 있다.

[例六] 上下交徵利. 而國危矣. (孟子梁惠王上)

상하교징리. 이국위의. (맹자·양혜왕상)

[해석] 위와 아래가 서로 이익만을 취하면 나라가 위태로워질 것이다.

[例七] 仁遠乎哉. 我欲仁. 斯仁至矣. (論語述而)

인원호재. 아욕인. 사인지의. (논어·술이)

[해석] 인은 멀리 있는 것이 아니다. 내가 인자하고자 하면 곧 인자함에 이르는 것이다.

[例八] 無爲其所不爲. 無欲其所不欲. 如此而已矣. (孟子盡心上)

무위기소불위. 무욕기소불욕. 여차이이의. (맹자·진심상)

[해석] 하지 않을 일은 하지 말며 욕심 부리지 않을 일은 욕심 부리지 말라. 군자의 도는 이렇게 하는 것뿐이다.

(2) **감탄의 어감을 표시한다.**

[例一] 甚矣！吾衰也. 久矣！吾不復夢見周公. (論語述而)

심의! 오쇠야. 구의! 오불부몽견주공. (논어·술이)

[해석] 심하다! 나의 노쇠함이여, 오래되었다, 내 다시 주공의 꿈을 꾸지

못한 것이!

例二 詩云. 畏天之威. 于時保之. 王曰, 大哉言矣. (孟子梁惠王下)

시운. 외천지위. 우시보지. 왕왈, 대재언의. (맹자·양혜왕하)

解釋 시경에 말하기를 "하늘의 위엄을 두려워하여 나라를 보존한다."고 하였습니다. 왕이 말했다. "훌륭한 말입니다."

例三 亡而爲有. 虛而爲盈. 約而爲泰. 難乎有恆矣. (論語述而)

망이위유. 허이위영. 약이위태. 난호유긍의. (논어·술이)

解釋 없으면서도 있는 체하고 공허하면서 충만한 체하고 가난하면서 부유한 체하는 것이 (세인의 성향이니) 떳떳한 마음을 지니기도 어려우니라.

例四 有顏回者好學. 不幸短命死矣. (論語先進)

유안회자호학. 불행단명사의. (논어·선진)

解釋 안회는 배우기를 좋아하더니 불행하게도 명이 짧아 죽었도다.

例五 微管仲, 吾其被髮左衽矣. (論語憲問)

미관중, 오기피발좌임의. (논어·헌문)

解釋 관중이 없었다면 우리들은 머리를 풀고 옷깃을 외로 여몄을 것이다.

例六 君子固窮. 小人窮斯濫矣. (論語衛靈公)

군자고궁. 소인궁사람의. (논어·위영공)

解釋 군자는 곤궁함을 굳게 견디어 나아가지만 소인은 곤궁해지면 지나치게 행동한다.

例七 吾老矣. 不能用也. (論語微子)

오로의. 불능용야. (논어·미자)

解釋 나는 늙었다. 더 이상 쓸 수가 없다.

例八 鄙夫! 可與事君也與哉! 其未得之也. 患得之. 旣得之. 患失之. 苟患失之. 無所不至矣. (論語陽貨)

비부! 가여사군야여재! 기미득지야. 환득지. 기득지. 환실지.

구환실지. 무소부지의. (논어・양화)

[해석] 비천한 사람과는 같이 임금을 섬길 수 없다. 지위를 얻기 전에는 그것을 얻지 못하여 걱정을 하고 이미 얻었으면 잃지 않으려고 걱정을 한다. 정말 그것을 잃지 않으려고 걱정을 한다면 못하는 짓이 없도다.

(3) 명령의 어감에 사용한다.

[例一] 如知其非義. 斯速已矣. 何待來年. (孟子滕文公下)

여지기비의. 사속이의. 하대내년. (맹자・등문공하)

[해석] 만일 옳지 않은 것을 알았으면 즉시 그만둘 것이지 어찌 내년까지 기다려야 하는가?

[例二] 登軾而望之. 曰, 可矣. (左傳莊公十年)

등식이망지. 왈, 가의. (좌전・장공십년)

[해석] 병거의 가로막대 위에 서서 바라보며 말하기를 "가능하다. (지금 추격할 수 있다)"라고 하였다.

048 抑 (억)　　　　　접속사와 부사의 용법이 있다.

(1) 접속사로 "그러나", "비록 …이지만" "그렇지 않으면", "만약" 등의 의미이다.

[例一] 仲子所居之室. 伯夷之所築與? 抑亦盜跖之所築與? (孟子滕文公下)

중자소거지실. 백이지소축여? 억역도척지소축여? (맹자・등문공하)

[해석] 중자가 거처하는 집은 백이가 지은 것이오, 그렇지 않으면 도척이 지은 것이오?

[例二] 夫子至於是邦也. 必聞其政. 求之與. 抑與之與. (論語學而)

부자지어시방야. 필문기정. 구지여. 억여지여. (논어·학이)

[해석] 공자님이 이 나라에 도착하셔서 반드시 정치에 관한 것을 들으시는데 그것은 선생님 스스로 청하신 건가요 아니면 그 나라를 다스리는 사람에게서 청함을 받은 건가요?

[例三] 若聖與仁, 則吾豈敢. 抑爲之不厭. 誨人不倦. 則可謂云爾已矣. (論語述而)

약성여인, 즉오기감. 억위지불염. 회인불권. 즉가위운이이의. (논어·술이)

[해석] 성인과 인자를 내가 어찌 감당하리오. 다만 성인과 인자의 도리를 위함에 싫어하지 않으며 다른 사람을 가르침에 게을리 하지 않는다고 말할 수 있을 따름이다.

[例四] 今有受人之牛羊而爲之牧之者, 則必爲之求牧與芻矣. 求牧與芻而不得. 則反諸其人乎. 抑亦立而視其死與? (孟子公孫丑下)

금유수인지우양이위지목지자, 즉필위지구목여추의. 구목여추이부득. 즉반제기인호. 억역립이시기사여? (맹자·공손추하)

[해석] 지금 타인의 소와 양을 맡아 기르는 사람이 있다면 반드시 소와 양을 위해 목장과 풀을 찾아야 할 것이니 목장과 풀을 찾다가 얻지 못하면 그 사람에게(소와 양을) 돌려주어야 하겠소 그렇지 않으면 그대로 서서 죽는 것을 바라보아야 하겠소?

[例五] 言必信. 行必果. 硜硜然. 小人哉. 抑亦可以爲次矣. (論語子路)

언필신. 행필과. 갱갱연. 소인재. 억역가이위차의. (논어·자로)

[해석] 말에는 반드시 믿음이 있고 행동에는 과단성이 있다면 비록 속 좁은 소인일지라도(선비) 다음이라고 할 수 있다.

[例六] 不逆詐. 不億不信. 抑亦先覺者, 是賢乎? (論語憲問)

불역사. 불억불신. 억역선각자, 시현호? (논어·헌문)

[해석] 다른 사람이 나를 속일 것이라 미리 경계하지 않고 나를 믿지 않을 것이라고 억측하지 않으면서 먼저 깨닫는 사람은 현명한 사람이 아닌가?

[例七] 不知天之棄魯邪. 抑魯君有罪於鬼神. 故及此也. (左傳昭

公二十六年)

부지천지기노야. 억노군유죄어귀신. 고급차야. (좌전・소공이십
육년)

[해석] 하늘이 노나라를 버린 것인지 아니면 노나라 임금의 죄가 귀신에게
득죄하여 이렇게 된 것인지 모르겠다.

[例八] 抑齊人不盟, 若之何? (左傳昭公十三年)

억제인불맹, 약지하? (좌전・소공십삼년)

[해석] 만약 제나라 사람이 맹약에 참가하지 않는다면 그대는 어떻게 할
것인가?

(2) 부사어로 사용하여 "곧"의 의미를 표현한다.

[例一] 若盟而棄魯侯, 信抑闕矣. (國語魯語下)

약맹이기로후, 신억궐의. (국어・노어하)

[해석] 만약 맹약을 맺은 후 노후를 버린다면 신용이 곧 없어질 것입니
다.

[例二] 予以降之名, 抑將授以降之賞. (讀通鑑論漢靈帝)

여이항지명, 억장수이항지상. (독통감론・한영제)

[해석] 항복할 명분을 준다면 곧 장차 항복한 데 대한 상을 받게 될 것
이다.

049 **更** (경・갱)

동사로 사용하면 "경"이라고 읽고,
부사로 사용하면 "갱"이라고 읽는다.

(1) 동사로 사용할 때는 "고치다", "연이어"의 의미를 표현한다.

[例一] 古之君子, 其過也. 如日月之蝕. 民皆見之. 及其更也. 民
皆仰之. (孟子公孫丑下)

고지군자, 기과야. 여일월지식. 민개견지. 급기경야. 민개앙
지. (맹자・공손추하)

[해석] 옛 군자는 그 허물이 일식이나 월식과 같아서 백성들이 모두 그것을 보았고 허물을 고치게 되면 백성들이 모두 우러러 보았다.

[例二] 孔子居陳三歲, 會晉楚爭强. 更伐陳. (史記孔子世家)

공자거진삼세, 회진초쟁강. 경벌진. (사기·공자세가)

[해석] 공자께서 진나라에 삼년을 거하셨다. 마침 진(晉)과 초나라가 강함을 다투다가 연이어 진(陳)나라를 침범하였다.

(2) 부사로 사용할 때는 "다시", "더욱", "또한" 등의 의미를 표현한다.

[例一] 虞不臘矣, 在此行也. 晉不更擧矣. (左傳僖公五年)

우불납의, 재차행야. 진불갱거의. (좌전·희공오년)

[해석] 우나라가 납제를 지낼 수 없을 것이다. 진나라는 다시 군대를 일으키지 않을 것이다.

[例二] 欲窮千里目. 更上一層樓. (王之煥·登鸛雀樓)

욕궁천리목. 갱상일층루. (왕지환·등관작루)

[해석] 보다 먼 곳을 보고자 더욱 높은 누각을 오른다.

[例三] 孟嘗君有一狐白裘, 直千金, 天下無雙, 入秦獻之昭王, 更無他裘. (史記孟嘗君列傳)

맹상군유일호백구, 치천금, 천하무쌍, 입진헌지소왕, 갱무타구. (사기·맹상군열전)

[해석] 맹상군에게는 흰여우 털가죽 옷 한 벌이 있었다. 값이 천금이고 세상에 둘도 없는 것으로 진나라에 들어와 이를 소왕에게 헌상하여 또 다른 여우 가죽옷은 없었다.

[例四] 如孔子知津, 不當更問. (論衡知實)

여공자지진, 부당갱문. (논형·지실)

[해석] 만약 공자께서 나루터를 알았다면 거듭 묻지는 않았다.

현대중국어의 용법

[更]   gèng   부사.

(1) "더욱", "일층 더"의 의미로, 원래 보다 정도가 더욱 가중 된 것을 표시한다. ① 產品質量更高了. 물건의 품질이 더욱 높아졌다. ② 我愛高山, 更愛大海. 나는 높은 산을 좋아하고 넓은 바다를 더욱 좋아한다. ③ 這樣描寫, 更符合實際. 이렇게 묘사하면 더욱 사실에 부합한다.

(2) "다시·또"의 의미로, 정도가 높아짐을 표시한다. ① 文章還可以寫得更精練些. 문장을 더욱 세련되게 다시 쓸 수 있다. ② 更上一層樓. 다시 한층 위로 오르다. ③ 他不但自己做好, 更能幫助別人. 그는 스스로 잘 할 뿐만 아니라 또한 남을 도울 수도 있다.

> 동의어 "更加"와 "更"은 의미가 같고 일반적으로 교환 사용이 가능하다. 뒤에 쌍음절의 단어가 많이 온다.

> 설명 "更大的貢獻"(더욱 큰 공헌), "更好地爲人民服務"(더욱 인민을 위해 잘 봉사하다)에서 "更"이 수식하는 단음절의 형용사가 형용사어나 부사어가 되면 "更"을 "更加"와 교환 할 수 없다 ; "更上一層樓"(한층 더 높은 곳)는 관용적인 형식으로 역시 다른 것과 교환하여 사용할 수 없다. 교환 사용이 가능한 것은 일반적으로 음절상의 필요에 의하여 "更"이나 "更加"를 선택한다.
> "更其"(더욱 더)의 용법은 "更加"와 같고 문어체에서 많이 사용한다.

> 실사 "設備更新"(설비를 새것으로 바꾸다), "改弦更張"(금슬의 줄을 새로 갈다. 제도나 방침을 바꾸다)에서 "更"은 gēng으로 읽고 동사이다.

▪️050 別 (별) 동사, 부사의 용법이 있다.

(1) 동사로 사용할 때는 "판단하다", "구별하다"의 의미를 나타낸다.

> **例一** 至於犬馬. 皆能有養. 不敬. 何以別乎. (論語爲政)
>
> 지어견마. 개능유양. 불경. 하이별호. (논어·위정)
>
> **해석** 심지어 개와 말 같은 짐승까지도 다 먹여 기르고 있으니 공경하지 않으면 어찌 부모와 짐승을 구별할 수 있겠는가?

> **例二** 君子之道. 孰先傳焉. 孰後倦焉. 譬諸草木. 區以別矣. (論語子張)
>
> 군자지도. 숙선전언. 숙후권언. 비제초목. 구이별의. (논어·자장)
>
> **해석** 군자의 도를 어느 것을 먼저라 하여 전하고 어느 것을 뒤라고 하여 게을리 하겠는가? 초목에 비유하면 종류에 따라서 분별이 있다.

(2) 부사로 사용할 때는 "그밖에", "따로"의 의미를 나타낸다.

> **例一** 是離愁. 別是一番滋味在心頭. (李後主·相見歡)
>
> 시리수. 별시일번자미재심두. (이후주·상견환)
>
> **해석** 이것은 이별의 괴로움이고 그밖에 다른 고통이 마음속에 있다.

> **例二** 使沛公項羽別攻城陽. (史記高祖本紀)
>
> 사패공항우별공성양. (사기·고조본기)
>
> **해석** 패공과 항우로 하여금 따로 성양군을 공격하도록 하였다.

현대중국어의 용법

[別] bié 부사로 사용된다.

(1) "…하지 말라"의 의미로 금지를 표시한다. ① 騎車要小心, 別碰着人. 오토바이운전을 조심해라, 사람을 부딪치지 않게 해라. ② 在

公共場所別大聲說話. 공공장소에서는 큰 소리로 말하지 말라. ③ 對于台風暴雨, 千萬別麻痹大意. 태풍과 폭우에 대해 절대로 방심하지 말라. ④ 要多看到人家的長處, 別老是只看到缺點. 타인의 장점을 주로 보고 노상 단점만 보지 말라.

(2) "불필요"의 뜻으로, 실제로 필요가 없음을 표시한다. ① 他來了, 你就別去了. 그가 왔으니 너는 가지 말라. ② 這事同他無關, 別告訴他. 이 일은 그와 상관이 없다. 그에게 말하지 말라. ③ 這本書的內容他已經知道, 你就別介紹了. 이 책의 내용을 그는 이미 알고 있다. 소개할 필요가 없다.

(3) 의외의 일이 발생하는 것을 추측하는 의미로 주로 그러한 상황이 발생하지 않기를 바라는 마음에서 많이 사용한다. ① 別又生病了, 否則他是不會遲到的. 또 아픈가 그렇지 않으면 그가 늦을 리 없다. ② 他到這個時候還不來, 別出了甚麼事啊! 그가 지금까지도 오지 않은 것을 보면 무슨 일이 생긴 것이 아닌가!

051 但 (단)　　　　　　　부사와 접속사의 용법이 있다.

(1) 부사로 사용할 때는 "다만", "공연히", "얼마든지"의 의미를 나타낸다.

> **例一** 匈奴匿其壯士肥牛馬. 但見老弱及羸畜. （史記劉敬傳）
> 흉노닉기장사비우마. 단견노약급리축. (사기·유경전)
> **해석** 흉노족이 그들의 건장한 남자와 살진 소와 말을 숨겨놓아, 단지 늙고 약한 사람과 매 마른 짐승만 보인다.

> **例二** 胡地玄冰. 邊土慘裂. 但聞悲風蕭條之聲. （李陵答蘇武書）
> 호지현빙. 변토참렬. 단문비풍소조지성. (이릉·답소무서)
> **해석** 변방 오랑캐 지역은 두껍고 컴컴한 얼음과 눈만 있고 땅은 얼어 갈라져 버렸다. 다만 슬픈 바람소리만 들린다.

例三 何但遠走, 亡匿於幕北寒苦無水草之地爲. （漢書匈奴傳上）
하단원주, 망닉어막북한고무수초지지위. (한서·흉노전상)

해석 왜 쓸데없이 그렇게 먼 막북의 춥고 물도 풀도 없는 곳으로 도망가 숨을 필요가 있는가?

例四 黃王慰生靈, 不似李家不恤汝輩, 但各安家. （舊唐書黃巢列傳）
황왕위생령, 불사이가불휼여배, 단각안가. (구당서·황소열전)

해석 황왕은 백성들을 위해 이가처럼 그대들을 고려함이 없지 않을 것이니 얼마든지 각자 집에서 편안히 있으시오.

(2) 접속사로 사용할 때는 "그러나"의 의미를 나타낸다.

例一 願爲弟子久, 但不取先生以白馬爲非馬耳. （公孫龍子迹府）
원위제자구, 단불취선생이백마위비마이. (공손용자·적부)

해석 제자가 되기를 바란지 오래되었지만 그러나 선생이 백마를 말이 아니라고 한 것을 받아들일 수 없다.

例二 旣召, 見而惜之, 但名字已去, 不欲中改, 於是遂行. （世說新語賢媛）
기소, 견이석지, 단명자이거, 불욕중개, 어시수행. (세설신어·현원)

해석 불러 왕소군을 본 후 보내기 아까웠지만 그러나 이름을 이미 보냈기 때문에 중도에 고칠 수가 없어 결국 보내고 말았다.

현대중국어의 용법

[但] dàn　현대중국어에서는 "但是(dànshì)"로 많이 사용한다.

[但是] dànshì　접속사.

(1) "그러나"의 의미로 의미의 변환을 표시한다. 일반적으로 구나 절에 연결하여 사용한다. 앞에서 한가지 사실을 먼저 긍정하고, 뒤에서

의미가 반대되는 다른 사실을 이끌어 낸다. 중점은 후반부에 있다. 항상 "雖然", "盡管" 등의 접속사와 함께 사용하며 뒤에 "也", "還", "却" 등의 부사와 호응한다. ① 我的老家在廣州, 但是我從來沒有去過. 나의 고향집은 광주이다. 그러나 나는 이제껏 한번도 가본 적이 없다. ② 他試驗十次都失敗了, 但是一點也不灰心. 그는 10번이나 실험을 하고도 다 실패하였지만 그러나 조금도 실망하지 않는다. ③ 他雖然年過六十, 但是干起活來還同年輕人一樣利落. 그는 비록 나이가 60이 넘었지만 일을 할 때는 젊은 사람처럼 민첩하다.

(2) 단어나 구와 연결하여 의미의 변환이나 통일을 표시한다. 이는 접속사 "而"의 용법과 같다. ① 我喜歡這個調皮, 但是誠實的孩子. 나는 개구쟁이지만 성실한 이 아이를 좋아한다. ② 這幅畫色彩柔和, 但是主題鮮明地展現在觀衆的面前. 이 그림은 색채는 부드럽지만 주제가 선명하게 관중 앞에 펼쳐진다.

> **동의어** (1) "但"과 "但是"의 의미는 같고 교환 사용이 가능하다. 때로는 뒤에 나오는 "是"와 중복을 피하기 위하여 "但"을 사용한다. ① 批評雖然尖銳了一點, 但也是必要的. 비평은 비록 다소 날카롭지만 역시 필요한 것이다. ② 他盡管身體很好, 但還是每天堅持鍛煉. 그는 얼마든지 몸이 매우 건강함에도 매일 단련을 계속한다.

> **동의어** "可是", "然而"도 "但是"의 의미이다. 그러나 의미전환의 어감이 "但是" 보다 비교적 가볍다. "然而"은 문언이어서 주로 서면에서 사용하고 일반적으로 "雖然"과는 함께 사용하지 않고 주로 "但是", "可是"와 함께 사용한다. ① 堅持每天寫日記是很有意義的, 然而是不容易的. 매일 계속해서 일기를 쓰는 것은 매우 의미가 있지만 쉬운 일이 아니다. ② 我說的你們可能不相信, 然而是事實. 내가 말하는 것을 당신들은 아마도 믿지 않겠지만 그러나 사실이다.

052 **良** (량)   부사, 형용사의 용법이 있다.

(1) 부사로 사용할 때는 "진정", "확실히", "매우"의 의미를 나타낸다.

> **例一** 浮生若夢. 爲歡幾何. 古人秉燭夜遊. 良有以也. (李白春
> 夜宴桃李園序)
> 부생약몽. 위환기하. 고인병촉야유. 양유이야. (이백·춘야연도
> 리원서)
> **해석** 인생은 덧없고 마치 꿈과 같다. 참된 기쁨은 얼마인가? 옛 사람들은
> 밤중에 촛불을 들고 놀러 다녔으니 정말 나름대로의 이유가 있다.

> **例二** 奉先帝之成業. 承本朝之厚恩. 宋微子之興悲. 良有以也.
> (駱賓王爲徐敬業討武曌檄)
> 봉선제지성업. 승본조지후은. 송미자지흥비. 양유이야. (낙빈
> 왕·위서경업토무조격)
> **해석** 선왕이 이미 완성한 업적을 계승하여 본 왕조의 깊은 은혜를 받았
> 다. 송미자(宋微子)가 과거 은나라의 도읍을 지날 때 자신도 모르
> 게 슬퍼지는 것은 확실히 이유가 있다.

> **例三** 始皇默然良久. (史記秦始皇本紀)
> 시황묵연량구. (사기·진시황본기)
> **해석** 진시황이 묵묵히 매우 오랫동안 있었다.

(2) 형용사로 사용할 때는 "좋다"의 의미를 표현한다.

> **例一** 人之所不學而能者. 其良能也. 所不慮而知者. 其良知也.
> (孟子盡心上)
> 인지소불학이능자. 기양능야. 소불려이지자. 기양지야. (맹자·
> 진심상)
> **해석** 사람이 배우지 않고서도 할 수 있는 것을 양능(良能), 생각하지 않고
> 서도 아는 것을 양지(良知)라고 한다.

> **例二** 雖在乎人者. 豈無仁義之心哉. 其所以放其良心者. 亦猶斧
> 斤之於木也. 旦旦而伐之. 可以爲美乎. (孟子告子上)

수재호인자. 개무인의지심재. 기소이방기양심자. 역유부근지어
목야. 단단이벌지. 가이위미호. (맹자·고자상)

해석 비록 사람에게 어찌 인의(仁義)의 마음이 없겠는가마는 양심을 잃
어버리게 된 일은 또한 도끼로 나무를 찍는 것과 같다. 매일 찍어
대니 어찌 아름다워 질 수가 있겠는가?

053 足 (족) 부사, 동사의 용법이 있다.

(1) 부사로 사용할 때는 "…하기에 충분한", "…할 수 있다", "특히"의
의미를 나타낸다.

例一 詩云. 其儀不忒. 正是四國. 其爲父兄子弟足法. (大學
九章)

시운. 기의불특. 정시사국. 기위부형자제족법. (대학·구장)

해석 시경에 말하기를 "그의 행동이 어긋남이 없다. 곧 천하를 바로 잡
을 수 있다."라고 했다. (그 행동은) 부자와 형제가 되어 본받기에
충분하다.

例二 好色, 富貴, 無足以解憂者. 惟順於父母. 可以解憂. (孟
子萬章上)

호색, 부귀, 무족이해우자. 유순어부모. 가이해우. (맹자·만장
상)

해석 호색과 부귀로는 그의 근심을 풀어주기에 부족하다. 오직 부모에
게 사랑을 받는 것만이 그의 근심을 풀어줄 수 있었다.

例三 齊人無以仁義與王言者, 豈以仁義爲不美也？其心曰：是何
足與言仁義也云爾, 則不敬莫大乎是. (孟子公孫丑下)

제인무이인의여왕언자, 기이인의위불미야？기심왈：시하족여언
인의야운이, 즉불경막대호시. (맹자·공손추하)

해석 제나라 사람이 인의를 가지고 왕에게 말하는 사람이 없는데 어찌
인의가 아름답지 않아서 이겠는가? 그들의 마음에 "어찌(왕과 함께)
인의를 이야기할 수 있을까"라고 생각해 그렇게 한다면 불경이 이

보다 더 클 수가 없다.

<blockquote>
例四 士志於道. 而恥惡衣惡食者. 未足與議也. (論語里仁)

사지어도. 이치악의악식자. 미족여의야. (논어·이인)

해석 선비가 도에 뜻을 두고서 남루한 옷과 나쁜 음식을 부끄럽게 여기
는 자라면 함께 이야기를 나누기에 족하지 않다.
</blockquote>

<blockquote>
例五 四十五十而無聞焉. 斯亦不足畏也已. (論語子罕)

사십오십이무문언. 사역부족외야이. (논어·자한)

해석 사십 오십이 되어도(학문과 덕으로) 아직 이름을 들음이 없으면 그
런 자는 두려워할 것이 못 되느니라.
</blockquote>

<blockquote>
例六 曹孫宿其爲人也. 小廉而苟忕 , 足恭而辭結, 正荊之則也.
(管子小匡)

조손숙기위인야. 소렴이가태 , 족공이사결, 정형지칙야. (관자·
소광)

해석 조손숙은 사람됨이 작은 것을 세밀하게 관찰하고 특히 공손하며 말
재주가 있다. 이것은 초나라의 풍속과 같다.
</blockquote>

(2) 동사로 사용할 때는 "풍족하다"의 의미를 나타낸다.

<blockquote>
例一 殷禮, 吾能言之, 宋不足徵也. 文獻不足故也. 足, 則吾能
徵之矣. (論語八佾)

은례, 오능언지, 송부족징야. 문헌부족고야. 족, 즉오능징지
의. (논어·팔일)

해석 은나라의 예는 내가 말할 수 있으나 송나라는 증명하기가 부족하
다. 이는 문헌이 부족하기 때문이다. 문헌만 풍족하다면 나는 그
것을 증명할 수 있다.
</blockquote>

<blockquote>
例二 足食足兵. 民信之矣. (論語顏淵)

족식족병. 민신지의. (논어·안연)

해석 식량을 충족히 하고 군비를 충족하게 하여 백성이 믿게 하여야 하
느니라.
</blockquote>

<blockquote>
例三 百姓足. 君孰與不足. 百姓不足. 君孰與足. (論語顏淵)

백성족. 군숙여부족. 백성부족. 군숙여족. (논어·안연)
</blockquote>

[해석] 백성이 풍족하면 임금이 어찌 부족할 것이며 백성이 풍족하지 못하면 임금인들 어찌 풍족할 것입니까?

현대중국어의 용법

[足] zú　현대중국어에서는 "足以(zúyǐ)"로 주로 사용된다.

[足以] zúyǐ　부사.

"충분히"의 의미로, 정도가 충분함을 표시한다. 앞에 부정부사 "不"를 사용할 수 있고 주로 문어체로 사용한다. ① 這幅油畫就足以證明他的藝術素養. 이 유화는 그의 예술적 소양을 충분히 증명한다. ② 學術界對這本論文集的評價, 足以說明他是一位有成就的學者. 학술계의 이 논문집에 대한 평가가 그가 성공한 학자라는 것을 충분히 설명한다. ③ 光講大道理不足以說服這位失足靑年. 큰 도리만 말하는 것은 이 실족한 청년을 충분히 설득할 수 없다.

> [동의어] "足" 역시 "足以"의 의미로, 뒤에 단음절의 단어만 온다. 특정한 용어에 사용한다. 예를 들어, "不足爲訓"(교훈으로 하기에 부족하다)등이 있다.

현대중국어의 용법

[足足] zúzú　부사.

(1) "충분히"의 의미로, 동사 앞에서 사용하여, 모종의 숫자나 정도를 완전하게 충족함을 표시한다. 여유 있게 남아도는 의미를 갖는다. ① 這件行李足足有五十公斤. 이 물건은 족히 50kg은 된다. ② 這袋面粉咱們倆足足能夠吃一個月. 이 밀가루 부대는 우리 둘이 한 달은 충분히 먹을 수 있다. ③ 你身體棒, 報考體育學院足足夠條

件. 당신은 몸이 훌륭하여, 체육대학에 입학시험을 보기에 충분한 조건이다.

(2) "꼬박"의 의미로, 직접 수량사 앞에서 사용할 수 있고, 이 숫자를 완전히 긍정함을 표시한다. ① 我在上海已經住了足足三十年. 나는 상해에서 이미 꼬박 30년을 살았다. ② 我們在車站上等了足足一個小時. 우리들은 역에서 꼬박 한시간을 기다렸다. ③ 這塊布料足足五尺長, 可以做件襯衣. 이 옷감은 5자 길이는 족히 되어 속옷을 만들 수 있다. ④ 從這裏到車站足足三里路. 이곳에서 역까지는 꼬박 3리 길이다.

054 否 (부)
부사로 "아니다"라는 부정의 의미를 표현한다.

例一 小人恐矣. 君子則否. (左傳僖公二十六年)
소인공의. 군자즉부. (좌전 · 희공이십육년)
[해석] 소인들은 두려워하지만 군자는 두려워하지 않는다.

例二 夫子加齊之卿相, 得行道焉, 雖由此霸王不異矣. 如此. 則動心否乎. 孟子曰, 否. (孟子公孫丑上)
부자가제지경상, 득행도언, 수유차패왕불이의. 여차. 즉동심부호. 맹자왈, 부. (맹자 · 공손추상)
[해석] 선생께서 제나라의 경상의 자리에 앉으셔서 도를 행할 수 있게 된다면 비록 이로 말미암아 패업이든 왕업이든 하여 이상할 것은 없지만 그렇게 된다면 마음이 동요되시겠습니까, 안 되시겠습니까? 맹자께서 말했다. "안 된다".

例三 自天子以至於庶人. 壹是皆以修身爲本. 其本亂而末治者否矣. (大學一章)
자천자이지어서인. 일시개이수신위본. 기본난이말치자부의. (대학 · 일장)
[해석] 천자로부터 서민에 이르기까지 한 결같이 모두 자신을 수양하는 것을 근본을 삼는다. 근본이 어지럽고도 끝이 다스려지는 자는 없다.

例四 夫子矢之曰, 予所否者. 天厭之. 天厭之. (論語雍也)
부자시지왈, 여소부자. 천염지. 천염지. (논어·옹야)

解析 공자께서 맹세하여 말했다. "내가 부정한 일을 했다면 하늘이 나를 싫어할 것이다. 하늘이 나를 싫어할 것이다."

현대중국어의 용법

[否則] fǒuzé 접속사.

"만약 그렇지 않으면"의 의미로, 앞서 말한 조건에 근거하여 결론을 추출하거나 모종의 상황이 발생함을 표시한다. 앞에 접속사 "除非"와 함께 사용하거나, 뒤에 조사 "的話"와 함께 사용할 수 있다. ① 作家必須深入生活, 否則就不可能寫出好的作品來. 작가는 반드시 생활을 깊이 이해해야한다. 그렇지 않으면 좋은 작품을 쓸 수 없다. ② 最好你親自去, 否則只好派一位代表. 당신이 직접 가는 것이 제일 좋지만 그렇지 않으면 대표를 한 명 파견할 뿐이다. ③ 除非你親口嘗一嘗, 否則就不會知道梨子的滋味. 당신이 직접 맛을 보지 않는 한 배의 맛을 알 수는 없다. ④ 學習理論要連繫自己思想, 否則的話, 就不會有多大收獲. 이론을 학습하는 데는 자신의 사상을 연계해야 한다. 그렇지 않으면 큰 수확을 얻을 수 없다.

說明 위의 마지막 예문에서 "否則"에 "的話"를 함께 사용하면, 전환의 어감이 더욱 강해지고, 뒤에 정지가 있어 쉼표를 사용한다.

055 初 (초)

부사로 "막", "시작하다", "당초에", "이전에" 등의 의미를 표현한다.

例一 孝景初卽位, 爲詹事. (史記魏其武安侯列傳)
효경초즉위, 위첨사. (사기·위기무안후열전)

[해석] 효경제가 막 즉위했을 때 첨사에 임명되었다.

[例二] 天下初定. (史記高祖功臣侯年表)

천하초정. (사기·고조공신후년표)

[해석] 천하가 방금 평정되었다.

[例三] 初起時, 年二十四. (史記項羽本紀)

초기시, 년이십사. (사기·항우본기)

[해석] 항우가 다스리기 시작했을 때 그의 나이는 스물넷이었다.

▋056 │ **其** (기) 대명사, 부사, 접속사의 용법이 있다.

(1) 대명사로 사용할 때는 "그것", "그", "이것"의 의미를 나타낸다.

[例一] 晋楚之富, 不可及也, 彼以其富. 我以吾仁. 彼以其爵. 我以吾義. 吾何慊乎哉. (孟子公孫丑下)

보초지부, 불가급야, 피이기부. 아이오인. 피이기작. 아이오의. 오하겸호재. (맹자·공손추하)

[해석] 진나라와 초나라의 부를 따라갈 수는 없으나 그들이 부를 가지고 하면 나는 인을 가지고 하고 그들이 작위를 가지고 하면 나는 의를 가지고 하리니 내 어찌 그들보다 못하리오.

[例二] 何謂知言. 曰, 詖辭知其所蔽. 淫辭知其所陷. 邪辭知其所離. 遁辭知其所窮. (孟子公孫丑上)

하위지언. 왈, 피사지기소폐. 음사지기소함. 사사지기소리. 둔사지기소궁. (맹자·공손추상)

[해석] 다른 사람의 하는 말을 안다는 것은 무슨 말입니까? 편벽된 말을 들으면 그 사람이 무엇에 가려진 것을 알며, 음탕한 말을 들으면 그 사람이 어느 곳에 빠져 있는지를 알며, 간사한 말을 들으면 그 사람의 마음이 의에서 떠나 있는 것을 알며, 회피하는 말을 들으면 그 사람이 궁지에 몰려 있는 것을 안다.

[例三] 有君子之道四焉. 其行己也恭. 其事上也敬. 其養民也惠. 其使民也義. (論語公冶長)

유군자지도사언. 기행기야공. 기사상야경. 기양민야혜. 기사민
야의. (논어·공야장)

[해석] 군자의 도는 네 가지가 있다. 그 행실에 있어서 공손하고 그 윗사
람을 섬기는 데 공경스럽고 그 백성을 기르는 데 은혜롭고 백성을
다스림에 의로운 것이다.

例四 寧武子, 邦有道則知. 邦無道則愚. 其知可及也. 其愚不可
及也. (論語公冶長)

영무자, 방유도즉지. 방무도즉우. 기지가급야. 기우불가급야.
(논어·공야장)

[해석] 영무자는 나라에 도가 행하여 질 때는 지혜로웠고 나라에 도가 행
하여지지 않을 때에는 어리석게 행동했다. 그의 지혜로움은 내가
미칠 수 있으나 그의 우직함은 미칠 수 없었다.

例五 故天將降大任於是人也. 必先苦其心志. 勞其筋骨. 餓其體
膚. 空乏其身. 行拂亂其所爲. 所以動心忍性. 曾益其所不
能. (孟子告子下)

고천장강대임어시인야. 필선고기심지. 노기근골. 아기체부. 공핍
기신. 행불난기소위. 소이동심인성. 증익기소불능. (맹자·고자하)

[해석] 그러므로 하늘이 장차 큰 직책을 어떤 사람에 맡기려 할 때에는 반
드시 먼저 그의 심지를 괴롭히고 근육과 골격을 수고롭게 하고 육
체를 굶주리게 하고 그들 자신에게 아무것도 없게 하여 그들의 하
는 일이 어긋나게 만드는데 그것은 마음을 쓰고 성질을 참게 해 일
찍이 할 수 없었던 일을 더 하도록 하기 위함이다.

例六 易其田疇. 薄其稅斂. 民可使富也. (孟子盡心上)

이기전주. 박기세렴. 민가사부야. (맹자·진심상)

[해석] 농사를 잘 짓게 하고 그 세금을 경감해 주면 백성들을 부유하게 할
수 있다.

例七 吾何愛一牛. 卽不忍其觳觫. 若無罪而就死地. 故以羊易之
也. (孟子梁惠王上)

오하애일우. 즉불인기곡속. 약무죄이취사지. 고이양역지야. (맹
자·양혜왕상)

[해석] 내 어찌 소 한 마리를 아끼겠습니까? 바로 그 소가 벌벌 떨며 죄

없이 사지에 나가는 것 같아 차마 못 보겠기에 양으로 바꿔 사용하
게 한 것입니다.

(2) 부사로 사용할 때는 "어찌", "이렇게", "곧", "아마도", "…조차"의 의
미를 나타낸다.

> **例一** 此君一擲千金. 毫無吝色. 何其奢也.
> 차군일척천금. 호무인색. 하기사야.
> **해석** 이 사람은 한번 내면 천금이고 전혀 인색한 기색이 없다. 어떻게
> 이렇게 사치스러운가?

> **例二** 一之謂甚. 其可再乎. (左傳僖公五年)
> 일지위심. 기가재호. (좌전·희공오년)
> **해석** 한번만 해도 이미 지나치다. 어찌 다시 한단 말인가?

> **例三** 鳥烏之聲樂, 齊師其遁. (左傳襄公十八年)
> 조오지성락, 제사기둔. (좌전·양공십팔년)
> **해석** 새와 까마귀 우는 소리가 즐거운 것을 보니 제나라 군대가 아마도
> 달아난 것 같다.

> **例四** 天其不識, 人胡能覺. (列子力命)
> 천기불식, 인호능각. (열자·역명)
> **해석** 하늘조차 알지 못하는데 사람이 어찌 깨닫겠는가?

> **例五** 晋楚治兵, 遇於中原, 其辟君三舍. (左傳僖公二十三年)
> 진초치병 우어중원, 기벽군삼사. (좌전·희공이십삼년)
> **해석** 진나라와 초나라가 군사를 거느리고 중원에서 만나 싸우게 되면 저
> 는 군주를 피해 구십 리를 물러가 있겠습니다.

> **例六** 欲加之罪, 其無辭乎. (左傳僖公十年)
> 욕가지죄기무사호. (좌전·희공십년)
> **해석** 죄를 덮어씌우려 한다면 어찌 이유가 없겠는가?

(3) 접속사로 "…아니면", "만약"이란 의미이다.

> **例一** 子以秦爲將救韓乎? 其不乎. (戰國策韓策二)

자이진위장구한호? 기불호. (전국책·한책이)

해석 당신은 진나라가 출병하여 한나라를 구할 것이라 생각합니까? 아니면 그러지 않을 것이라 생각합니까?

例三 其濟, 君之靈也. (左傳僖公九年)

기제, 군지영야. (좌전·희공구년)

해석 만약 성공한다면 이는 군주의 복이다.

例三 子以爲有王者作, 將比令之諸侯而誅之乎, 其教之不改而後誅之乎? (孟子萬章下)

자이위유왕자작, 장비령지제후이주지호, 기교지불개이후주지호? (맹자·만장하)

해석 그대 생각으로는 왕자가 나온다면 오늘날의 제후들을 모조리 죽일 것이라고 생각하는가, 아니면 그들을 가르쳐 고치게 한 후 그래도 고쳐지지 않을 경우 죽일 것이라고 생각하는가?

현대중국어의 용법

[其] qí 조사.

(1) 단음절의 동사와 목적어 사이에 사용하여 목적어를 강조함을 표시한다. 동사는 "大"를 사용하여 수식한다. 주로 문어체에서 많이 사용한다. ① 因爲不相信科學種田, 我們曾經大吃其虧. 과학적 농사법을 믿지 않았기 때문에 우리는 이미 크게 손해를 보았다. ② 貪便宜買了假藥, 大上其當. 싼 것을 좋아하여 가짜 약을 사서 크게 손해를 보았다. ③ 産品質量差, 即使大登其廣告, 也不會有銷路. 생산품의 품질이 나빠 설령 크게 광고를 하여도 판로가 없을 것이다.

(2) "어찌"의 의미로, 반문의 뜻을 강조한다. 문어체에서 주로 사용한다. 虧 : 君其忘之乎? 당신은 어찌 그것을 잊을 수 있는가?

(3) "아마도, 혹시"의 의미로 주로 문어체에서 사용한다. ① 烏云密布, 其將雨乎. 검은 구름이 온 하늘을 뒤덮었으니 혹시 비가 올지 몰라. ② 知我者其天乎. 나를 알고 있는 것은 아마도 하늘이리라.

057 **所** (소)   대명사, 조동사, 접속사 등으로 다양하게 사용된다.
생략한 단어를 표시하면 이해할 수 있을 경우가 있다.

(1) 대명사로 사용할 때는 "…한 것"란 의미를 표현한다.

例一 十目所視, 十手所指. 其嚴乎. (大學六章)
십목소시, 십수소지. 기엄호. (대학 · 육장)

[해석] (혼자서 있을 때에도)열 사람의 눈이 보는 것이며 열 사람의 손이
가리키는 것이니 그 엄함이여.

例二 所謂齊其家在修其身者. 人之其所親愛而辟焉. 之其所賤惡
而辟焉. 之其所畏敬而辟焉. 之其所哀矜而辟焉. 之其所傲
惰而辟焉. (大學八章)
소위제기가재수기신자. 인지기소친애이벽언. 지기소천악이벽
언. 지기소외경이벽언. 지기소애긍이벽언. 지기소오타이벽언.
(대학 · 팔장)

[해석] 소위 그 집안을 가지런히 함이 그 몸을 닦는 데 있다고 하는 것은
사람이란 그가 친하고 사랑하는 바에 치우치며 그가 천하게 여기고
미워하는 바에 치우치며 그가 두려워하고 공경하는 바에 치우치며
그가 애처롭고 불쌍히 여기는 바에 치우치며 그가 오만하게 대하고
게을리 하는 바에 치우치게 된다는 것이다.

例三 以若所爲. 求若所欲. 猶緣木求魚也. (孟子梁惠王上)
이약소위. 구약소욕. 유연목구어야. (맹자 · 양혜왕상)

[해석] 이러한 행동으로 그 원하는 바를 추구하는 것은 나무에 올라가서
물고기를 구하는 것과 같다.

例四 千里而見王. 是予所欲也. 不遇故去. 豈予所欲哉. (孟子
公孫丑下)
천리이견왕. 시여소욕야. 불우고거. 개여소욕재. (맹자 · 공손추
하)

[해석] 천리 길을 가서 왕을 만난 것은 내가 원한 바이지만 뜻이 맞지 않아
떠나가는 것이야 어찌 내가 원한 바이겠는가?

⑵ 조동사로 사용할 때는 동사 앞에 사용하며 "피동"의 의미를 나타 낸다.

> 例一 詖辭知其所蔽, 淫辭知其所陷. (孟子公孫丑上)
> 피사지기소폐, 음사지기소함. (맹자・공손추상)
>
> 해석 편벽한 말을 들으면 그 사람이 무엇에 가리워진 것을 알며 음탕한 말을 들으면 그 사람이 어디에 빠져 있는 것을 안다.

> 例二 夫直議者不爲人所容. (韓非子外儲說左下)
> 부직의자불위인소용. (한비자・외저설좌하)
>
> 해석 무릇 바른말을 하는 사람은 남에게 너그럽게 받아들여지지 못 한다.

> 例三 公孫敖出代郡, 爲胡所敗七千餘人. (史記匈奴列傳)
> 공손오출대군, 위호소패칠천여인. (사기・흉노열전)
>
> 해석 공손오는 대군에서 출격했는데 흉노에게 패해 칠천여 명을 잃었 다.

⑶ 접속사로 사용할 때는 "만약"의 의미를 표현한다.

> 例一 夫子矢之曰, 予所否者. 天厭之. (論語雍也)
> 부자시지왈, 여소부자. 천염지. (논어・옹야)
>
> 해석 공자께서 맹세하여 말했다. "내가 부정한 짓을 했다면 하늘이 나를 벌하리라."

> 例二 所不此報, 無能涉河. (左傳宣公十七年)
> 소불차보, 무능섭하. (좌전・선공십칠년)
>
> 해석 만약 이 원수를 갚지 못한다면 다시는 황하를 건너지 못하리라.

현대중국어의 용법

[所] suǒ 조사.

⑴ "…하는 바의 것"이란 의미로, 동사 앞에 사용하여 동사와 명사성 구문을 이루어 뒤의 단어나 구문을 수식한다. 뒤에 수식을 받는 단어나 구문은 의미상 앞의 동사의 지배를 받는다. 문어체에서 많이 사용한다. ① 這項革新在生産上所起的作用很大. 이 혁신은 생산에 기여한 작용이 매우 크다. ② 發展工業所需要的燃料和原材料, 中國蘊藏量十分豐富. 공업발전에 필요로 하는 연료와 원재료는 중국의 매장량이 매우 풍부하다. ③ 這部紀錄片介紹了許多我所不知道的事情. 이 기록영화는 내가 알지 못하는 일을 많이 소개했다.

⑵ 특정한 상하문이나 언어환경 속에서, "所…"가 수식하는 중심 단어를 생략할 수 있다. ① 我所知道的(事)你也知道. 내가 아는 것은 당신도 안다. ② 剛才大家所講的(經過情形)我都記錄下來了. 방금 모두가 말한 것을(상황의 경과) 나는 다 기록해 놓았다.

⑶ 동사 앞에 놓아, 전면의"被", "爲"와 함께 사용하여 피동을 표시한다. 주로 고문에서 많이 사용한다. ① 這個科學結論早已被實踐所證明. 이 과학적 결론은 이미 실천에 의해 증명되었다. ② 我們看問題要看本質, 不要被各種表面現象所迷惑. 우리는 문제를 볼 때 본질을 봐야 하며, 각종 표면현상에 미혹 당해서는 안 된다. ③ 孩子們常常爲好奇心所驅使, 問個沒完沒了. 아이들은 항상 호기심에 부추김을 당하여 질문이 끝이 없다.

⑷ 단음절의 동사와 함께 "所"자 구조를 이루어 명사를 대신한다. ① 他們每月所得, 一半存入銀行. 그들은 매월 소득의 절반을 은행에 저금한다. ② 據我所知, 他外語學得不錯. 내가 아는 바에 의하면 그는 외국어를 잘 배웠다. ③ 沿途所見所聞, 他全都記入筆記本. 길가를 따라 보고들은 바를 그는 전부 노트에 기록했다.

⑸ 관용적인 단어에서 자주 사용한다. "所向無敵"(가는 곳마다 당할 자가 없다), "前所未有"(이전에는 없었다), "各取所需"(각자 필요한 만큼 갖다).

▪058 所以 (소이) 전치사구와 접속사 두 가지 용법이 있다.

(1) 전치사구로 사용할 때는 수단, 방법을 표현한다.

例一 宗廟之禮. 所以序昭穆也. 序爵. 所以辨貴賤也. 序事. 所以辨賢也. 旅酬下爲上. 所以逮賤也. 燕毛. 所以序齒也. (中庸十九章)

종묘지례. 소이서소목야. 서작. 소이변귀천야. 서사. 소이변현야. 여수하위상. 소이체천야. 연모. 소이서치야. (중용·십구장)

해석 종묘의 예는 그것으로 소목의 순서를 배열하는 것이다. 배열된 작위의 등급으로 귀천을 분별한다. 배열된 각종 사무로 현명함을 분별한다. 제사가 끝나면 아랫사람이 윗사람을 위하는 것은 천한 사람들도 조상의 은덕을 알게 하는 것이다. 음주 시 머리색에 따라서 자리를 정하는 것으로 장유의 순서를 배열하는 것이다.

例二 知, 仁, 勇三者. 天下之達德也. 所以行之者一也. (中庸二十章)

지, 인, 용삼자. 천하지달덕야. 소이행지자일야. (중용·이십장)

해석 지 인 용 세 가지는 천하의 큰 덕이다. 그것을 이루게 하는 것은 하나이다.

例三 齊明盛服. 非禮不動. 所以修身也. 去讒遠色. 賤貨而貴德. 所以勸賢也. 尊其位. 重其祿. 同其好惡. 所以勸親親也. (中庸二十章)

제명성복. 비례부동. 소이수신야. 거참원색. 천화이귀덕. 소이권현야. 존기위. 중기록. 동기호오. 소이권친친야. (중용·이십장)

해석 깨끗이 목욕재계하고 옷을 갖추어 입고 예에 어긋나는 행동을 하지 않는 것이 수신하는 길이다. 간악한 소인과 여색을 멀리하고 재물보다 사람의 덕을 귀하게 여기는 것이 어진 사람을 권유하고 높여주는 길이다. 그들과 함께 좋아하고 함께 싫어하는 것이 친족과 친하게 지내는 것을 권하는 길이다.

例四 誠者. 非自成己而已矣. 所以成物也. (中庸二十五章)

성자. 비자성기이이의. 소이성물야. (중용·이십오장)

해석 정성이란 것은 자기 자신의 성공을 이룰 뿐 아니라(그것으로써) 만물의 성공을 이루는 것이다.

例五 公事畢. 然後敢治私事. 所以別野人也. (孟子滕文公上)

공사필. 연후감치사사. 소이별야인야. (맹자·등문공상)

해석 공전(公田)의 일이 끝난 후에야 비로소 사적인 일을 한다. 이로써 (군자와) 야인을 구별한다.

(2) 접속사로 사용할 때는 "그래서", "때문에"의 의미를 표현한다. 그러나 이 용법은 매우 드물게 보인다.

例一 吾聞衛世子不肖, 所以泣也. (韓詩外傳卷二)

오문위세자불초, 소이읍야. (한시외전·권이)

해석 나는 위나라 세자가 불초하다는 말을 들었기 때문에 웁니다.

例二 區區微節,　　無所獲申. 豈得復全交友之道. 重虧忠孝之名乎? 所以忍悲揮戈收淚告絶. (後漢書臧洪傳)

구구미절, 무소획신. 기득부전교유지도. 중휴충효지명호? 소이인비휘과수루고절. (후한서·장홍전)

해석 보잘 것 없는 절의도 펼칠 수 없는데 어떻게 다시 교우의 도를 보전하려고 충효의 명성을 버릴 수 있겠는가? 그래서 슬픔을 참고 창을 들었고 눈물을 거두고 이별을 고한 것이다.

현대중국어의 용법

[所以] suǒyǐ 접속사.

(1) "그러므로"의 의미로 사용된다. 인과관계의 문장에서, "所以"에 의하여 나누어지는 구문은 일반적으로 후반에 위치하고, 결론 혹은 결과를 표시한다. 전반 구문에는 항상 "因爲", "由于" 등의 접속사를 사용하여 원인이나 이유를 설명한다. ① 這個會很重要, 所以要求全體參加. 이 회의는 매우 중요하다. 그러므로 전체가 참가할 것을

요구한다. ② 這孩子從小受到良好敎育, 所以很有禮貌. 이 아이는 어릴 때부터 양호한 교육을 받았다. 그러므로 매우 예의가 있다. ③ 我因爲在農村過這幾年, 所以懂得一點農業生産知識. 나는 농촌에서 몇 년간 산 적이 있기 때문에 그러므로 농업생산지식을 약간 이해한다.

(2) 원인이나 이유를 강조하기 위하여, 먼저 결과나 결론을 말할 수 있다 ; "…(之)所以…是因爲(由于)…"의 형식을 이용한다. 문어체에서 사용한다. ① 大家所以要向他們學習, 是因爲他們思想先進, 工作上作出了成績. 모두들 그들에게 배우려한다. 이것은 그들의 사상이 진보적이고 업무상 성적을 내기 때문이다. ② 這本小說之所以受歡迎, 是因爲它內容生動, 富有敎育意義. 이 소설은 환영을 받는다. 이것은 소설의 내용이 생동적이고 교육적 의의가 풍부하기 때문이다. ③ 江原農場之所以能夠連年增産, 是由于他們懂得科學種田. 강원농장이 해마다 충분히 증산을 할 수 있는 것은 그들이 과학적 농업을 이해하기 때문이다.

주의 "所以"나 "之所以"는 주어 뒤에서만 사용할 수 있다.

▪ 059 所謂 (소위)　　　　"소위" 즉 "이른바"라는 의미를 표현한다.

例一 所謂誠其意者. 毋自欺也. (大學六章)
소위성기의자. 무자기야. (대학·육장)

해석 소위 그 뜻을 정성되게 한다는 것은 스스로를 속이지 않는 것이다.

例二 所謂治國必先齊家者. 其家不可敎. 而能敎人者無之. (大學九章)
소위치국필선제가자. 기가불가교. 이능교인자무지. (대학·구장)

해석 소위 나라를 다스림에 반드시 그 집안을 먼저 가지런히 하여야 한다는 것은 그 집안을 가르치지 못하면서 타인을 가르칠 수 있는 사람은 없기 때문이다.

060 **於**(어) 접속사와 전치사구, 감탄사의 용법이 있다.
"于(우)"와 용법이 유사하다.

⑴ 접속사로 사용할 때는 "…와"의 의미로 병렬 관계를 나타낸다.

> 例一 吾黨之直者異於是. (論語子路)
>
> 오당지직자이어시. (논어 · 자로)
>
> 해석 우리 무리의 정직한 자는 이와 다르다.

> 例二 今趙之與秦也, 猶齊之於魯也. (戰國策齊策一)
>
> 금조지여진야, 유제지어노야. (전국책 · 제책일)
>
> 해석 지금 조나라와 진나라를 비교하면 마치 제나라와 노나라 같다.

⑵ 전치사구로 사용하는 경우는 매우 다양하며 표시하는 것도 광범
위하다. 동작의 "되돌아가는 방향"을 표시한다. 고문에서 "爲",
"與", "以", "自" 등으로 표시하기 적합하지 않은 경우에 모두 "於"를
사용하여 표시할 수 있다.

> 例一 爲人子. 止於孝. 爲人父. 止於慈. 與國人交. 止於信.
> (大學三章)
>
> 위인자. 지어효. 위인부. 지어자. 여국인교. 지어신. (대학 · 삼장)
>
> 해석 (문왕은) 자식이 되어서는 효(孝)에 머무셨고 부모가 되어서는 자
> (慈)에 머무르셨고 나라 사람과 사귐에는 신(信)에 머무르셨다.

> 例二 閑先聖之道, 距楊, 墨 ; 放淫辭, 邪說者不得作. 作於其
> 心. 害於其事. 作於其事. 害於其政. (孟子滕文公下)
>
> 한선성지도, 거양, 묵 ; 방음사, 사설자부득작. 작어기심. 해어
> 기사. 작어기사. 해어기정. (맹자 · 등문공하)
>
> 해석 이전 성인의 도를 지키고 양주와 묵적을 막으며 음란한 말을 몰아
> 내서 괴이한 학설을 내세우는 자가 나오지 못하게 하는 것이다. 괴
> 이한 사상이 마음에 일어나면 일을 그르치고 그것이 일에서 생겨나
> 면 정사를 그르치게 된다.

> 例三 陳良楚産也, 悅周公仲尼之道. 北學於中國. (孟子滕文公上)
>
> 진량초산야, 열주공중니지도. 북학어중국. (맹자 · 등문공상)

해석 진량은 초나라 사람인데 주공과 공자의 도를 좋아하여 북쪽으로 와서 중국에서 배웠다.

例四 故天將降大任於是人也, 必先苦其心志. (孟子告子下)
고천장강대임어시인야, 필선고기심지. (맹자 · 고자하)

해석 그러므로 하늘이 장차 큰 임무를 어떤 사람에게 맡기려 할 때에는 반드시 먼저 그 마음을 괴롭힌다.

(3) 전치사 용법중 하나로 "…로부터"의 의미로 동작의 유래나 출발점을 표시한다.

例一 今燕虐其民. 王往而征之. 民以爲將拯己於水火中也, 簞食壺漿以迎王師. (孟子梁惠王下)
금연학기민. 왕왕이정지. 민이위장증기어수화중야, 단사호장이영왕사. (맹자 · 양혜왕하)

해석 지금 연나라에서 백성들을 학대하여 왕께서 가셔서 정벌을 했습니다. 그러자 그곳 백성들은 자기들을 물과 불속에서 구해내 주리라고 생각하여 밥을 대바구니에 담고 물을 호리병에 담아 가지고 와서 왕의 군대를 맞이했습니다.

例二 舜有天下, 選於衆, 擧皐陶. 不仁者遠矣. 湯有天下. 選於衆, 擧伊尹. 不仁者遠矣. (論語顔淵)
순유천하, 선어중, 거고요. 불인자원의. 탕유천하. 선어중, 거이윤. 불인자원의. (논어 · 안연)

해석 순임금이 천하를 다스리며 여러 사람 중에서 고요(皐陶)를 등용하였다. 어질지 않은 자를 멀리 한 것이다. 탕임금이 천하를 다스리면서 여러 사람 중에서 이윤(伊尹)을 골라 등용하시자 어질지 아니한 사람이 멀리 사라져 버렸다.

例三 惟順於父母. 可以解憂. (孟子萬章上)
유순어부모. 가이해우. (맹자 · 만장상)

해석 오직 부모에게 사랑받는 것만이 그의 근심을 풀어 줄 수 있었다.

例四 不義而富且貴. 於我如浮雲. (論語述而)
불의이부차귀. 어아여부운. (논어 · 술이)

해석 의롭지 않은 부귀는 나에게 있어 뜬 구름과 같다.

(4) 전치사 용법중 하나로 동작의 소재를 표시할 때는 "…에"의 의미를
표현한다.

例一 舜生於諸馮. 遷於負夏. 卒於鳴條. 東夷之人也. (孟子離
婁下)
순생어제풍. 천어부하. 졸어명조. 동이지인야. (맹자·이루하)
해석 순임금은 제풍(諸馮)에서 때어나 부하(負夏)로 이주 하였고 명조(鳴
條)에서 사망하였으니 동이(東夷) 인이다.

例二 孔子之仕於魯也. 魯人獵較, 孔子亦獵較. (孟子萬章下)
공자지사어로야. 노인렵교, 공자역렵교. (맹자·만장하)
해석 공자께서 노나라에서 벼슬을 할 때에 노나라 사람들이 엽각(사냥한
짐승을 비교해 보아 서로 빼앗아 가지고 제사를 지내는 것)을 하면
공자께서도 엽각을 하셨다.

例三 能行五者於天下. 爲仁矣. (論語陽貨)
능행오자어천하. 위인의. (논어·양화)
해석 세상에 다섯 가지(공손·관대·신의·민첩·은혜)를 행할 수 있으
면 인이다.

例四 滕小國也. 間於齊楚, 事齊乎事楚乎? (孟子梁惠王下)
등소국야. 간어제초, 사제호사초호? (맹자·양혜왕하)
해석 등나라는 작은 나라로 제나라와 초나라 사이에 있으니 제나라를
섬겨야 합니까? 초나라를 섬겨야 합니까?

例五 尊賢使能. 俊傑在位. 則天下之士. 皆悅而願立於其朝矣.
(孟子公孫丑上)
존현사능. 준걸재위. 즉천하지사. 개열이원립어기조의. (맹자·
공손추상)
해석 어진 이를 존중하고 유능한 이를 사용하고 준수하고 걸출한 사람이
벼슬자리에 있으면 천하의 선비들이 모두 기뻐하여 그 나라의 조정
에 서기를 바랄 것이다.

⑸ 전치사 용법중 하나로 행위의 시간을 표시한다.

> 例一 子食於有喪者之側. 未嘗飽也. 子於是日哭. 則不歌. (論語述而)
>
> 자식어유상자지측. 미상포야. 자어시일곡, 즉불가. (논어 · 술이)
>
> 解釋 공자께서는 상사(喪事)가 있는 사람 옆에서 식사를 하면서 배불리 드신 적이 없었다. 그리고 공자께서는 이 날 곡을 하시고 종일토록 노래를 부르지 않았다.

> 例二 於今人人皆豐衣足食.
>
> 어금인인개풍의족식.
>
> 解釋 오늘날 모든 사람들은 다 풍족한 옷과 음식이 있다.

⑹ 전치사 용법중 하나로 형용사의 대상을 표시한다.

> 例一 入則無法家拂士. 出則無敵國外患者. 國恒亡. 然後知生於憂患. 而死於安樂也. (孟子告子下)
>
> 입즉무법가필사. 출즉무적국외환자. 국항망. 연후지생어우환. 이사어안낙야. (맹자 · 고자하)
>
> 解釋 안으로 법도 있는 가문과 보필하는 선비가 없고 밖으로 적국과 외환이 없다면 그런 나라는 반드시 망한다. 그런 뒤에야 우환 속에서는 살 수 있지만 안락한 가운데 망한다는 것을 알게 되는 것이다.

> 例二 抑王興甲兵, 危士臣, 構怨於諸侯, 然後快於心與. 王曰, 否. 吾何快於是. (孟子梁惠王上)
>
> 억왕흥갑병, 위사신, 구원어제후, 연후쾌어심여. 왕왈, 부. 오하쾌어시. (맹자 · 양혜왕상)
>
> 解釋 왕께서는 전쟁을 일으켜 군사와 신하를 위험하게 하고 제후들과 원수를 맺은 뒤에야 마음이 통쾌하시겠습니까? 왕이 말했다. "아니다. 내 어찌 이를 통쾌해 하겠는가?"

> 例三 業精於勤. 荒於嬉. (韓愈進學解)
>
> 업정어근. 황어희. (한유 · 진학해)
>
> 解釋 학업의 정진은 근면함에 있고 학업의 황폐는 즐기고 나태한데 있다.

(7) 전치사 용법중 하나로 형용사의 비교나 정도를 표시할 때는 "더"의 의미를 표현한다.

例一 且王者之不作. 未有疏於此時者也. 民之憔悴於虐政. 未有 甚於此時者也. (孟子公孫丑上)
차왕자지부작. 미유소어차시자야. 민지초췌어학정. 미유심어차 시자야. (맹자·공손추상)

解釋 어진 임금이 나지 않은 지가 지금처럼 드문 적이 없고 백성들이 포 악한 정치에 시달리기가 지금처럼 심한 적이 없었다.

例二 不揣其本. 而齊其末. 方寸之木. 可使高於岑樓. 金重於羽 者. 豈謂一鉤金與一輿羽之謂哉. (孟子告子下)
불췌기본. 이제기말. 방촌지목. 가사고어잠루. 금중어우자. 개 위일구금여일여우지위재. (맹자·고자하)

解釋 그 근본은 헤아리지 않고 말단만 동등하게 다룬다면 사방 한 치 되는 나무로도 산언덕처럼 높일 수 있다. 쇠가 새털보다 무겁다는 것은 어찌 혁대 고리 쇠 하나와 수레에 가득 실은 새털을 두고 한 말이겠는가?

例三 丹之治水也, 愈於禹. (孟子告子下)
단지치수야, 유어우. (맹자·고자하)

解釋 단(丹)의 치수는 우임금 보다 낫다.

例四 王如知此. 則無望民之多於鄰國也. (孟子梁惠王上)
왕여지차. 즉무망민지다어린국야. (맹자·양혜왕상)

解釋 왕께서 만일 이것을 아신다면 백성이 이웃 나라보다 많아지기를 바 라지 마십시오.

例五 以予觀於夫子. 賢於堯舜遠矣. (孟子公孫丑上)
이여관어부자. 현어요순원의. (맹자·공손추상)

解釋 내가 공자님을 보는 바로는 요임금이나 순임금보다 훨씬 더 현명 하다.

例六 是故所欲有甚於生者. 所惡有甚於死者. 非獨賢者有是心 也. 人皆有之. (孟子告子上)
시고소욕유심어생자. 소오유심어사자. 비독현자유시심야. 인개

유지. (맹자·고자상)

[해석] 그러므로 삶보다 더 간절히 원하는 것이 있고 죽음보다 더 싫어하는 것이 있다. 현자만이 이런 마음을 가지고 있는 것이 아니라 사람이면 다 가지고 있다.

(8) 전치사 용법중 하나로 양자를 비교함을 표시한다.

[例一] 苛政猛於虎也. (禮記檀弓)

가정맹어호야. (예기·단궁)

[해석] 가혹한 정치는 호랑이 보다 더 무섭다.

[例二] 治地莫善於助. 莫不善於貢. (孟子滕文公上)

치지막선어조. 막불선어공. (맹자·등문공상)

[해석] 농지를 다스리는 데는 조법보다 더 좋은 것이 없고 공법보다 더 나쁜 것이 없다.

[例三] 季氏富於周公. 而求也爲之聚斂. 而附益之. (論語先進)

계씨부어주공. 이구야위지취렴. 이부익지. (논어·선진)

[해석] 계씨는 주공보다 더 부유한데도 구(求)는 계씨를 위하여(백성에게) 조세를 가혹하게 받아서 그를 더욱 부하게 만들었다.

(9) 전치사 용법중 하나로 상대 관계를 표시하며, "…에 대하여", "…과"의 의미이다.

[例一] 君子於其所不知. 蓋闕如也. (論語子路)

군자어기소부지. 개궐여야. (논어·자로)

[해석] 군자는 자신이 알지 못하는 것에 대하여 대체로 모자라는 것 같이 한다.

[例二] 由也果. 於從政乎何有. (論語雍也)

유야과. 어종정호하유. (논어·옹야)

[해석] 유(由)는 과감성이 있으니 정사를 맡아 보는 데 무슨 어려움이 있겠습니까?

[例三] 回也. 非助我者也. 於吾言無所不說. (論語先進)

회야. 비조아자야. 어오언무소불열. (논어·선진)

[해석] 회(回)는 나를 돕는 자가 아니다. 나의 말에 기뻐하지 않은 적이 없다.

[例四] 口之與味也. 有同耆焉. 耳之於聲也. 有同聽焉. 目之於色也. 有同美焉. (孟子告子上)

구지여미야. 유동기언. 이지어성야. 유동청언. 목지어색야. 유동미언. (맹자·고자상)

[해석] 입으로 보는 맛에는 다같이 좋아하는 것이 있고 귀로 듣는 소리에는 다 같이 듣기 좋아하는 것이 있고 눈으로 보는 색에는 다 같이 아름답게 여기는 것이 있다.

[例五] 吾之於人也. 誰毀誰譽. 如有所譽者. 其有所試矣. (論語衛靈公)

오지어인야. 수훼수예. 여유소예자. 기유소시의. (논어·위영공)

[해석] 내가 사람에 대하여 누구를 헐뜯고 누구를 칭찬하겠는가? 만일 칭찬하는 경우가 있다면 그것은 사실을 시험해 보고 한 것이다.

[例六] 當仁不讓於師. (論語衛靈公下)

당인불양어사. (논어·위영공하)

[해석] 인을 주장하는 데는 스승에게도 양보하지 않는다.

[例七] 君子所以異於人者. 以其存心也. (孟子離婁下)

군자소이리어인자. 이기존심야. (맹자·이루하)

[해석] 군자가 일반 사람과 다른 까닭은 본심을 간직하고 있기 때문이다.

(10) 전치사 용법중 하나로 피동구문을 표시한다.

[例一] 或勞心. 或勞力. 勞心者治人. 勞力者治於人. (孟子滕文公上)

혹노심. 혹노력. 노심자치인. 노력자치어인. (맹자·등문공상)

[해석] 어떤 사람은 마음을 쓰고 어떤 사람은 힘을 쓴다. 마음을 쓰는 사람은 다른 사람을 다스리고 힘을 쓰는 사람은 다른 사람에게 다스림을 받는다.

[例三] 君不行仁政而富之. 皆棄於孔子者也. (孟子離婁上)

군불행인정이부지. 개기어공자자야. (맹자·이루상)

해석 임금이 어진 정치를 행하지 않는데 그를 부유하게 해 주면 모두 공자에게 버림을 받게 될 것이다.

例三 **事親弗悅. 弗信於友矣. (孟子離婁上)**

사친불열. 불신어우의. (맹자·이루상)

해석 부모를 섬기는데 기쁘게 못하면 친구에게서도 신임을 얻지 못한다.

(11) 감탄사로 사용하고 탄식의 소리를 나타낸다.

例一 **於戱. 前王不忘. (大學三章)**

어희. 전왕불망. (대학·삼장)

해석 아아! 선대 임금을 잊지 못한다.

　　　註 : "于"字와 "於"字는 용법이 대체로 유사하지만 "于"는 주로 장소를 표시하는 단어 앞에 사용한다.

例二 **其爲氣也. 至大至剛. 以直養而無害. 則塞于天地之間. (孟子公孫丑上)**

기위기야. 지대지강. 이직양이무해. 즉색우천지지간. (맹자·공손추상)

해석 그 기(호연지기)란 지극히 크고 강대하여서 바르게 길러 해가 되지 않는다면 하늘과 땅 사이에 가득 차게 될 것이니라.

例三 **詩云. 桃之夭夭. 其葉蓁蓁, 之子于歸. 宜其家人. (大學九章)**

시운. 도지요요. 기섭진진, 지자우귀. 의기가인. (대학·구장)

해석 시경에 이르기를 "복숭아나무의 싱싱함이여 그 잎사귀 무성하네. 아가씨 시집을 가니 그 집안사람 화합하게 하리"라고 하였다.

例四 **太誓曰, 我武維揚. 侵于之疆. 則取于殘. 殺伐用張. 于湯有光. (孟子滕文公下)**

태서왈, 아무유양. 침우지강. 즉취우잔. 살벌용장. 우탕유광. (맹자·등문공하)

해석 태서에 "우리 무왕이 무력을 발휘해 그 국경을 공격하여 곧 잔학한

자를 제거하고 무공(살벌)의 위력을 베푸니 탕임금 보다 빛나도다"
라고 하였다.

例五 舜往于田, 號泣于旻天. 何爲其號泣也. (孟子萬章上)
순왕우전, 호읍우민천. 하위기호읍야. (맹자・만장상)

解釋 순은 밭에 가서 하늘을 우러러 울부짖었다는데 무엇 때문에 그렇게
울부짖었습니까?

현대중국어의 용법

[于] yú 전치사로 사용한다.

(1) "…에서(在)"의 의미로, 전치사 구조로 동사 뒤에 보어로 사용하여
장소, 시간이나 범위를 표시한다. ① 老劉一九八五年生于上海. 노
류(老劉)는 1985년 상해에서 태어났다. ② 景德鎭瓷器馳名于全世
界. 경덕진(景德鎭) 자기는 전세계에 유명하다. ③ 中國共産党成立
于一九二一年七月. 중국공산당은 1927년 7월에 창립되었다.

(2) "向", "對"의 의미로, 전치사 구조로 동사나 형용사 뒤에 사용하여
보어의 작용을 하고 방향, 목표 혹은 대상을 표시한다. ① 近年來
他致力于文字改革工作. 근년에 그는 문자개혁 사업에 매진한다.
② 這孩子一直熱中于集郵. 이 아이는 계속 우표수집에 열중이다.
③ 安重根一生忠于人民忠于國家, 爲獨立國家作出了重大貢獻. 안중
근은 일생동안 인민과 국가에 충성하고 국가 독립을 위하여 중대한
공헌을 하였다.

(3) "…로부터"의 의미로, 전치사 구조로 동사 뒤에 사용하여 보어가 되
며, 행위의 기점과 유래를 표시한다. ① 黃河發源于青海省. 황하는
청해성으로부터 발원한다. ② 部首查字法創始于東漢許慎的《說文
解字》. 부수로 글자를 찾는 방법은 동한 허신의 《설문해자》에서
시작되었다. ③ 天才來源于勤奮. 천재는 근면함에서 비롯한다. ④
這幅國畫出于齊白石的手筆. 이 동양화는 제백석의 손에서 나온 것
이다.

(4) "比"의 의미로, 전치사 구조로 형용사 혹은 동사 뒤에 사용하여 보어

가 되고 비교를 표시한다. ① 人民的利益高于一切. 인민의 이익이
모든 것보다 중요하다. ② 展覽會開幕以來, 觀衆每天不少于五千
人. 전람회가 개막된 이래 관중이 매일 5000명 이상이다. ③ 今年
小麥産量相當于去年的一倍半. 금년 보리의 생산량은 작년의 한배
반에 해당한다.

(5) "被"의 의미로, 전치사 구조로 동사 뒤에 사용하여 보어가 되며 피동
을 표시한다. ① 昨天的足球賽上海隊一比二負于遼寧隊. 어제 축구
시합은 상해팀이 1 : 2 로 요녕팀에 패했다. ② 這裏原有一座古塔,
明代時毀于地震. 이곳은 원래 고탑이 하나 있었으나 명대에 지진으
로 훼멸되었다.

(6) "在", "對"의 의미로, 전치사 구조로 동사 앞에서 사용하여 시간,
대상 혹은 범위를 표시한다. ① 中華民國于一九一一年十月十日建
立. 중화민국은 1911년 10월10일에 건립되었다. ② 我常常于工作
之餘寫點稿子. 나는 항상 일하고 남은 시간에 원고를 쓴다. ③ 目
前的國際形勢于我們十分有利. 목전의 국제형세는 우리에게 매우
유리하다. ④ 這場大雪于小麥越冬很有好處. 이번 대설은 보리의
월동에 매우 좋다.

■061 於是 (어시)　접속사로 "그러므로", "그래서" 의미를 표현한다.

例一 大戒於國, 出舍於郊. 於是始興發, 補不足. (孟子梁惠王
下)
대계어국, 출사어교. 어시시흥발, 보부족. (맹자·양혜왕하)
해석 국가에 명령을 내리고 교외로 갔다. 그러므로 처음으로 국고를 풀
어서 부족한 것을 보급해 주었다.

例二 我則異於是. 無可無不可. (論語微子)
아즉리어시. 무가무불가. (논어·미자)
해석 나는 그들과 다르다. 그러므로 옳은 것도 옳지 않은 것도 없다.

例三 衆莫可使王者, 於是伏甲于宮中, 召趙盾而食之. (公羊傳宣

公六年)

중막가사왕자, 어시복갑우관중, 소조순이식지. (공양전·선공육년)

[해석] 하인들 중에(조순을 죽이러) 보낼 사람이 없었다. 그래서 궁에 무사들을 매복시킨 후 조순에게 식사를 하러 오라고 불렀다.

현대중국어의 용법

[于是] yúshì 접속사

"그래서", "이리하여"의 의미로, 후반 절의 첫 부분에 사용하여, 전후 두 사건의 긴밀한 관련성을 표시한다 ; 전반 절에서는 원인과 이유를 설명하고 후반 절에서는 결론이나 결과를 얻음을 표시한다. 만약 문장이 너무 길면, "于是" 뒤에 정지가 오고, 쉼표를 사용한다. ① 支援邊疆建設是十分光榮的, 他們認識到這一點, 于是都高高興興地報了名. 변방건설을 지원하는 것은 매우 영광된 것이다. 그들은 이점을 인식하였다. 그래서 모두 즐겁게 등록하였다. ② 把有利和不利的因素實事求是地擺出來, 經過充分的討論, 于是問題很快解決了. 유리와 불리의 요인을 사실에 기초하여 나열하고 충분한 토론을 거쳤다, 그래서 문제가 매우 빠르게 해결되었다. ③ 領導者決定大家學習外語, 附近學校又幫助解決了敎師問題, 于是, 一個業餘外語學習斑就成立了. 지도자가 모두 외국어를 배우도록 결정하였고 부근 학교도 또 교사문제를 도와 해결하였다. 그래서 보충외국어 학습반이 성립되었다.

[주의] "于是"는 "于是乎"로도 말할 수 있다.

■ 062 固 (고)   부사, 형용사의 용법이 있다.

(1) 부사로 사용할 때는 "본래", "여전히", "비록"의 의미를 표현한다.

[例一] 百姓皆以王爲愛也. 臣固知王之不忍也. (孟子梁惠王上)

백성개이왕위애야. 신고지왕지불인야. (맹자·양혜왕상)

〖해석〗 백성들은 모두 왕께서 인색하다고 하지만 저는 본래 왕께서(그런 소를) 차마 볼 수 없어서 그러신 것으로 압니다.

〖例二〗 天下固畏齊之疆也. 今又倍地. 而不行仁政. 是動天下之兵也. (孟子梁惠王下)

천하고외제지강야. 금우배지. 이불행인정. 시동천하지병야. (맹자·양혜왕하)

〖해석〗 세상이 본래 제나라의 강성함을 두려워하고 있습니다. 이제 또 땅을 배나 차지하고 어진 정치를 베풀지 않으면 이는 온 천하의 군대를 움직이게 하는 것입니다.

〖例三〗 今又棄寡人而歸, 不識可以繼此而得見乎. 對曰, 不敢請耳. 固所願也. (孟子公孫丑下)

금우기과인이귀, 불식가이계차이득견호. 대왈, 불감청이. 고소원야. (맹자·공손추하)

〖해석〗 지금 또 과인을 버리고 돌아가시니 이후에도 계속하여 만날 수 있을지 모르겠습니다. 맹자께서 대답했다. "감히(그렇게) 청하지 못하지만 진실로 원하는 바입니다."

〖例四〗 親喪, 固所自盡也. (孟子滕文公上)

친상, 고소자진야. (맹자·등문공상)

〖해석〗 부모님의 상은 본래 스스로의 마음을 다하는 것이다.

〖例五〗 君子固窮. 小人窮斯濫矣. (論語衛靈公)

군자고궁. 소인궁사람의. (논어·위영공)

〖해석〗 군자는 곤궁에 굳게 견디어 나아가지만 소인은 과도하게 행동한다.

〖例六〗 仁人固如是乎? 在他人則誅之. 在弟則封之. (孟子萬章上)

인인고여시호? 재타인즉주지. 재제즉봉지. (맹자·만장상)

〖해석〗 인자한 사람도 원래 그런가요? 다른 사람일 때는 죽이고 동생일 때는 책봉을 했습니다.

(2) 형용사로 사용할 때는 "굳건한", "견고한"의 의미를 표현한다.

〖例一〗 固國不以山谿之險. 威天下不以兵革之利. (孟子公孫丑下)

고국불이산계지험. 위천하불이병혁지리. (맹자·공손추하)

<small>해석</small> 나라를 견고히 하는 데는 산이나 골짜기의 험준한 것을 가지고 하지 않고 천하에 위세를 떨치는 데는 병장기의 예리한 것을 가지고 하지 않는다.

<small>例二</small> 誠之者. 擇善而固執之者也. (大學二十章)

성지자. 택선이고집지자야. (대학·이십장)

<small>해석</small> 성실한 사람이 되려면 선한 도를 선택하여 굳게 지켜 나가야 한다.

<small>例三</small> 固哉. 高叟之爲詩也. (孟子告子下)

고재. 고수지위시야. (맹자·고자하)

<small>해석</small> 완고하다. 고노인(고자)이 시를 보는 태도는.

063 宜 (의) 부사, 동사의 용법이 있다.

(1) 부사로 사용할 때는 "응당", "대략", "마치", "아마도" 등의 의미를 표현한다.

<small>例一</small> 是以惟仁者. 宜在高位. (孟子離婁上)

시이유인자. 의재고위. (맹자·이루상)

<small>해석</small> 이런 까닭에 오직 인자만이 응당 높은 지위에 있는 것이 좋다.

<small>例二</small> 昔者, 則我出此言也. 不亦宜乎. (孟子離婁上)

석자, 즉아출차언야. 불역의호. (맹자·이루상)

<small>해석</small> 어제면 내가 이 말을 한 것 역시 마땅하지 않은가?

<small>例三</small> 我非愛其財而易之以羊也, 宜乎百姓之謂我愛也. (孟子梁惠王上)

아비애기재이역지이양야, 의호백성지위아애야. (맹자·양혜왕상)

<small>해석</small> 나는 재물을 아끼려 한 것은 아니나 그것을 양으로 바꾸었으니 백성들이 내가 인색하다고 말하는 것도 당연하다.

<small>例四</small> 辭尊居卑. 辭富居貧. 惡乎宜乎. (孟子萬章下)

사존거비. 사부거빈. 오호의호. (맹자·만장하)

[해석] 높은 자리를 사양하고 낮은 자리에 있고 많은 녹을 사양하고 적은 녹을 받으려면 무슨 자리가 마땅한가?

[例五] 詩云. 娶妻如之何. 必告父母. 信斯言也. 宜莫如舜, 舜之 不告而娶, 何也? (孟子萬章上)

시운. 취처여지하. 필고부모. 신사언야. 의막여순, 순지불고이 취, 하야? (맹자・만장상)

[해석] 시경에 말하기를 "아내를 얻는 데는 어떻게 할 것인가? 반드시 부모 에게 말해야한다"라고 하였습니다. 확실히 이말 대로라면 당연히 순처럼 해서는 안 되는 데 순이 부모에게 알리지 않고 아내를 맞은 것은 어찌된 일입니까?

[例六] 視流而行速, 不安其位, 宜不能久. (左傳成公六年)

시류이행속, 불안기위, 의불능구. (좌전・성공육년)

[해석] 눈동자가 불안하게 움직이고 걸음이 빠르며 자신의 자리에서 불안 하다면 아마도 수명이 오래가지 못할 것이다.

(2) 동사로 사용할 때는 "화목하다", "적합하다"의 의미를 표현한다.

[例一] 宜兄宜弟. 而後可以敎國人. (大學九章)

의형의제. 이후가이교국인. (대학・구장)

[해석] 먼저 형제들과 화목하고 난 후에 백성들을 가르칠 수 있다.

[例二] 義者, 宜也. 尊賢爲大. (中庸二十章)

의자, 의야. 존현위대. (중용・이십장)

[해석] 의는 적합한 것이다. 어진 사람을 존경하는 것이 크다.

064 | 果 (과)　　　　　　　　　　　부사, 형용사의 용법이 있다.

(1) 부사로 사용할 때는 "정말로", "결국", "마침내", "확실히", "도대체" 등의 의미이다.

[例一] 王使人瞯夫子. 果有以異於人乎. (孟子離婁下)

왕사인간부자. 과유이리어인호. (맹자·이루하)

[해석] 왕이 사람을 시켜 선생님을 가만히 엿보게 하셨는데 정말로 일반 사람과 다른 점이라도 있습니까?

[例二] 酌則誰先？先酌鄉人. 所敬在此. 所長在彼. 果在外. 非由內也. （孟子告子上）

작즉수선？선작향인. 소경재차. 소장재피. 과재외. 비유내야. (맹자·고자상)

[해석] 술을 따르게 되면 누구에게 먼저 부어주나요? 마을 사람에게 먼저 부어 줍니다. 공경해야 할 사람이 여기에 있고 연장자로 받들 사람은 저기에 있으니 진정 의는 자신의 외부에 있고 안에서 나오는 것이 아닙니다.

[例三] 樂正子見孟子曰, 克告於君. 君爲來見也. 嬖人有臧倉者沮君. 君是以不果來也. （孟子梁惠王下）

악정자견맹자왈, 극고어군. 군위내견야. 폐인유장창자저군. 군시이불과래야. (맹자·양혜왕하)

[해석] 악정자가 맹자를 만나 말하였다. "제가 임금님께 아뢰어 임금님이 와서 만나 뵙기로 되었으나 총애하는 신하 중에 장창이란 사람이 임금을 막아 그래서 임금님이 결국 오시지 못하고 있습니다."

[例四] 果能此道矣. 雖愚必明. 雖柔必强. （中庸二十章）

과능차도의. 수우필명. 수유필강. (중용·이십장)

[해석] 진정 이 도리대로 할 수 있다면 비록 어리석은 사람도 반드시 알게 될 것이고 연약한 사람일 지라도 반드시 강해질 것이다.

[例五] 果伏劍而死. （呂氏春秋思廉）

과복검이사. (여씨춘추·사렴)

[해석] 마침내 칼로 찔러 죽였다.

[例六] 吾聞北方之畏昭奚恤也, 果誠何如？（戰國策楚策一）

오문북방지외소해휼야, 과성하여? (전국책·초책일)

[해석] 나는 북방 나라가 소해휼을 두려워한다고 들었는데 도대체 무엇 때문인가요?

[例七] 若然者, 人果有如木之質, 而有異木之知矣. （梁書儒林列傳范縝）

약연자, 인과유여목지질, 이유이목지지의. (양서·유림열전·
범진)

[해석] 만약 그렇다면 사람은 확실히 나무와 같은 성질이 있고 또 나무와
다른 지각이 있다.

(2) 형용사로 사용할 때는 "과감한"의 의미이다.

[例一] 言必信. 行必果. (論語子路)

언필신. 행필과. (논어·자로)

[해석] 말에는 반드시 믿음이 있고 행동에는 반드시 과단성이 있다.

[例二] 子曰, 果哉. 末之難矣. (論語憲問)

자왈, 과재. 말지난의. (논어·헌문)

[해석] 공자께서 말씀하셨다. "과감하구나. 그렇게 한다면 어려울 것이
없다."

065 非 (비)　　　　　　　　　　부사, 명사의 용법이 있다.

(1) 부사로 사용할 때는 "…아니다"의 의미로 부정을 표현한다.

[例一] 非曰能之. 願學焉. (論語先進)

비왈능지. 원학언. (논어·선진)

[해석] 그것을 할 수 있다고 말할 수 없으니(앞으로) 배우기를 원합니다.

[例二] 非敢爲佞也. 疾固也. (論語憲問)

비감위녕야. 질고야. (논어·헌문)

[해석] 구변으로 타인의 마음을 사 보겠다는 것은 아니다. 다만 집착함을
싫어할 뿐이다.

[例三] 由是觀之, 無惻隱之心. 非人也. (孟子公孫丑上)

유시관지, 무측은지심. 비인야. (맹자·공손추상)

[해석] 이로 보건데 측은해 하는 마음이 없으면 사람이 아니다.

[例四] 前日之不受是, 則今日之受非也. 今日之受是. 則前日之不

受非也. (孟子公孫丑下)

전일지불수시, 즉금일지수비야. 금일지수시. 즉전일지불수비
야. (맹자·공손추하)

[해석] 이전에 받지 않는 것이 옳으면 나중에 받은 것이 잘못이고 나중에
받은 것이 옳으면 이전에 받지 않은 것이 잘못이다.

[例五] 非仁無爲也. 非禮無行也. (孟子離婁下)

비인무위야. 비례무행야. (맹자·이루하)

[해석] 인이 아니면 하지 않고 예가 아니면 행하지 않는다.

[例六] 伊尹曰, 何事非君. 何使非民. 治亦進. 亂亦進. (孟子萬
章下)

이윤왈, 하사비군. 하사비민. 치역진. 난역진. (맹자·만장하)

[해석] 이윤이 말했다. "누구를 섬긴들 임금이 아니며 누구를 부린들 백성
이 아니겠는가." 그는 세상이 다스려져도 정치를 했고 어지러워져
도 정치를 했다.

[例七] 非惟小國之君爲然也. 雖大國之君亦有之. (孟子萬章下)

비유소국지군위연야. 수대국지군역유지. (맹자·만장하)

[해석] 작은 나라의 임금만이 그런 것이 아니라 큰 나라의 임금도 그러한
예가 있다.

(2) 명사로 사용할 때는 "과실"의 의미를 표현한다.

[例一] 世人多喜文過飾非.

세인다희문과식비.

[해석] 세상 사람들은 왕왕 자신의 잘못을 가리거나 수식함을 좋아한다.

[例二] 今日性善, 然則彼皆非與? (孟子告子上)

금일성선, 연즉피개비여? (맹자·고자상)

[해석] 지금(선생께서) 성품이 선하다고 하시니 그렇다면 저것들은 모두
잘못이란 말인가요?

현대중국어의 용법

[非] fēi 부사.

(1) 부정을 표시한다. "不"와 함께 사용하여 이중부정을 표시하고, "반드시 이렇다"는 의미이다. 이중부정을 사용하여 긍정을 표시한다 ; "一定"을 사용하는 것 보다 어감이 더욱 강하다. ① 他是內行, 修這台機器非他不行. 그는 전문가이고 이 기계를 수리하는 데 그가 아니면 되지 않는다. ② 今天的會議很重要, 非全體參加不可. 오늘 회의는 매우 중요하여 전체가 참가하지 않으면 안 된다. ③ 問題牽涉到好多方面, 非你親自去不能徹底解決. 문제가 여러 곳에 관련되어 당신이 직접 가지 않으면 철저하게 해결할 수 없다.

(2) "只有"의 의미로, "才"와 함께 사용하여, 반드시 이 조건을 구비해야함을 표시한다. 이것을 사용하여 조건을 강조하고 부정을 표시하지 않는다. ① 非他自己動手才能修好這台機器. 단지 그가 직접 해야 이 기계를 잘 수리할 수 있다. ② 要把本領學到手, 非下幾年苦功天才行. 재능을 확실히 배우려면 몇 년간 열심히 노력해야만 가능하다.

> 실사 "答非所問"(동문서답하다), "非此卽彼"(이것이 아니면 저것이다), "似懂非懂"(아는 듯 모르는 듯하다)에서 "非"는 동사이다. "分淸是非"(시비를 분명히 하다)에서 "非"는 명사이다.

▌066 定 (정)　　　　　　　　　　동사, 부사의 용법이 있다.

(1) 동사로 사용할 때는, "평정하다", "약정하다"의 의미를 표현한다.

> 例一 天下惡乎定. 吾對曰, 定於一. (孟子梁惠王上)
> 천하오호정. 오대왈, 정어일. (맹자·양혜왕상)

> 해석 "천하는 어떻게 정해지겠습니까?" 내가 대답했다. "하나로 평정될 것입니다."

> 例二 舍館未定. 曰, 子聞之也. 舍館定然後求見長者乎? (孟子

離婁上)

사관미정. 왈, 자문지야. 사관정연후구견장자호？(맹자·이루상)

[해석] 숙소를 아직 정하지 못했습니다. (맹자가) 말했다. "그대가 듣기로 숙소를 정한 뒤에 어른을 찾아뵌다고 하던가?"

(2) 부사로 사용할 때는 "도대체", "확실히"의 의미를 표현한다.

[例一] 歲物忽如此, 我來定幾時. (李白新林浦阻風寄友人)

세물홀여차, 아래정기시. (이백·신림포저풍기우인)

[해석] 세월과 경치가 갑자기 이처럼 변했으니 나는 도대체 언제 돌아올 수 있을까?

[例二] 定聞陸抗表至, 成都不守, 臣主播越, 社稷傾覆. (三國志華歆傳)

정문육항표지, 성도불수, 신주파월, 사직경복. (삼국지·화핵전)

[해석] 확실히 육항의 표가 도착했다는 말을 들었는데 성도가 지켜지지 못하고 군신들은 도망갔고 사직이 기울어 망했다고 한다.

[例三] 項梁聞陳王定死. (史記項羽本紀)

항량문진왕정사. (사기·항우본기)

[해석] 항량은 진왕이 정말로 죽었다는 소식을 들었다.

현대중국어의 용법

[定] dìng 부사.

"一定", "必定"의 의미로, 확실하여 의심할 여지가 없음을 표시한다. 뒤에 단음절의 단어만 사용할 수 있고 대체로 문어체에 많이 사용한다. ① 堅持學習, 定有收穫. 공부를 꾸준히하면 분명히 수확이 있다. ② 計劃訂得切合實際, 定能順利完成. 계획을 적절하고 실제적으로 세우면 확실히 순조롭게 완성할 수 있다. ③ 看天氣, 定要下雨. 날씨를 보니 꼭 비가 올 것 같다.

▌067 ▌ 尙 (상)　　　　　　　　　　　동사, 부사의 용법이 있다.

⑴ 동사로 사용할 때는 "존중하다", "숭상하다", "…보다 났다"의 의미
　를 표현한다.

> **例━** 君子哉若人. 尙德哉若人. (論語憲問)
> 군자재약인. 상덕재약인. (논어·헌문)
> **해석** 이 같은 사람은 군자다. 이 같은 사람은 덕을 숭상한다.

> **例二** 君子尙勇乎. (論語陽貨)
> 군자상용호. (논어·양화)
> **해석** 군자도 용기를 숭상합니까?

> **例三** 好仁者. 無以尙之. (論語里仁)
> 호인자. 무이상지. (논어·이인)
> **해석** 어진 것을 좋아하는 사람이 있다면 그 보다 더 바랄 것이 없다.

> **例四** 今天下地醜德齊. 莫能相尙. 無他. 好臣其所敎. 而不好臣
> 其所受敎. (孟子公孫丑下)
> 금천하지추덕제. 막능상상. 무타. 호신기소교. 이불호신기소수
> 교. (맹자·공손추하)
> **해석** 지금 천하 각국이 차지한 땅도 비슷하고 덕도 비등하여 서로 숭상
> 할 수 없는 것은 다름이 아니라 임금이 가르치는 사람을 신하로 삼
> 기 좋아하고 가르침을 받을 사람을 신하로 삼기를 좋아하지 않기
> 때문이다.

> **例五** 禹之聲. 尙文王之聲. (孟子盡心下)
> 우지성. 상문왕지성. (맹자·진심하)
> **해석** 우임금의 음악은 문왕의 음악보다 훌륭했다.

⑵ 부사로 사용할 때는 "아직", "아마도", "또한"의 의미를 표현한다.

> **例━** 以能保我子孫黎民. 尙亦有利哉. (大學十章)
> 이능보아자손여민. 상역유리재. (대학·십장)
> **해석** (이 사람을 써서) 자손들과 백성들을 보호하면 아마도 이로울 것이다.

例二 於陵子仲尙存乎. (戰國策趙威後問齊使)

어능자중상존호. (전국책·조위후문제사)

해석 자중(子仲)은 아직 능에 있습니까?

例三 嗟乎. 嗟乎. 如僕尙何言哉. (司馬遷報任少卿書)

차호. 차호. 여복상하언재. (사마천·보임소경서)

해석 아! 아! 나 같은 사람이 또한 무슨 할 말이 있겠는가?

例四 蠻貊之人. 尙猶嘉子之節. (李陵答蘇武書)

만맥지인. 상유가자지절. (이릉·답소무서)

해석 오랑캐가 아직도 당신의 절개를 칭찬한다.

현대중국어의 용법

[尙] shàng 부사.

(1) "역시"의 의미로, 대체적으로 무난한 것을 표시하며, 부드러운 긍정의 어감을 띤다. 뒤에 단음절의 단어가 많이 온다. 문어체에서 사용한다. ① 他在工作中表現尙好. 그는 일하는 중에도 표현이 역시 좋다. ② 基建工程進度尙快, 年底卽可投産. 기본 건설공사 진도가 역시 빨라 연말이면 생산에 들어갈 수 있다. ③ 這裏山區風景尙佳, 假期歡迎你來一游. 이곳 산간의 경치가 또한 아름다워 휴가기간에 당신이 놀러오는 것을 환영한다.

(2) "아직"의 의미로, 동작이나 상태가 계속 존재하고 변화가 없음을 표시한다. ① 這篇文章尙待修改, 目前不能發表. 이 문장은 아직 수정을 해야 하므로 지금 발표할 수 없다. ② 汽車制造專業尙有餘額, 你可以報考. 자동차제조 전공은 아직 여유가 있으니 당신이 시험에 응시할 수 있다. ③ 此事復雜, 情況尙未弄淸, 需要實地調査一下. 이 일은 복잡하여 상황이 아직 분명하지 않다. 실지로 조사할 필요가 있다.

068 況 (황)   접속사와 부사의 용법이 있다.

(1) 접속사로 사용할 때는 "하물며"의 의미를 표현한다.

> 例━ 仁, 智. 周公未之盡也. 而況於王乎. (孟子公孫丑下)
> 인, 지. 주공미지진야. 이황어왕호. (맹자·공손추하)
>
> 해석 인자함과 지혜로움은 주공도 다하지 못하였습니다. 하물며 왕께서
> 더 할 말이 있겠습니까?

> 例二 君不行仁政而富之. 皆棄於孔子者也. 況於爲之强戰. (孟
> 子離婁上)
> 군불행인정이부지. 개기어공자자야. 황어위지강전. (맹자·이루상)
>
> 해석 임금이 인정을 행하지 않는데 그를 부유하게 해주면 모두 공자에게
> 버림을 받을 것이다. 하물며 그러한 임금을 위하여 억지로 전쟁을
> 하다니!

> 例三 吾未聞枉己而正人者也. 況辱己以正天下者乎. (孟予萬章
> 上)
> 오미문왕기이정인자야. 황욕기이정천하자호. (맹여·만장상)
>
> 해석 나는 자신을 올바른 도리에서 굽혀 다른 사람을 바로 잡았다는 말
> 을 듣지 못했다. 하물며 자신이 욕되게 하는 행위를 하면서 천하를
> 바로 잡는 다는 것은 말도 안 된다.

> 例四 蔓草猶不可除. 況君之寵弟乎. (左傳隱公元年)
> 만초유불가제. 황군지총제호. (좌전·은공원년)
>
> 해석 덩굴이 무성하면 제거하기 어렵습니다. 하물며 임금님의 총애하는
> 동생은 말할 것이 있겠습니까?

> 例五 竊人之財. 猶謂之盜. 況貪天之功. 以爲己力乎. (左傳僖
> 公二十四年)
> 절인지재. 유위지도. 황탐천지공. 이위기력호. (좌전·희공이십사
> 년)
>
> 해석 타인의 재물을 훔치는 것을 도적이라고 부른다. 하물며 하늘의 공
> 로를 탐하여 자신의 능력으로 삼는다면 어떻게 되겠는가?

(2) 부사로 사용할 때는 "한층 더", "게다가"의미를 표현한다. 이러한 용법은 고문에서 많이 사용하지는 않는다.

> 例一 憂心悄悄, 僕夫況瘁. （詩經小雅出車）
> 우심초초, 복부황졸. (시경·소아·출거)
> 해석 근심하는 마음으로 풀이 죽어 있는데 마부까지 게다가 병이 났네.

> 例三 今子曰, 中立. 況固其謀也. （國語晋語二）
> 금자왈, 중립. 황고기모야. (국어·진어이)
> 해석 지금 당신이 중립을 말하면 더욱 그들의 음모를 확고히 할 것이다.

현대중국어의 용법

[況且] kuàngqiě 접속사.

"하물며", "게다가"의 의미로, 이유를 보다 상세히 설명함을 표시한다. 항상 "也", "還", "又" 등 부사와 함께 사용한다. ① 我今晚上有空, 況且這件事很急, 就讓我去走一趟吧. 나는 오늘 저녁에 시간이 있고 게다가 이일은 매우 급하니 내가 한번 다녀오지! ② 他責任心强, 況且對這一門也熟悉, 一定干得了. 그는 책임감이 매우 강하다. 하물며 이 분야에 매우 정통하여 반드시 잘할 수 있을 것이다. ③ 你病還沒全好, 況且外面還刮着大風, 改日再去吧. 그의 병은 아직 완전히 낫지 않았다. 하물며 밖에 아직도 큰바람이 불고 있으니 다른 날에 다시 가자! ④ 這本小說主題思想好, 況且描寫又很生動, 你拿去看吧. 이 소설의 주제사상이 좋고 게다가 묘사가 또 매우 생동적이다. 당신은 가지고 가서 읽어 보세요.

069 使 (사) 　　　　　　　동사, 접속사의 용법이 있다.

(1) 동사로 사용할 때는 "파견하다", "사용하다", "시키다"등의 의미를 표현한다.

> 例一 子使漆雕開仕. （論語公冶長）

자사칠조계사. (논어·공야장)

[해석] 공자께서 칠조개(漆雕開)에게 벼슬을 하라고 시켰다.

[例二] 惡不仁者, 其爲仁矣, 不使不仁者加乎其身. (論語里仁)

오불인자, 기위인의, 불사불인자가호기신. (논어·이인)

[해석] 어질지 않은 것을 미워하는 자는 어진 것을 함에 있어 어질지 않은 것으로 자신의 몸에 더하게 해서는 안 된다.

[例三] 其養民也惠. 其使民也義. (論語公冶長)

기양민야혜. 기사민야의. (논어·공야장)

[해석] 백성을 기르는데 있어 은혜롭고 백성을 사용함에 있어 의롭다.

[例四] 伯夷, 目不視惡色, 耳不聽惡聲. 非其君不事. 非其民不使. (孟子萬章下)

백이, 목불시악색, 이불청악성. 비기군불사. 비기민불사. (맹자·만장하)

[해석] 백이는 눈으로 나쁜 빛을 보지 않고 귀로 나쁜 소리를 듣지 않고 바른 임금이 아니면 섬기지 않고 바른 백성이 아니면 시키지 않았다.

[例五] 子與人歌而善. 必使反之, 而後和之. (論語述而)

자여인가이선. 필사반지, 이후화지. (논어·술이)

[해석] 공자는 다른 사람과 함께 노래를 부를 때에 그 사람의 노래가 좋으면 반드시 반복하여 부르게 하고 나서 화답하셨다.

[例六] 敬事而信. 節用而愛人. 使民以時. (論語學而)

경사이신. 절용이애인. 사민이시. (논어·학이)

[해석] 일을 공경스럽게 하여 백성들의 믿음을 얻어야 하며 비용을 절약하여 백성들을 사랑하고 시기를 잘 고려하여 백성을 부려야 한다.

(2) 접속사로 사용할 때는 "가령", "만약"의 의미를 표현한다.

[例一] 如有周公之才之美. 使驕且吝. 其餘不足觀矣. (論語泰伯)

여유주공지재지미. 사교차린. 기여부족관의. (논어·태백)

[해석] 주공의 재주와 아름다움이 있더라도(일을 함에) 교만하고 인색하다

면 그 나머지는 볼 것이 없느니라.

例二 使秦破大梁而夷先王之宗廟, 公子當何面目立天下乎. (史記魏公子列傳)

사진파대량이이선왕지종묘, 공자당하면목립천하호. (사기·위공자열전)

해석 만일 진나라가 대량을 격파하고 선왕의 종묘를 파헤친다면 공자는 무슨 면목으로 천하에 설 수 있겠습니까?

例三 使趙不將括卽已. 若必將之. 破趙軍者必括也. (史記廉頗藺相如列傳)

사조부장괄즉이. 약필장지. 파조군자필괄야. (사기·염파인상여열전)

해석 만일 조나라가 조괄을 장군으로 삼지 않으면 다행이지만 만약 반드시 그를 장군으로 삼으면 조나라 군대를 격파하는 사람은 틀림없이 조괄일 것이다.

▌070 ▌ 或 (혹)　　　　　　대명사, 부사의 용법이 있다.

(1) 대명사로 사용할 때는 "누가", "어떤 것"의 의미를 표현한다.

例一 或謂孔子曰, 子奚不爲政. (論語爲政)

혹위공자왈, 자해불위정. (논어·위정)

해석 누군가 공자에게 물었다. "선생님은 왜 정치를 하지 않으시나요?"

例二 棄甲曳兵而走. 或百步而後止. 或五十步而後止. (孟子梁惠王上)

기갑예병이주. 혹백보이후지. 혹오십보이후지. (맹자·양혜왕상)

해석 갑옷을 버리고 병기를 끌며 도망가다가 어떤 자는 백보를 달아난 뒤에 멈추고 어떤 자는 오십보를 달아난 후에 멈추었다.

例三 不吾知也. 如或知爾. 則何以哉. (論語先進)

불오지야. 여혹지이. 칙하이재. (논어·선진)

해석 나를 알아주지 않는다고 하는데 만약 어떤 사람이 너희들을 알아준다면 어떻게 할 것인가?

例四 今有人. 日攘其鄰之雞者. 或告之曰, 是非君子之道. (孟子滕文公下)

금유인. 일양기린지계자. 혹고지왈, 시비군자지도. (맹자・등문공하)

해석 지금 누군가 매일 그 이웃집 닭을 훔치는데 누군가 그에게 "그것은 군자의 도리가 아니다"라고 말하여 주었습니다.

例五 夫物之不齊. 物之情也. 或相倍蓰. 或相什百. 或相千萬. 子比而同之. 是亂天下也. (孟子滕文公上)

부물지부제. 물지정야. 혹상배사. 혹상십백. 혹상천만. 자비이동지. 시난천하야. (맹자・등문공상)

해석 대체로 물건의 질이 같지 않은 것이 물건의 실정이다. 어떤 것은 서로 한 배나 다섯 배 차이가 나고 어떤 것은 서로 열 배나 백배 차이가 나고 어떤 것은 서로 천 배나 만 배 차이가 난다. 당신은 양만 비교해 보고 값을 같게 하려 하니 이는 천하를 어지럽히는 것이다.

(2) 부사로 사용할 때는 "아마도", "또한"의 의미를 표현한다.

例一 得其門者或寡矣. (論語子張)

득기문자혹과의. (논어・자장)

해석 그 문을 통과하는 자는 아마도 적을 것이다.

例二 物有不可忘, 或有不可不忘. (史記魏公子列傳)

불유불가망, 혹유불가불망. (사기・위공자열전)

해석 일은 잊지 말아야 하는 것이 있고 또한 잊지 않으면 안 되는 일도 있다.

(3) 접속사로 사용할 때는 "가령"의 의미를 표현한다.

例一 晉爲盟主, 諸侯或相侵也, 則討之, 使歸其地. (左傳襄公二十六年)

진위맹주, 제후혹상침야, 즉토지, 사귀기지. (좌전・양공이십육년)

해석 진이 맹주가 되어 제후들이 만약 침략을 하면 그들을 책망하여 그

땅을 돌려주도록 할 것이다.

例三 母喜笑, 爲飮食語言異於他時, 或亡所出, 母怒, 爲之不食. (漢書雋疏于薛平彭傳)

모희소, 위음식어언이어타시, 혹무소출, 모노, 위지불식. (한서·준소우설평팽전)

해석 모친은 기뻐서 웃으며 음식과 언어가 다른 때와 달라졌다. 만약 그런 경우가 없다고 하면 모친은 화를 내고 이 때문에 음식을 먹지 않았다.

현대중국어의 용법

[或] huò 현대중국어에서 或은 접속사와 부사의 용법이 있다. "〔或者〕 huòzhě"의 형식으로 많이 사용된다.

[或者] huòzhě 접속사와 부사의 용법이 있다.

(一) 접속사.

⑴ 연접한 여러 성분 중에 하나를 선택함을 표시한다. ① 我明天或者後天去北京. 나는 내일 혹은 모레 북경에 간다. ② 這個會你去參加或者他去參加都可以. 이 회의는 당신이 참가하던 그가 참가하던 다 된다. ③ 連詞可以連接詞, 詞組或者句子. 접속사는 단어 사조 혹은 구를 연결할 수 있다.

⑵ "無論", "不論", "不管" 등 접속사와 함께 사용하여, 언급한 조건의 제한을 받지 않음을 표시한다. ① 無論唱歌或者跳舞, 她樣樣都行. 노래를 하던 춤을 추던 간에 그녀는 모두 잘한다. ② 不論大事或者小事, 大家都願意找撒母耳商量. 큰일이던 작은 일이던 간에 막론하고 모두 사무엘을 찾아가 의논하기를 원한다. ③ 不管刮風或者下雨, 他天天準時到校. 바람이 불건 비가 오건 간에 상관없이 그는 매일 정시에 학교에 온다.

설명 위의 예문에서 "或者"를 생략할 수 있고 그렇게 되면 어감이 비교적 긴박해진다.

(3) "有的"의 의미로, 병렬된 각 성분 앞에서 사용하여, 동시에 존재함을 표시한다. 이 때 "或則"라고 쓸 수도 있다. ① 每個同學都參加一項活動, 或者打球, 或者下棋, 或者跳繩. 모든 동학들이 다 한 가지 활동에 참가한다. 누구는 공을 치고 누구는 바둑을 두고 누구는 줄넘기를 한다. ② 或者學習外語, 或者鍛煉身體, 大家都能充分利用業餘時間. 누구는 외국어를 배우고 누구는 신체를 단련하고 모두 이미 여유시간을 충분히 이용할 수 있다.

> 동의어 "或(huò)"와 "或者"는 의미가 같고 교환하여 사용이 가능하다. "或"는 문언의 맛을 띄고, "或多或少"(많든 적든), "或好或壞"(좋든 나쁘든) 등과 같은 관용적 표현을 제외하고 구어에서 매우 적게 사용된다.

(二) 부사. "아마도·혹시"의 의미로, 가능을 표시한다. ① 天空多雲, 或者要下雨. 하늘에 구름이 많다. 아마도 비가 올 것 같다. ② 他今晚動身, 明天下午或者可以到達. 그가 오늘 저녁에 출발하면 내일 오후에는 아마도 도착할 수 있을 것이다. ③ 這個建議對于改進工作或者有點好處. 이 건의는 일을 개진하는 것에 아마도 도움이 될 것이다.

071 姑 (고)
부사로 "잠시", "곧"의 의미를 표현한다.

> 例一 夫人幼而學之. 壯而欲行之. 王曰, 姑舍女所學而從我. 則何如?(孟子梁惠王下)
> 부인유이학지. 장이욕행지. 왕왈, 고사녀소학이종아. 즉하여?
> (맹자·양혜왕하)

> 해석 대체로 사람이 어려서 배워가지고 장성해서 그것을 실행하려 하는 것인데 왕께서 "잠시 네가 배운 것을 버리고 나를 따라 하라"고 하면 어떻게 되겠습니까?

> 例二 敢問所安. 曰, 姑舍是. (孟子公孫丑上)

감문소안. 왈, 고사시. (맹자·공손추상)

[해석] 감히 질문을 드립니다. 선생은 어느 쪽이라고 할 수 있겠습니까? "잠시 그 이야기는 그만 두기로 하자. "라고 했다.

[例三] **多行不義. 必自斃. 子姑待之.**（左傳隱公元年）

다행불의. 필자폐. 자고대지. (좌전·은공원년)

[해석] 불의한 일을 많이 하는 사람은 반드시 스스로 망하게 된다. 당신은 잠시 기다렸다 보기만 하세요.

[例四] **寡人不足爲也, 願君顧先王之宗廟, 姑反國統萬人乎.**（戰國 策齊策四）

과인부족위야, 원군고선왕지종묘, 고반국통만인호. (전국책·제책 사)

[해석] 과인은 통치하기에 부족하니, 원컨대 그대가 선왕의 종묘를 돌아보고 곧 귀국하여 만민을 통솔하시오.

현대중국어의 용법

[姑] gū 부사이고 현대중국어에서 "姑且"(gūqiě)로 사용된다.

[姑且] gūqiě 부사.

"우선·잠시"(不妨bùfāng)의 의미로, 부득이한 경우에서 우선 처리를 하고 나중에 다시 결론을 내림을 표시한다. 양보적인 의미가 있다. ① 這個問題姑且放一放, 明後天再開會討論. 이 문제는 잠시 놔두었다가 후일 다시 회의를 열어 토론합시다. ② 別性急, 姑且聽他講完了再說. 조급해 하지 말라. 우선 그가 말하는 것을 듣고 다시 말하자. ③ 這個 辦法你姑且試一下, 看效果怎麼樣. 이 방법을 당신이 먼저 시험해서 효과가 어떠한지를 보시오.

[설명] "姑且" 뒤에 오는 내용은 아직 실현되지 않은 것이고, 왕왕 제시나 격려의 어감을 갖는다.

> 동의어 "姑"는 "姑且"의 의미로, 뒤에 단음절의 단어만 온다. 문어체에서 사용한다. 예를 들어, "姑妄言之(우선 적당히 말해 두다)", "姑妄聽之"(우선 적당히 들어 두다), "姑不置論"(우선 논하지 않다) 등이 있다.
>
> 비교 "暫且"와 "姑且"의 의미는 유사하다. "暫且"는 시간을 중점적으로 표현하고, "姑且"는 양보를 중점적으로 표현한다.

072 奈 (내)

부사로 "어떻게"의 의미에 해당하고 항상 "何"자와 같이 사용해 의문을 표시한다.

例一 騅不逝兮可奈何. (史記項羽本紀)

추불서혜가내하. (사기·항우본기)

해석 이 명마(오추마)가 달리지 않는다. 어떻게 하나!

例二 何賢乎季子. 讓國也. 其讓國奈何. (公羊傳襄公二十九年)

하현호계자. 양국야. 기양국내하. (공양전·양공이십구년)

해석 왜 계자(계찰)를 칭찬하는가? 그것은 계자가 나라를 선양(禪讓)했기 때문이다. 나라를 선양한 것은 어쩐 일인가?

例三 辛垣衍曰, 秦稱帝之害將奈何. (戰國策魯仲連義不帝秦)

신원연왈, 진칭제지해장내하. (전국책·노중련의불제진)

해석 신원연이 물었다. "진나라가 황제로 칭하는 것에 대한 해는 무엇인가?

例四 如今朝廷雖乏人, 奈何令刀鋸之餘. 薦天下之豪俊哉. (司馬遷報任少卿書)

여금조정수핍인, 내하령도거지여. 천천하지호준재. (사마천·보임소경서)

해석 지금 조정에는 비록 인재가 부족하지만 어떻게 궁형을 당한 사람으로 하여금 천하의 호걸을 천거하게 할 수 있는가?

073 | 並 (병)   부사로 "함께", "모두"라는 의미를 표현한다.

> **例一** 上念老母. 臨年被戮. 妻子無辜. 並爲鯨鯢. (李陵答蘇武書)
> 상념노모. 임년피착. 처자무고. 병위경예. (이릉·답소무서)
>
> **해석** 노모를 생각하면 노년에 창에 찔림을 당했고, 처는 죄도 없는데 함께 살해를 당했다.

> **例二** 賈誼亞夫之徒. 皆信命世之才. 抱將相之具. 而受小人之讒. 並受禍敗之辱. (李陵答蘇武書)
> 가의아부지도. 개신명세지재. 포장상지구. 이수소인지참. 병수화패지욕. (이릉·답소무서)
>
> **해석** 가의·주아부 같은 부류의 사람들은 모두 유명한 일세의 인재들이고 재상과 장군이 될 만한 그릇을 갖고 있었다. 그러나 소인들의 모함을 당하여 함께 화를 당하는 굴욕을 겪었다.

> **例三** 風起浪涌. 孫王諸人, 色并遽. (世說新語雅量)
> 풍기랑용, 손왕제인, 색병거. (세설신어·아량)
>
> **해석** 바람이 불어 물결이 일어나니 손(孫)과 왕(王) 등 여러 사람의 표정에 모두 두려움이 가득했다.

현대중국어의 용법

[幷] bìng

(一) 접속사.

"…와 함께(連同liántóng)"의 뜻이다. 단어나 구와 절에 연결하여 사용한다. 절에 연결될 때에는 앞 절의 주어로만 사용할 수 있다. ① 會議討論幷通過了這個提案. 회의에서 토론을 하고 이 제안을 통과 시켰다. ② 全場已經認眞學習力幷積極推廣了這個先進經驗. 전 공장에서 이런 일류 경험을 성실하게 배우고 아울러 적극적으로 전파한다. ③ 老工人下鄕修理機器, 幷幇助青年學會使用的方法. 늙은 기술자가 고향에 내려가 기계를 수리하고 청년들을 도와 사용할 수 있도록 방법을 가르친다.

> 동의어 "并且(bìngqiě)"는 "并(bìng)"과 의미가 같고 바꾸어 사용할 수 있다. "并且"는 또 "而且"의 뜻이 있고 항상 접속사 "不但"과 함께 사용된다. ① 這個居民區整潔, 安靜幷且出入方便. 이 거주지역은 정결할 뿐만 아니라 조용하고 출입이 편리하다. ② 這方面的書他家裏不但有, 幷且數量不少. 그의 집에 이 방면의 책이 있을 뿐만 아니라 수량도 많다.

(二) 부사.

(1) "不", "無", "非", "未", "沒有" 등의 부정사 앞에 사용하여 확실하게 그렇지 않음을 표시하며, 어감을 강조하는 작용을 한다. ① 這套叢書缺了幾本, 幷不完整. 이 총서는 몇 권이 부족하여 결코 완전하지 않다. ② 批評你是爲了幫助你進步, 幷無個人成見. 너를 비평하는 것은 너의 발전을 돕기 위한 것이지 결코 개인적인 편견은 아니다. ③ 他是謙虛, 幷非眞的不懂. 그는 겸손한 것이지 결코 정말로 모르는 것이 아니다.

(2) 단음절 동사 앞에 사용하여 말하고자 하는 사건이나 사물이 동시에 진행되거나 혹은 동시에 존재하며 그 안에 전부 포괄됨을 표시한다. ① 這兩件事性質不同, 不能相提幷論. 이 두 사건은 성질이 달라 함께 이야기 할 수 없다. ② 開辟財源和節約開支兩個方面正在齊頭幷進. 재원을 개발하고 지출을 절약하는 두 방면으로 함께 추진하는 중이다.

> 주의 "并"을 부사로 사용할 경우 "并且"와 바꾸어 사용할 수 없다.

074 　直 (직)　　　　　　　부사, 전치사의 용법이 있다.

(1) 부사로 사용할 때는 "…에 불과하다", "단지", "고의로", "곧장" 등의 의미를 표현한다.

> 例一 以五十步笑百步. 則何如. 曰, 不可. 直不百步耳. 是亦走也. (孟子梁惠王上)

이오십보소백보. 즉하여. 왈, 불가. 직불백보이. 시역주야. (맹자・양혜왕상)

해석 오십 보 달아난 자가 백 보 달아난 자를 비웃는 다면 어떻습니까? 불가하다. 다만 백 보에 불과할 뿐이지 이 역시 달아난 것이다.

例二 寡人非能好先王之樂也. 直好世俗之樂耳. (孟子梁惠王下)

과인비능호선왕지악야. 직호세속지낙이. (맹자・양혜왕하)

해석 과인이 선왕의 음악을 좋아할 수 없다는 것이 아니라 단지 세속의 음악을 좋아할 뿐입니다.

例三 有一老父衣褐至良所. 直墮其履圮下. (漢書張良傳)

유일노부의갈지량소. 직타기리이하. (한서・장량전)

해석 한 늙은 노인이 짧은 갈의를 입고 장량이 사는 곳에 와서 고의로 신발을 다리 아래로 떨어뜨렸다.

例四 齊使田忌將而往, 直走大梁. (史記孫子吳起列傳)

제사전기장이왕, 직주대량. (사기・손자오기열전)

해석 제나라는 전기를 장군으로 파견하여 곧장 대량으로 진격하게 하였다.

(2) 전치사로 용법은 値와 유사하다. 문장에서 부사어로 사용하며 "… 에서"의 의미이다.

例一 主人玄端爵韠. 立于阼階下. 直東序西面. (儀禮士冠禮)

주인현단작필. 립우조계하. 직동서서면. (의례・사관례)

해석 주인은 현단으로 예복을 만들어 입고 계단에 서 있는데 동쪽 담장 아래가 조정의 서쪽이다.

例二 直夜潰圍南出, 馳走. (史記項羽本紀)

직야궤위남출, 치주. (사기・항우본기)

해석 항우는 밤에 포위망을 뚫고 남쪽으로 나는 듯이 달렸다.

例三 枉己者. 未有能直人者也. (孟子滕文公下)

왕기자. 미유능직인자야. (맹자・등문공하)

해석 자신을 굽히는 사람은 다른 사람을 바로 잡을 수 없다.

> **[直]** zhí 부사.
>
> (1) "계속"의 의미로, 상황이 지속적으로 계속됨을 표시한다. 주로 시간이나 범위 등을 가리킨다. 항상 "從"과 함께 사용한다. 뒤에 단음절의 단어만 오며 "到", "至"와 함께 사용한다. ① 會議直到十二點才結束. 회의는 12시까지 계속되다 비로소 끝났다. ② 直到現在我還沒見過鐵樹開花. 계속해서 지금까지 나는 아직 소철에 꽃이 피는 것을 본적이 없다. (실현 가능성이 매우 적은 것을 비유함)
>
> (2) "끊임없이"의 의미로, 동작이 빈번하게 연속적으로 계속됨을 표시한다. 뒤에 단음절의 단어만 온다. ① 孩子摔了一跤, 痛得哇哇直叫. 아이가 넘어져서 고통스러워 와와하고 끊임없이 소리를 지른다. ② 我冷得直打哆嗦. 나는 추워서 계속 떨고 있다.
>
> (3) "곧장"의 의미로 사용한다. ① 這班車從杭州直達北京. 이 차는 항주에서 북경까지 곧장 왔다. ② 列車直達北京. 열차가 북경으로 직행한다. ③ 直通港口. 항구로 직통하다.

075 垂 (수)

부사, 명사의 용법이 있다.

(1) 부사로 사용할 때는 "거의", "막…하다"란 의미를 표현한다.

> **例一** 雄據巴漢垂三十年. (三國志魏書張魯傳)
> 웅거파한수삼십년. (삼국지·위서·장로전)
> **해석** 영웅이라 자칭하면서 파군(巴郡)과 한중군(漢中郡)을 거의 삼십년 점령하였다.
>
> **例二** 今董卓垂至, 諸郡何不早各就國. (後漢書竇何列傳)
> 금동탁수지, 제군하부조각취국. (후한서·두하열전)
> **해석** 지금 동탁이 막 서울에 도착하려는데 그대들은 어째서 빨리 각자의 나라로 돌아가려 하지 않는가?

(2) 명사로 사용할 때는 "변경", "모서리"의 의미를 표현한다.

> **例一** 邊境之臣處, 則疆垂不喪. (荀子臣道)
> 변경지신처, 즉강수불상. (순자・신도)
> **해석** 변경의 신하들이 두려워하므로 국경을 잃지 않는다.

> **例二** 妻子當門泣, 兄弟哭路垂. (王粲詠史詩)
> 처자당문읍, 형제곡로수. (왕찬・영사시)
> **해석** 처자는 문을 막고 울고, 형제들은 길에 엎드려 우네.

076 亟 (극・기)   "여러 번", "급하게"의 의미를 표현한다.
"여러 번"이란 의미를 표현할 때는 "기"로 읽는다

> **例一** 愛共叔段. 欲立之. 亟請於武公. 公弗許. (左傳隱公元年)
> 애공숙단. 욕입지. 기청어무공. 공불허. (좌전・은공원년)
> **해석** (황후가) 공숙단을 편애하여 그를 태자로 삼고자 하여 여러 차례 무공에게 요구하였으나 무공이 허락하지 않았다.

> **例二** 好從事而亟失時. 可謂智乎. (論語陽貨)
> 호종사이기실시. 가위지호. (논어・양화)
> **해석** 정치에 종사하면서 자주 때를 잃는 것을 현명하다고 할 수 있겠습니까?

> **例三** 故王公不致敬盡禮. 則不得亟見之. 見且猶不得亟. 而況得而臣之乎. (孟子盡心上)
> 고왕공불치경진례. 즉부득기견지. 견차유부득기. 이황득이신지호. (맹자・진심상)
> **해석** 그러므로 왕공이라도 경의를 다하고 예를 극진히 하지 않으면 그들을 자주 만나볼 수 없었다. 만나보는 것조차 자주 할 수 없었는데 하물며 그들을 신하로 삼을 수 있었겠는가?

> **例四** 子亟去, 無汚我. (史記老子韓非列傳)
> 자극거, 무오아. (사기・노자한비열전)
> **해석** 그대는 급히 떠나서 나를 더럽히지 말라.

例五 我死. 乃亟去之. (左傳隱公十一年)

아사. 내극거지. (좌전 · 은공십일년)

해석 내가 죽으면 즉시 떠나라.

077 者(자)　　　　　대명사, 어기사의 용법이 있다.

(1) 대명사로 사용하여 사람, 때, 사건, 장소, 사물 등을 가리킨다.

例一 不仁者. 不可以久處約. 不可以長處樂. 仁者安仁. 知者利
仁. (論語里仁)

불인자. 불가이구처약. 불가이장처낙. 인자안인. 지자리인. (논
어 · 이인)

해석 어질지 않은 사람은 곤궁한 곳에 오래 처해 있지 못하며 즐거운 곳
에도 길게 있지 못하지만 어진 사람은 인을 편안히 여기고 지혜로
운 사람은 인을 이롭게 여긴다.

例二 知之者. 不如好之者. 好之者. 不如樂之者. (論語雍也)

지지자. 불여호지자. 호지자. 불여낙지자. (논어 · 옹야)

해석 도를 아는 자는 도를 좋아하는 자만 못하고 도를 좋아하는 자는 즐
기는 자만 못하다.

例三 勞心者治人. 勞力者治於人. (孟子滕文公上)

노심자치인. 노력자치어인. (맹자 · 등문공상)

해석 마음을 쓰는 사람은 타인을 다스리고 힘을 쓰는 사람은 타인의 다
스림을 받는다.

例四 仁者不憂. 知者不惑. 勇者不懼. (論語憲問)

인자불우. 지자불혹. 용자불구. (논어 · 헌문)

해석 인자는 근심하지 아니하고 지자는 사리에 미혹되지 않고 용자는 두
려워하지 않는다.

例五 有顏回者好學. 不幸短命死矣. (論語先進)

유안회자호학. 불행단명사의. (논어 · 선진)

해석 안회는 배우기를 좋아했으나 불행히도 단명하여 죽었다.

例六 若曾子. 則可謂養志也. 事親若曾子者. 可也. (孟子離婁
上)

약증자. 즉가위양지야. 사친약증자자. 가야. (맹자·이루상)

해석 증자 같은 분은 부모의 뜻을 받들었다고 할 수 있다. 어버이 섬기
기를 증자같이 하는 사람이면 좋다.

例七 昔者子貢問於孔子曰, 夫子聖矣乎. (孟子公孫丑上)

석자자공문어공자왈, 부자성의호. (맹자·공손추상)

해석 옛날 자공이 공자에게 물었다. "선생님은 성인이시지요?"

例八 不使不仁者加乎其身. (論語里仁)

불사불인자가호기신. (논어·이인)

해석 어질지 않은 것으로 하여금 그 자신의 몸에 더해서는 안 된다.

例九 仁之實. 事親是也. 義之實. 從兄是也. 智之實. 知斯二者
弗去是也. (孟子離婁上)

인지실. 사친시야. 의지실. 종형시야. 지지실. 지사이자불거시
야. (맹자·이루상)

해석 인(仁)의 실상은 부모를 섬기는 것이고 의의 실상은 형을 따르
는 것이다. 지(智)의 실상은 이 두 가지를 알고서 버리지 않는
것이다.

例十 信能行此五者. 則鄰國之民. 仰之若父母矣. (孟子公孫丑
上)

신능행차오자. 즉린국지민. 앙지약부모의. (맹자·공손추상)

해석 참으로 이 다섯 가지를 행할 수 있다면 이웃나라의 백성들이 그를
부모와 같이 우러러 볼 것이다.

⑵ 어기사로 문장의 중간에 사용하여 정지의 느낌이 있고 다음 문장
을 유도한다.

例一 順天者存. 逆天者亡. (孟子離婁上)

순천자존. 역천자망. (맹자·이루상)

해석 하늘의 뜻에 따르는 자는 살고 하늘의 뜻에 거슬리는 자는 멸망한
다.

例二 魯無君子者. 斯焉取斯. (論語公冶長)
노무군자자. 사언취사. (논어・공야장)

해석 노나라에 군자가 없다면 어찌 이런 사람을 취할 수 있었겠는가?

例三 以力假仁者霸. 霸必有大國. 以德行仁者王. 王不待大.
(孟子公孫丑上)
이력가인자패. 패필유대국. 이덕행인자왕. 왕불대대. (맹자・공
손추상)

해석 힘으로 인을 가장하는 것은 패도이다. 패(霸)는 반드시 큰 나라를
지니고 있어야 한다. 덕으로 인을 행하는 것은 왕도다. 왕도를 펴
는 데는 큰 나라여야 할 것은 없다.

例四 知者樂水. 仁者樂山. 知者動. 仁者靜. 知者樂. 仁者壽.
(論語雍也)
지자요수. 인자요산. 지자동. 인자정. 지자낙. 인자수. (논어・
옹야)

해석 지혜로운 사람은 물을 좋아하고 어진 사람은 산을 좋아한다. 지혜
로운 사람은 움직이나 어진 사람은 고요하다. 그렇기 때문에 지혜
로운 사람은 즐겁게 살고 어진 사람은 오래 사느니라.

例五 且年未盈五十, 而諄諄焉如八九十者. (左傳襄公三十一年)
차년미영오십, 이순순언여팔구십자. (좌전・양공삼십일년)

해석 또한 나이가 오십이 차지도 않았으면서 한 말을 되풀이 하여 마치
팔구십 세와 같았다.

078 **則** (즉・칙)　중요한 접속사 중의 하나로, 명사나 부사가 될
수도 있지만 고문에서 이런 경우는 비교적 많지 않다.

(1) 접속사로 사용할 때는 "곧", "그러면", "오히려", "…일지라도", "…
라면" 등의 의미를 표현한다.

例一 道得衆. 則得國. 失衆則失國. (大學十章)
도득중. 즉득국. 실중즉실국. (대학・십장)

해석 민중을 얻으면 곧 나라를 얻게 되고 민중을 잃으면 곧 나라를 잃게 된다.

例二 知斯三者. 則知所以修身. 知所以修身, 則知所以治人. 知所以治人. 則知所以治天下國家矣. (中庸二十章)

지사삼자. 즉지소이수신. 지소이수신, 즉지소이치인. 지소이치인. 즉지소이치천하국가의. (중용・이십장)

해석 이 세 가지를 알면 곧 수신을 알게 될 것이다. 수신을 알면 곧 사람을 다스리는 길을 알게 된다. 사람을 다스리는 길을 알면 곧 천하와 국가를 다스리는 길을 알게 된다.

例三 有天下. 行一不義. 殺一不辜. 而得天下. 皆不爲也. 是則同. (孟子公孫丑上)

유천하. 행일불의. 살일불고. 이득천하. 개불위야. 시즉동. (맹자・공손추상)

해석 천하를 차지하고 한 가지라도 의롭지 못한 일을 하거나, 한 사람이라도 무고하게 죽여서 천하를 얻는 것은 다들 하지 않았을 것이다. 이런 점이 같다.

例四 君子不重則不威. 學則不固. (論語學而)

군자부중즉불위. 학즉불고. (논어・학이)

해석 군자가 무겁지 않으면 위엄이 없고 학문도 견고하지 못하다.

例五 欲速則不達. (論語子路)

욕속즉부달. (논어・자로)

해석 속히 하려고 하면 오히려 달성하지 못한다.

例六 何爲則民服. 孔子對曰, 擧直錯諸枉. 則民服. 擧枉錯諸直. 則民不服. (論語爲政)

하위즉민복. 공자대왈, 거직착제왕. 즉민복. 거왕착제직. 즉민불복. (논어・위정)

해석 어떻게 하면 백성의 마음까지 복종하게 할 수 있겠습니까? 공자께서 대답했다. "곧고 올바른 사람을 등용하여 곧지 않은 사람들 위에 놓으면 백성은 마음까지 복종하지만 곧지 않은 사람을 등용해서 곧은 사람 위에 놓으면 백성이 복종하지 않는다."

例七 多則多矣, 抑君似鼠. (左傳襄公二十三年)

다즉다의. 억군사서. (좌전 · 양공이십삼년)

해석 (전쟁 공로가) 만다고 할지라도 그대의 공로는 쥐새끼와 같을 뿐
이다.

例八 生財有大道, 生之者衆. 食之者寡. 爲之者疾. 用之者舒.
則財恒足矣. (大學十章)

생재유대도, 생지자중. 식지자과. 위지자질. 용지자서. 즉재항
족의. (대학 · 십장)

해석 재물을 만드는 데도 큰 도리가 있다. 물건을 생산하는 사람이
많고 그것을 먹는 사람이 적으며 생산하는 사람이 근면하게 움
직이고 소비자가 아끼면 곧 재물은 항상 풍족하게 된다.

例九 廛, 無夫里之布. 則天下之民. 皆悅而願爲之氓矣. (孟子
公孫丑上)

전, 무부리지포. 즉천하지민. 개열이원위지맹의. (맹자 · 공손추
상)

해석 만일 일반주택에 이포와 부포를 세금으로 받지 않으면 천하의 백
성들이 모두 기뻐하여 그 나라의 백성이 되기를 바랄 것이다.

(2) 명사로 사용할 때는 "준칙", "원칙"의 의미를 표현한다.

例一 是故君子動而世爲天下道. 行而世爲天下法. 言而世爲天下
則. (中庸二十九章)

시고군자동이세위천하도. 행이세위천하법. 언이세위천하칙. (중
용 · 이십구장)

해석 그렇기 때문에 군자가 움직이면 천하의 도가 되고 행하면 대대로
천하의 법도가 되고 말하면 대대로 천하의 준칙이 된다.

例二 故有物必有則. (孟子告子上)

고유물필유칙. (맹자 · 고자상)

해석 그래서 사물이 있으면 반드시 법칙이 있다는 것이다.

(3) 부사로 사용할 때는 "겨우", "단지", "곧"의 의미를 표현한다.

例一 小人之學也. 入乎耳. 出乎口. 口耳之間則四寸耳. (荀子
勸學)

소인지학야. 입호이, 출호구. 구이지간즉사촌이. (순자·권학)

[해석] 소인의 배움은 귀로 들어가 입으로 나오는 것으로 입과 귀의 거리는 겨우 4촌에 불과하다.

[例二] 日初出, 大如車蓋, 及日中, 則如盤盂. (列子湯問)

일초출, 대여거개, 급일중, 즉여반우. (열자·탕문)

[해석] 해가 처음 나올 때는 수레 덮개처럼 크지만 정오가 되면 단지 쟁반이나 사발만 하다.

[例三] 豈人主之子孫, 則必不善哉. (戰國策趙策四)

기인주지자손, 즉필불선재. (전국책·조책사)

[해석] 어찌 임금의 자손이면 곧 반드시 착하지 않겠는가?

현대중국어의 용법

[則] zé

(一) 부사.

⑴ "오히려", "그러나"의 의미로, 나중 사건이 앞의 사건을 이어서 발생함을 표시한다. ① 學習如逆水行舟, 不進則退. 학습은 물을 거스르며 배를 진행하는 것과 같다. 진보하지 않으면 오히려 퇴보한다. ② 意見供你參考, 有則改之, 無則加勉. 의견을 제공하여 당신에게 참고하게 한다. 잘못이 있으면 고치고 없으면 더욱 힘쓴다.

⑵ "…는 …한데"의 의미로, 전후 대비를 표시하며 전환의 어감을 갖는다. ① 她平時沉默寡言, 小組討論則往往滔滔不絶. 그녀는 평시에 과묵하지만 소조 토론을 하면 왕왕 발언이 한이 없다. ② 我們幾個水平相仿, 小郭則比誰都强. 우리들 몇은 수준이 비슷하지만 소곽은 누구보다 강하다.

(二) 접속사.

⑴ "…하자 …한다"의 의미로, 앞에서 말한 조건에 근거하여 나중의 결과를 얻음을 표시한다. ① 主觀不努力, 則客觀條件再好也無用. 주관적이며 노력을 하지 않으면 객관조건이 아무리 좋아도 소용없다.

② 抓住了主要矛盾, 則其他問題就可以迎刃而解. 주요 모순을 잘 파악하면 기타 문제는 쉽게 풀 수 있다.

(2) "비록"의 의미로, 동일한 두 개의 단음절 동사 혹은 단음절 형용사 사이에 사용하여 양보관계를 표시한다. ① 文章寫則寫了, 但只是個初稿. 문장을 쓰기는 썼지만 그러나 단지 초고일 뿐이다. ② 你介紹的方法好則好, 可不容易學. 당신이 소개하는 방법이 좋기는 하지만 그러나 쉽게 배울 수 없다.

설명 "則"는 문언으로 문어체에 사용한다.

실사 "他寫了一則新聞報道"(그는 뉴스보도를 썼다)에서 "則"는 양사이다. "組長處處以身作則"(조장은 곳곳에서 몸으로 원칙을 세운다)에서 "則"는 명사이다.

079 哉 (재) 어기사로 감탄이나 의문·반문의 어감을 표시한다.

(1) 감탄의 어기로 "아!"의 의미를 표현한다.

例一 孝哉閔子騫. 人不間於其父母昆弟之言. (論語先進)
효재민자건. 인불간어기부모곤제지언. (논어·선진)

해석 효성스럽다 민자건(閔子騫)이여 사람들도 그의 부모나 형제가 그를 칭찬하는 말을 해도 비난하는 사람이 없도다.

例二 久矣哉. 由之行詐也. (論語子罕)
구의재. 유지행사야. (논어·자한)

해석 오래되었다. 유(자로)의 거짓 행동을 함이.

例三 君子哉若人. 尙德哉若人. (論語憲問)
군자재약인. 상덕재약인. (논어·헌문)

해석 군자로다. 저 사람은. 덕을 숭상한다. 저 사람은.

例四 群居終日. 言不及義. 好行小慧. 難矣哉. (論語衛靈公)
군거종일. 언불급의. 호행소혜. 난의재. (논어·위영공)

해석 종일토록 여럿이 모여서 이야기가 의에 미치지 못하고 잔꾀만 자랑

한다면(의를 이루기는) 어렵다.

例五 觚不觚，觚哉觚哉．(論語雍也)

고불고, 고재고재. (논어·옹야)

해석 모난 술잔에 모서리가 없으면 모난 술잔이라 할 수 있는가?

例六 默而識之，學而不厭，誨人不倦．何有於我哉？(論語述而)

묵이식지, 학이불염, 회인불권. 하유어아재?(논어·술이)

해석 묵묵히 기억하며 배움에 있어 싫어하지 않고 다른 사람을 가르침에 게을리 하지 아니한다. (그밖에) 무엇이 나에게 있단 말인가?

(2) 반문의 어기로 "…인가?"의 의미를 표현한다.

例一 大車無輗．小車無軏．其何以行之哉？(論語八佾)

대거무예. 소거무월. 기하이행지재?(논어·팔일)

해석 큰 수레에 예(輗)가 없고 작은 수레에 월(軏)이 없는 것과 같으니 어떻게 앞으로 나갈 수가 있겠는가?

例二 仁遠乎哉．我欲仁．斯仁至矣．(論語述而)

인원호재. 아욕인. 사인지의. (논어·술이)

해석 인자함이 멀리 있는 것이 아니다. 내가 인자하고자 하면 곧 인자함에 이르는 것이다.

例三 夫撫劍疾視曰，彼惡敢當我哉．此匹夫之勇，敵一人者也．(孟子梁惠王下)

부무검질시왈, 피오감당아재. 차필부지용, 적일인자야. (맹자·양혜왕하)

해석 칼을 만지면서 성난 눈초리로 저가 어찌 감히 나를 당해 내랴! 한다면 이는 필부의 용기요 한 사람을 대적하는 것입니다.

例四 且而與其從辟人之士也．豈若從辟世之士哉．(論語微子)

차이여기종벽인지사야. 기약종벽세지사재. (논어·미자)

해석 또 당신이 나쁜 사람을 피하는 선비를 따르는 것이 세상을 피하여 사는 선비를 따르는 것만 하겠는가?

例五 子何尊梓匠輪輿．而輕爲仁義者哉．(孟子滕文公下)

자하존재장륜여. 이경위인의자재. (맹자·등문공하)

[해석] 그대는 어찌 목수와 수레 만드는 사람은 존중하면서 인의를 행하는 사람은 소홀히 여기는가?

(3) 의문이나 명령문에 사용한다.

[例一] 簞食壺漿. 以迎王師. 豈有他哉. 避火水也. (孟子梁惠王下)

단사호장. 이영왕사. 기유타재. 피화수야. (맹자 · 양혜왕하)

[해석] 대바구니 밥과 호리병의 물로 왕의 군사를 맞이한 것은 어찌 다른 이유가 있었겠습니까? 물불의 재난을 피하려는 것입니다.

[例二] 民欲與之偕亡. 雖有臺池鳥獸. 豈能獨樂哉. (孟子梁惠王上)

민욕여지해망. 수유대지조수. 기능독낙재. (맹자 · 양혜왕상)

[해석] 백성이 그와 함께 죽기를 원한다면 비록 영대와 연못과 새와 짐승이 있은들 어찌 혼자 즐길 수 있겠습니까?

[例三] 若寡人者. 可以保民乎哉. (孟子梁惠王上)

약과인자. 가이보민호재. (맹자 · 양혜왕상)

[해석] 과인 같은 사람도 백성을 보호할 수 있겠습니까?

[例四] 夫召我者. 而豈徒哉. (論語陽貨)

부소아자. 이기도재. (논어 · 양화)

[해석] 나를 부르는 자가 어찌 할 일 없이 그러겠는가?

[例五] 無若殷王受之迷亂, 酗于酒德哉. (尙書無勉)

무약은왕수지미란, 후우주덕재. (상서 · 무면)

[해석] 은나라 왕인 수와 같이 어지러이 미혹되어 술에 빠지지 마십시오.

[例六] 往哉. 生生. (尙書盤庚中) 、

왕재, 생생. (상서 · 반경중)

[해석] 가거라! 대대로 생활해 나가라.

(4) 부사로 사용하면 才와 용법이 같고 "처음으로"라는 의미이다.

[例一] 厥四月, 哉生命, 王來自商, 至于豊. (尙書武成)

궐사월. 재생명. 왕래자상. 지우풍. (상서·무성)

[해석] 그 넷째 달에 달이 처음으로 빛날 때, 왕께서 상(商)에서 와서 풍(豊)에 이르렀다.

[例三] 惟三月, 哉生魄, 周公初基, 作新大邑于東國洛. (尙書康誥)

유삼월, 재생백, 주공초기, 작신대읍우동국락. (상서·강고)

[해석] 셋째 달에 달이 처음으로 광채를 낼 때 주공이 터를 닦기 시작하여 동쪽 낙(洛)에 큰 도읍을 새로 지었다.

080 **是以** (시이)   "그러므로", "이 때문에"의 의미를 표현한다. 관용적 용법이다.

[例一] 是以君子有絜矩之道也. (大學十章)

시이군자유혈구지도야. (대학·십장)

[해석] 그러므로 군자는 혈구지도(모범이 되어 백성들이 도를 취하게 하는 것)가 있다.

[例二] 見而民莫不敬. 言而民莫不信. 行而民莫不說. 是以聲名洋溢乎中國. (中庸三十一章)

현이민막불경. 언이민막불신. 행이민막불열. 시이성명양일호중국. (중용·삼십일장)

[해석] 나타나면 백성들은 공경하지 않을 수 없고 말하면 백성들은 믿지 않을 수 없고 행하면 백성들은 기뻐하지 않을 수 없다. 그러므로 큰 명성이 중국에 넘친다.

[例三] 敏而好學. 不恥下問. 是以謂之文也. (論語公冶長)

민이호학. 불치하문. 시이위지문야. (논어·공야장)

[해석] 영민하면서 학문을 좋아하고 아랫사람에게 묻는 것을 부끄러워하지 않았다. 이 때문에 "문"이라고 부르게 되었다.

[例四] 見其生不忍見其死. 是以君子遠庖廚也. (孟子梁惠王上)

견기생불인견기사. 시이군자원포주야. (맹자·양혜왕상)

[해석] 짐승들이 살아있는 것을 보고서는 그들이 죽는 것을 차마 보지를

못합니다. 그렇기 때문에 군자는 주방을 멀리하는 것입니다.

例五 禹思天下有溺者. 由己溺之也. 稷思天下有飢者. 由己飢之也. 是以如其急也. （孟子離婁下）

우사천하유익자. 유기익지야. 직사천하유기자. 유기기지야. 시이여기급야. (맹자 · 이루하)

解釋 우는 천하에 물에 빠진 자가 있으면 마치 자기가 물에 빠진 것같이 생각하였고, 직은 천하에 굶주리는 사람이 있으면 마치 자기가 굶주린 것 같이 생각하였다. 그러므로 그렇게 급하게 서둘렀던 것이다.

例六 是以惟仁者. 宜在高位. （孟子離婁上）

시이유인자. 의재고위. (맹자 · 이루상)

解釋 이런 이유로 오직 인자만이 높은 지위에 있어 마땅하다.

081 是故 (시고) "그러므로", "이런 까닭으로"의 의미를 표현한다. 주로 접속사로 사용한다.

例一 道得衆. 則得國. 失衆. 則失國. 是故君子先愼乎德. （大學 · 十章）

도득중. 즉득국. 실중. 즉실국. 시고군자선신호덕. (대학 · 십장)

解釋 치도(治道)는 민중을 얻으면 곧 나라를 얻게 되고 민중을 잃으면 곧 나라를 잃게 된다. 그러므로 군자는 먼저 덕을 쌓아야 한다.

例二 是故財聚則民散. 財散則民聚. （大學十章）

시고재취즉민산. 재산즉민취. (대학 · 십장)

解釋 이런 까닭으로(지배층이) 재물이 모이면 백성이 흩어지고 재물이 흩어지면 백성이 모인다.

例三 是故君子戒愼乎其所不睹. 恐懼乎其所不聞. （中庸一章）

시고군자계신호기소부도. 공구호기소부문. (중용 · 일장)

解釋 그러므로 군자는 보이지 않는 것을 조심하고 삼가며 들리지 않는

것을 두려워한다.

例四 是故居上不驕. 爲下不倍. （中庸二十七章）

시고거상불교. 위하불배. (중용·이십칠장)

解釋 그러므로 윗자리에 있어도 교만하지 않고 아랫자리에 되어도 배반하지 않는다.

例五 是故以天下與人易. 爲天下得人難. （孟子滕文公上）

시고이천하여인역. 위천하득인난. (맹자·등문공상)

解釋 그러므로 천하를 다른 사람에게 주기는 쉽고 천하를 위해 인재를 얻기란 어려운 것이다.

例六 是故孔子曰, 知我者. 其惟春秋乎. （孟子滕文公下）

시고공자왈, 지아자. 기유춘추호. (맹자·등문공하)

解釋 그러므로 공자께서 말했다. "나를 알아주는 것도 춘추뿐이다."

例七 是故誠者. 天之道也. 思誠者. 人之道也. （孟子離婁上）

시고성자. 천지도야. 사성자. 인지도야. (맹자·이루상)

解釋 이런 까닭에 성실이란 것은 하늘의 도리이고 성실해지려고 생각하는 것은 사람의 도리이다.

例八 是故所欲有甚於生者. 所惡有甚於死者. （孟子告子上）

시고소욕유심어생자. 소오유심어사자. (맹자·고자상)

解釋 그러므로 원하는 것이 삶보다 간절한 것이 있고 싫어하는 것이 죽음보다 심한 것이 있다.

082

迨 (태) 전치사 구로 "…까지(기다리다)"란 의미이다.
逮(체)로도 쓴다. 또 "…를 틈타"란 의미도 있다.

例一 迨諸父異爨. 內外多置小門牆. （歸有光項脊軒志）

태제부이찬. 내외다치소문장. (귀유광·항척헌지)

解釋 숙부와 백부들이 분가(異爨)하기를 기다려 안팎으로 작은 담장을 많이 설치하였다.

例二 逮奉聖朝. 沐浴清化. (李密陳情表)

체봉성조. 목욕청화. (이밀·진정표)

해석 성스러운 조정을 받들게 되면서 깨끗한 교화를 온몸에 받았다.

例三 其次廑得舍人. 材之不逮至遠也. (賈誼治安策一)

기차근득사인. 재지불체지원야. (가의·치안책일)

해석 차등(次等)은 단지 사인의 관직을 얻었다. 재기가 그들보다 너무 많이 부족하다.

例四 旣濟, 未畢陳. 有司復曰, 請迨其未畢陳而擊之. (公羊傳僖公二十二年)

기제, 미필진. 유사부왈, 청태기미필진이격지. (공양전·희공이십이년)

해석 초나라 군대가 이미 강을 건넜으나 아직 진용을 갖추지 못했다. 어떤 관리가 "초군이 아직 진용을 갖추지 못한 틈을 타 그들을 공격합시다."라고 또 말했다.

083

耶 (야)

어기사다. "邪(야)"자로도 많이 썼다. "의문"이나 "반문" "감탄" 등을 표시한다. 주로 문장의 마지막 부분에 사용한다.

例一 伯樂雖善知馬. 安能空其群耶. (韓愈送溫處士赴河陽軍序)

백락수선지마. 안능공기군야. (한유·송온처사부하양군서)

해석 백락이 비록 명마를 잘 식별하지만 어떻게 그곳의 말들을 다 비게 할 수 있을까?

例二 歲亦無恙耶. 民亦無恙耶. (戰國策趙威後問齊使)

세역무양야. 민역무양야. (전국책·조위후문제사)

해석 농사의 수확이 좋습니까? 백성들도 잘 있습니까?

例三 或曰, 天道無親. 常與善人. 若伯夷叔齊. 可謂善人者非耶. (史記伯夷列傳)

혹왈, 천도무친. 상여선인. 약백이숙제. 가위선인자비야. (사기・백이열전)

<u>해석</u> 누군가 말했다. 천도는 누구와 서로 친한 적이 없고 항상 선인과 함께 한다. 백이・숙제 같으면 선인이라고 할 수 있지 않은가?

例四 豈非道之所符. 而自然之驗邪. (史記貨殖列傳)

기비도지소부. 이자연지험야. (사기・화식열전)

<u>해석</u> 이것이 설마 진리에 부합하지 않는단 말인가? 자연의 시험인가?

例五 乃欲仰首伸眉. 論列是非. 不亦輕朝廷. 羞當世之士邪. (司馬遷報任少卿書)

내욕앙수신미. 논렬시비. 불역경조정. 수당세지사야. (사마천・보임소경서)

<u>해석</u> 고개를 들고 눈썹을 치켜세우며 시비를 논하는 것은 조정을 경시하고 당시의 선비를 모욕하는 것이 아닌가?

例六 先生有以自老. 無求於人. 其肯爲某來耶. (韓愈送石處士序)

선생유이자로. 무구어인. 기긍위모래야. (한유・송석처사서)

<u>해석</u> 석 선생은 평생을 다른 사람에게 부탁하지 않고 편안하게 보낼 방법이 있는데 그가 어찌 나를 위하여 오겠는가?

例七 日光寒兮草短. 月色苦兮霜白. 傷心慘目. 有如是耶. (李華弔古戰場文)

일광한혜초단. 월색고혜상백. 상심참목. 유여시야. (이화・조고전장문)

<u>해석</u> 햇볕이 차가와 져 들판의 풀들이 자라지 않고 달빛은 고적한데 마치 서리처럼 희다. 상처난 마음을 비참하게 하는 것이 이 같은 것이 있겠는가?

例八 嗚呼. 其眞無馬邪. 其眞不知馬也. (韓愈雜說)

오호. 기진무마야. 기진부지마야. (한유・잡설)

<u>해석</u> 아! 설마 정말로 천리마가 없단 말인가? 그는 사실 진정으로 천리마를 알지 못한다.

例九 其僕曰. 每見之客也, 必入之歡, 何耶? (莊子外篇田子方)

기복왈. 매견지객야, 필입지탄, 하야? (장자・외편・전자방)

［해석］ 그 종이 말했다. "손님들을 만나실 때마다 반드시 들어오시면서 탄식을 하시니 무엇 때문인가요?

［例十］ 公問曰. 堂上泣者, 人耶, 鬼耶? （牛僧孺玄怪錄郭元振）
공문왈. 당상읍자, 인야, 귀야? (우승유·현괴록·곽원진)

［해석］ 공이 묻기를 "대청위에서 우는 것이 사람인가? 귀신인가?"라고 했다.

---

084 故 (고)

고문에서 주로 접속사나 부사로 사용하고, 때로는 형용사로 사용하기도 한다.

(1) 접속사로 사용할 때는 "그러므로", "이 때문에"의 의미를 표현한다.

［例一］ 莫見乎隱. 莫顯乎微. 故君子愼其獨也. （中庸一章）
막현호은. 막현호미. 고군자신기독야. (중용·일장)

［해석］ 숨은 것보다 더 잘 드러나는 것은 없고 미세한 것보다 더 잘 나타나는 것은 없다. 그러므로 군자는 홀로 있을 때를 삼가는 것이다.

［例二］ 故至誠無息. （中庸二十六章）
고지성무식. (중용·이십육장)

［해석］ 그러므로 지극한 정성은 멈춤이 없다.

［例三］ 子云. 吾不試. 故藝. （論語子罕）
자운. 오불시. 고예. (논어·자한)

［해석］ 공자께서 말했다. "나를 세상에서 써주지 않았다. 그래서 예를 익히게 되었다."

［例四］ 求也退. 故進之. 由也兼人. 故退之. （論語先進）
구야퇴. 고진지. 유야겸인. 고퇴지. (논어·선진)

［해석］ 구(求)는 물러서는 편이므로 앞으로 나아가게 하고 유(由)는 다른 사람의 일까지 겸해서 하려 하므로 물러서게 한 것이다.

［例五］ 故事半古之人. 功必倍之. （孟子公孫丑上）
고사반고지인. 공필배지. (맹자·공손추상)

해석 그러므로 일은 옛사람의 반만 하고도 공은 반드시 배가 될 것이다.

例六 故曰, 持其志. 無暴其氣. (孟子公孫丑上)

고왈, 지기지. 무포기기. (맹자・공손추상)

해석 그러므로 "그 뜻을 견고히 갖고 기력을 함부로 손상하지 말아야 한다."고 한 것이다.

例七 千里而見王. 不遇故去. 豈予所欲哉？(孟子公孫丑下)

천리이견왕. 불우고거. 기여소욕재？(맹자・공손추하)

해석 천리 길을 가서 왕을 만났는데 뜻이 맞지 않아 떠나가는 것은 어찌 내가 원한 바이겠는가?

例八 故推恩足以保四海. 不推恩無以保妻子. (孟子梁惠王上)

고추은족이보사해. 불추은무이보처자. (맹자・양혜왕상)

해석 그러므로 은혜를 널리 펴나가면 족히 천하를 편안히 보전할 수 있고 은혜를 펼치지 않으면 처자도 보전하지 못할 것이다.

(2) 형용사로 사용할 때는 "오래 된", "옛날"의 의미를 표현한다.

例一 所謂故國者. 非謂有喬木之謂也. 有世臣之謂也. (孟子梁惠王下)

소위고국자. 비위유교목지위야. 유세신지위야. (맹자・양혜왕하)

해석 소위 고국이라는 것은 교목이 있는 것을 두고 하는 말이 아니고 대를 이은 신하가 있는 것을 두고 하는 말이다.

例二 溫故而知新. 可以爲師矣. (論語爲政)

온고이지신. 가이위사의. (논어・위정)

해석 옛것을 익히고 새로운 것을 알면 능히 다른 사람의 스승이 될 수 있다.

例三 故舊不遺. 則民不偸. (論語泰伯)

고구불유. 즉민불투. (논어・태백)

해석 옛 친구를 버리지 않으면 백성이 경박해지지 않는다.

例四 帝笑曰：朕與故人嚴子陵共臥耳. (後漢書・嚴光傳)

제소왈 : 짐여고인엄자릉공와이. (후한서・엄광전)

해석 황제가 웃으면서 말했다. "나는 옛 친구 엄자릉과 함께 잠을 잤을 뿐이다."

(3) 부사로 사용할 때는 동사나 형용사 앞에서 사용하고, "고의로", "본래", "여전히", "반드시" 등의 의미를 표현한다.

> 例一 宥過無大, 刑故無小. (尙書大禹謨)
> 유과무대, 형고무소. (상서・대우모)
> 해석 과실은 커도 용서하고 고의로 지은 죄는 작아도 엄벌했다.

> 例二 吾故系相國, 欲令百姓聞吾過也. (史記蕭相國世家)
> 오고계상국, 욕령백성문오과야. (사기・소상국세가)
> 해석 내가 일부러 상국을 가둔 것은 백성들로 하여금 나의 잘못을 알도록 하기 위함이다.

> 例三 凡禮義者, 是生於聖人之僞, 非故生於人之性也. (荀子性惡)
> 범예의자, 시생어성인지위, 비고생어인지성야. (순자・성악)
> 해석 모든 예의라는 것은 성인이 인위적으로 만든 것이지 본래 인간의 본성에서 생긴 것은 아니다.

> 例四 居十日, 扁鵲望桓侯而還走, 桓侯故使人問之. (韓非子喩老)
> 거십일, 편작망환후이환주, 환후고사인문지. (한비자・유로)
> 해석 열흘이 지나 편작이 환공을 바라보고는 물러나 도망갔다. 환공은 특별히 사람을 시켜 그 까닭을 물었다.

> 例五 褒姒不好笑, 幽王欲其笑, 萬方, 故不笑. (史記周本紀)
> 포사불호소, 유왕욕기소, 만방, 고불소. (사기・주본기)
> 해석 포사가 잘 웃지 않자 유왕은 그녀를 웃게 하려고 모든 방법을 썼지만 여전히 웃지 않았다.

> 例六 敵積故可疏, 盈故可虛. (孫子兵法積疏)
> 적적고가소, 영고가허. (손자병법・적소)
> 해석 적이 모이면 반드시 흩어지게 해야 하고 병력이 충만하면 반드시 비게 해야 한다.

(4) 대명사로 사용할 때는 胡(호)와 통하며 "왜", "어찌"의 의미를 표현한다.

> 例一 公將有行, 故不送公? (管子侈靡)
> 공장유행, 고불송공? (관자・치미)

해석 군왕이 행차하려고 하는데 어째서 군왕을 전송하지 않는가?

예三 公玉丹答曰 "臣以王爲已知之矣. 王故尙未之知邪? (呂氏春秋季秋紀)

공옥단답왈, 신이왕위이지지의. 왕고상미지지사? (여씨춘추·계추기)

해석 공옥단이 대답했다. "신은 왕께서 그 이유를 이미 알고 계신 줄 생각하고 있었는데 왕께서 어찌 그것을 아직 모르고 계십니까?"

현대중국어의 용법

[故] gù

(一) 접속사.

"그러므로·…연고로"(所以, 因此)의 의미로, 결과나 결론을 표시한다. 문어체에서 많이 사용한다. ① 會議準備不及, 故須延期擧行. 회의 준비가 덜 되어서 거행을 연기해야한다. ② 連日暴雨, 鐵路中斷, 故貨物不能及時運出. 연일 폭우가 내려 철길이 끊겨 이 때문에 화물을 제때에 운반할 수 없다. ③ 劇場另有事情, 故今日演出暫停. 극장은 다른 일이 있다. 그러므로 오늘은 상영을 잠시 중지한다.

(二) 부사.

"故意"의 의미로, 특정한 목적을 위하거나 혹은 당연히 하지 말아야 할 것을 하는 것을 표시한다. 뒤에 단음절의 단어만 온다. 예를 들어, "故弄玄虛"(고의로 교만한 술수를 부리다), "明知故犯"(고의로 알면서 죄를 범하다) 등이 있다. 이것을 만약 "故意"를 넣어 표현한다면 "故意玩弄叫人搞不淸的那一套"(고의로 장난하여 사람을 멍청하게 만드는 그런 술수), "明明知道不對却故意違犯"(확실하게 잘못을 알면서 오히려 고의로 위반하다) 등으로 표현해야만 한다.

█085 │ 若 (약)　　　접속사, 대명사, 부사의 용법이 있다.

(1) 접속사로 사용할 때는 "…와(과)", "혹은", "…의 경우", "비록…이
지만", "만일…한다면" 등의 의미를 표현한다.

> **例一** 拜手稽首. 旅王若公. (尙書召誥)
>
> 배수계수. 려왕약공. (상서·소고)
>
> **해석** 손을 머리에 얹고 고개를 숙이며 임금님과 공께 드립니다.

> **例二** 子曰, 若聖與仁, 則吾豈敢? (論語述而)
>
> 자왈, 약성여인, 즉오기감? (논어·술이)
>
> **해석** 성인과 인자 같은 존재라고 내 어찌 감히 하겠는가?

> **例三** 有若無. 實若虛, 犯而不校. 昔者吾友. 從事於斯矣. (論
> 語泰伯)
>
> 유약무. 실약허, 범이불교. 석자오우. 종사어사의. (논어·태백)
>
> **해석** 있으나 없는 것같이 하고 충실하되 빈 것처럼 처신하며, 무뢰를 범
> 해도 따지지 않았다. 지난 날 나의 친구 하나가 이에 따랐느니라.

> **例四** 若成若不成, 而無後患者, 唯有德者能之. (莊子內篇人間
> 世)
>
> 약성약불성, 이무후환자, 유유덕자능지. (장자·내편·인간세)
>
> **해석** 일을 성공시키건 혹은 성공시키지 못하건 후환이 없는 것은 오직
> 덕이 있는 사람만이 할 수 있다.

> **例五** 若民, 則無恒産, 因無恒心. (孟子梁惠王上)
>
> 약민, 즉무항산, 인무항심. (맹자·양혜왕상)
>
> **해석** 백성들의 경우는 일정한 소득이 없으면 이 때문에 항심이 없다.

> **例六** 君聽臣則可, 不聽臣, 若臣不肖也, 臣輒以頸血湔足下衿.
> (戰國策齊策三)
>
> 군청신즉가, 불청신, 약신불초야, 신첩이경혈전족하금. (전국책·
> 제책삼)
>
> **해석** 임금이 내 건의를 듣는다면 좋지만 듣지 않는다면 비록 내가 무능
> 할 지라도 나는 즉시 내 목의 피를 임금의 몸에 뿌릴 것이다.

例七 公子若反晉國, 則何以報不穀. (左傳僖公二十三年)

공자약반진국, 즉하이보불곡. (좌전·희공이십삼년)

해석 공자가 만일 진나라로 돌아온다면 어떻게 나에게 보답하겠는가?

(2) 대명사로 사용할 때는 "당신", "이", "그", "그것"의 의미를 표현
한다.

例一 以若所爲. 求若所欲. 猶緣木而求魚也. (孟子梁惠王上)

이약소위. 구약소욕. 유연목이구어야. (맹자·양혜왕상)

해석 이러한 행위로 하고자하는 것을 구하는 것은 나무에 올라가서 물고
기를 구하는 것과 같습니다.

例二 吾與項羽俱北面受命懷王. 曰, 約爲兄弟. 吾翁卽若翁.
(史記項羽本紀)

오여항우구북면수명회왕. 왈, 약위형제. 오옹즉약옹. (사기·항
우본기)

해석 나와 항우는 모두 북쪽을 대면하고(신하의 예로) 회왕의 명령을 받
들었다. (한왕이) 말했다. "우리는 약속하여 형제가 되었다. 그러
므로 나의 부친은 곧 당신의 부친이다."

例三 君子哉若人. 尙德哉若人. (論語憲問)

군자재약인. 상덕재약인. (논어·헌문)

해석 이 같은 사람은 군자다. 이 같은 사람은 덕을 숭상한다.

(3) 부사로 사용할 때는 "만약", "마치", "…해야 비로소"의 의미를 표
현한다.

例一 王若隱其無罪而就死地. 則牛羊何擇焉. (孟子梁惠王上)

왕약은기무죄이취사지. 즉우양하택언. (맹자·양혜왕상)

해석 왕께서 만일 그 소가 죄 없이 사지에 나가는 것을 측은히 여기셨다
면 소나 양이나 어찌 구별이 있겠습니까?

例二 必有忍也, 若能有濟也. (國語周語中)

필유인야, 약능유제야. (국어·주어중)

[해석] 반드시 인내가 있어야먄 비로소 성공할 수 있다.

例三 以齊王. 由反手也. 曰, 若是. 則弟子之惑滋甚. (孟子公孫丑上)

이제왕. 유반수야. 왈, 약시. 즉제자지혹자심. (맹자·공손추상)

[해석] 제나라가 왕업을 이루는 것은 손바닥을 뒤집는 것과 마찬가지다. 공손추가 말했다. "만약 그렇다면 제자의 의혹은 더욱 심해집니다."

현대중국어의 용법

[若] ruò

(一) 접속사.

"만약(如)"의 의미로, 가정을 표시한다. 전반 구문에 사용하고, 후반 구문은 그것에 근거하여 결론을 추론하거나 의문을 제시한다. 뒤에 일반적으로 단음절의 단어가 오고, 문어체에서 사용한다. ① 若不刻苦鑽硏, 如何取得成果? 만약 각고의 연구를 하지 않는다면 어떻게 성과를 얻을 수 있겠는가? ② 若要人不知, 除非己莫爲. 남이 모르게 하려면 스스로 일을 저지르지 말라. (자신이 저지른 일은 속일 수 없다) ③ 天若有雨, 文藝節目改在大禮堂演出. 만약 비가 온다면 문예프로는 변경하여 강당에서 연출한다.

[동의어] "若是"는 "若"의 의미로, 뒤에 쌍음절의 단어가 올 수 있다. ① 你們若是有不同意見, 請隨時提出. 여러분이 만약 다른 의견이 있다면 언제든지 의견을 제시해주시오. ② 買這種東西若是爲了裝裝場面, 那又何必呢? 이 물건을 사는 것이 만약 겉치레를 위한 것이라면 무슨 그럴 필요가 있겠는가?

(二) 부사

"마치 …처럼(好象)"의 의미로, 상황에 대한 비유를 표시한다. 주로 고정된 단어에서 사용한다. ① 他靠窗靜坐, 若有所思地望着天空. 그는 창에 기대어 조용히 앉아있다. 마치 생각을 하는 것처럼 하늘을 쳐다 본다. ② 韓國隊連戰皆捷, 人們欣喜若狂. 한국팀의 연전연승 소식에 사람들이 기뻐서 마치 미친 것 같다.

086 若夫 (약부)

접속사로 "…에 대해"의 의미이다.
"…로 말하면"이란 의미도 있다.

例一 此其大略也. 若夫潤澤之. 則在君與子矣. (孟子滕文公上)
차기대략야. 약부윤택지. 즉재군여자의. (맹자·등문공상)
해석 이것이 그 대략입니다. 그것을 적절히 운용하는 것에 관해서는 임금님과 당신에 달려있습니다.

例二 若夫爲不善. 非才之罪也. (孟子告子上)
약부위불선. 비재지죄야. (맹자·고자상)
해석 선하지 않은 일을 한다면 타고난 재능의 잘못은 아니다.

例三 待文王而後興者. 凡民也. 若夫豪傑之士. 雖無文王猶興.
(孟子盡心上)
대문왕이후흥자. 범민야. 약부호걸지사. 수무문왕유흥. (맹자·진심상)
해석 문왕이 나오고 난 뒤에 일어난 것은 평민이다. 걸출한 선비에 이르러 문왕이 없었다고 할지라도 일어난다.

例四 若夫君子所患. 則亡矣. 非仁無爲也, 非禮無行也. (孟子離婁下)
약부군자소환. 즉망의. 비인무위야, 비례무행야. (맹자·이루하)
해석 군자라면 걱정하는 일은 없다. 인이 아니면 하지 않고 예가 아니면 행하지 않는다.

▌087 苟 (구)　　　　　　　　부사, 접속사의 용법이 있다.

⑴ 부사로 사용할 때는 "단지", "진실로", "잠시", "그런대로", "구차한" 등의 의미를 표현한다.

> 例一 苟志於仁矣. 無惡也. (論語里仁)
> 구지어인의. 무악야. (논어・이인)
> 해석 단지 인에 뜻을 둔다면 악한 것이 없다.

> 例二 子曰, 丘也幸. 苟有過. 人必知之. (論語述而)
> 자왈, 구야행. 구유과. 인필지지. (논어・술이)
> 해석 공자가 말했다. 나는 행복하다. 정말 잘못이 있다면 다른 사람이 반드시 안다.

> 例三 苟子之不欲, 雖賞之不竊. (論語顔淵)
> 구자지불욕, 수상지부절. (논어・안연)
> 해석 정말로 그대가 바라지 않는다면 비록 상을 준다 하더라도(백성들이) 훔치지 않을 것이다.

> 例四 子謂衛公子荊. 善居室. 始有. 曰, 苟合矣. 少有. 曰, 苟完矣. 富有. 曰, 苟美矣. (論語子路)
> 자위위공자형. 선거실. 시유. 왈, 구합의. 소유. 왈, 구완의. 부유. 왈, 구미의. (논어・자로)
> 해석 공자님이 위나라의 공자 형을 평하며 말했다. "집을 잘 다스렸다."고 했고 재물이 조금 모였을 때는 "그런대로 필요에 맞게 모였다"고 했고 재물이 조금 더 모였을 때는 "그런대로 진실로 완비 되었다"라고 하였고 재물이 많이 모였을 때는 "그런대로 정말로 화려하다"고 말하였다.

> 例五 人皆求福, 己獨曲全. 曰, 苟免於咎. (莊子雜篇天下)
> 인개구복, 기독곡전. 왈, 구면어구. (장자・잡편천하)
> 해석 사람들이 모두 복을 구하는데 자신만 홀로 온전하기만 바라면서 말하기를 "잠시 허물만 면하면 된다."라고 했다.

> 例六 不登高, 不臨深, 不苟訾, 不苟笑. (禮記曲禮)

부등고, 불림심, 불구자, 불구소. (예기·곡례)

해석 (부모의 말씀이 없어도) 높은 곳에 오르지 않고, 깊은 곳에 가지 않으며 경솔히 타인을 비방하지 않고 임의로 웃지 않는다.

例七 臨財毋苟得, 臨難毋苟免. (禮記曲禮)

임재무구득, 임난무구면. (예기·곡례)

해석 재물을 앞에 두고 구차히 탐하지 말고 위험을 앞에 두고 구차하게 피하려 하지 말라.

(2) 접속사로 사용할 때는 "만약"의 의미를 표현한다.

例一 苟日新. 日日新. 又日新. (大學二章)

구일신. 일일신. 우일신. (대학·이장)

해석 만일 오늘이 새로웠다면 나날이 새로워지고 또 날마다 새로워지게 하라.

例二 雖在其位. 苟無其德. 不敢作禮樂焉. 雖有其德. 苟無其位. 亦不敢作禮樂焉. (中庸二十八章)

수재기위. 구무기덕. 불감작예악언. 수유기덕. 구무기위. 역불감작예악언. (중용·이십팔장)

해석 비록 그러한 지위에 있으나 만약 그러한 덕이 없다면 감히 예와 악을 만들지 못한다. 비록 그런 덕이 있으나 그 지위에 없다면 또한 감히 예와 악을 만들지 못한다.

例三 苟無恒心. 放辟邪侈. 無不爲已. (孟子梁惠王上)

구무항심. 방벽사치. 무불위이. (맹자·양혜왕상)

해석 만약 영원한 마음이 없으면 방탕하고 편벽되고 사특하고 사치하는 일을 못할 짓이 없다.

例四 今之欲王者. 猶七年之病. 求三年之艾也. 苟不爲畜. 終身不得. 苟不志於仁. 終身憂辱. 以陷於死亡. (孟子離婁上)

금지욕왕자. 유칠년지병. 구삼년지애야. 구불위축. 종신부득. 구부지어인. 종신우욕. 이함어사망. (맹자·이루상)

해석 지금 임금이 되려는 사람은 마치 칠년 묵은 병에 삼년 말린 쑥을

구하는 것과 같다. 만약(구해서) 미리 저축해 두지 않는다면(임금
이 되는 것은) 종신토록 얻지 못할 것이다. 인에 뜻을 두지 않는다
면 종신토록 근심하고 욕을 보다가 죽음의 구렁텅이로 빠지게 될
것이다.

例五 拱把之桐梓. 人苟欲生之. 皆知所以養之者. (孟子告子
上)

공파지동재. 인구욕생지. 개지소이양지자. (맹자·고자상)

解釋 한 아름드리나 한줌의 오동나무나 가래나무도 사람이 만약 키우려
고만 하면 다 키울 줄 알게 된다.

例六 苟爲善. 後世子孫. 必有王者矣. (孟子梁惠王下)

구위선. 후세자손. 필유왕자의. (맹자·양혜왕하)

解釋 만약 선을 행하기만 한다면 후세의 자손 중에 반드시 왕업을 이룰
사람이 나올 것이다.

088 卽 (즉)   접속사, 부사의 용법이 있다.

(1) 접속사로 사용할 때는 "그러나", "만약", "설령", "…라면" 등의 의미
를 표현한다.

例一 今燕雖弱小, 卽秦王之小壻也. (史記蘇秦列傳)

금연수약소, 즉진왕지소서야. (사기·소진열전)

解釋 지금 연은 비록 약소국이지만 그러나 진왕의 작은 사위이다.

例二 寡人卽不起此病, 吾將焉致乎魯國. (公羊傳莊公三十二年)

과인즉불기차병, 오장언치호노국. (공양전·장공삼십이년)

解釋 과인이 만약 이 병으로 인해 일어나지 못한다면 내 장차 누구에게
노나라를 줄 것인가?

例三 卽有險阻, 以此當之. (漢書晁錯傳)

즉유험조, 이차당지. (한서·조착전)

解釋 만약 위험하다면 이것으로 그들을 막으십시오.

例四 公徐行卽免死. 疾行則及禍. (史記項羽本紀)

공서행즉면사. 질행즉급화. (사기・항우본기)

해석 당신이 천천히 가면 죽음을 면할 수 있고 빨리 가면 화를 당하게
될 것이다.

(2) 부사로 사용할 때는 "즉각", "즉시", "…에서" 등의 의미를 표현한다.

例一 噲卽帶劍擁盾入軍門. 交戟之衛士欲止不內. (史記項羽本
紀)

쾌즉대검옹순입군문. 교극지위사욕지불내. (사기・항우본기)

해석 번쾌는 즉시 보검을 갖고 방패를 들고 곧 진영의 문으로 들어갔
다. 창을 교차하여 들고 있는 위병들이 그를 막으며 들어가지 못
하게 했다.

例二 卽馳去. 變姓名. 夜半至函谷關. (十八史略鷄鳴狗盜)

즉치거. 변성명. 야반지함곡관. (십팔사략・계명구도)

해석 즉각 도망을 쳐서 자신의 이름을 고치고 한밤에 함곡관에 도착했다.

例三 今日不雨. 明日不雨. 卽有死蚌. (戰國策燕策上)

금일불우. 명일불우. 즉유사방. (전국책・연책상)

해석 오늘 비가 오지 않고 내일도 비가오지 않으면 조개는 즉시 죽
는다.

例四 是故退睹其萬民. 飢卽食之, 寒卽衣之. (墨子兼愛下)

시고퇴도기만민. 기즉식지, 한즉의지. (묵자・겸애하)

해석 물러나면서도 그 만민을 보고 굶주리게 되면 곧 그들에게 음식을
주었으며 추워지면 곧 그들에게 옷을 주었다.

例五 飛麾兵卽馬上擒之. (宋史岳飛列傳)

비휘병즉마상금지. (송사・악비열전)

해석 악비가 군대를 지휘하여 말위에서 그를 사로잡았다.

현대중국어의 용법

[卽] jí

(一) 부사.

"곧(就)", "즉시(立刻)"의 의미로, 시간이 촉박하고 사건의 발생이 빠름을 표시한다. 문어체에서 사용한다. ① 時間過得眞快, 國慶卽在眼前. 시간이 지나는 것이 정말로 빠르다. 국경일이 바로 눈앞이다. ② 這孩子五歲卽開始學畫. 이 아이는 5살에 벌써 그림을 배우기 시작하였다.

(二) 접속사.

(1) "바로", "…과 같다"의 의미로, 후자가 전자를 해석하거나 설명함을 표시한다. ① 短語卽詞組, 是兩個以上的詞的組合. 구(句)는 바로 사조이고 이것은 두 개 이상의 단어의 조합이다. ② 我們在這方面使用的方法, 是民主的卽說服的方法, 而不是强迫的方法. 우리가 이 방면에서 사용하는 방법은 민주적이고 설득적인 방법이지 강제적인 방법은 아니다.

(2) "설사…일지라도(卽使)", "…라고 여기다(就算是)"의 의미로, 가설이나 양보를 표시하고, 일반적으로 뒤에 단음절의 단어를 사용한다. 항상 부사 "亦", "也"와 함께 사용한다. ① 卽遇困難, 亦應盡量設法, 力爭如期完成. 설사 곤란을 당한다고 하여도 당연히 방법을 생각하여 예정대로 완성하도록 힘써야한다. ② 今年農村豐收, 卽以棉花而論, 單産也增長了百分之十. 금년 농촌이 풍년이라, 면화만을 놓고 보면 단위면적당 생산량이 10% 증가하였다.

(3) "非"와 함께 "非…卽…"의 형식을 구성하여, "…이 아니면 …이다(不是…就是)"의 의미로, 선택관계를 표시한다. 예를 들어, "非此卽彼"(이것이 아니면 저것이다), "非親卽友"(친척이 아니면 친구다) 등이 있다.

▪089 信 (신)　　　동사, 형용사, 부사의 용법이 있다.

⑴ 동사로 사용할 때는 "신임하다", "확신하다"의 의미로 의심하지 않음을 표시한다.

> **例一** 信乎朋友有道. 不順乎親. 不信乎朋友. (中庸二十章)
> 신호붕우유도. 불순호친. 불신호붕우. (중용・이십장)
>
> **해석** 친구에게 신임을 얻는데도 道(도)있으니 어버이에게 효순치 못하면 친구에게 신용을 받지 못할 것이다.

> **例二** 信而好古, 竊比於我老彭. (論語述而)
> 신이호고, 절비어아노팽. (논어・술이)
>
> **해석** (옛것을 믿고) 좋아하는 것을 나는 개인적으로(상나라의) 노팽과 비교한다.

> **例三** 足食足兵. 民信之矣. (論語顏淵)
> 족식족병. 민신지의. (논어・안연)
>
> **해석** 먹을 것을 풍족히 하고 군비를 충족히 하면 백성들이 그것을 믿을 것이다.

> **例四** 執德不弘. 信道不篤. 焉能爲有. 焉能爲亡. (論語子張)
> 집덕불홍. 신도부독. 언능위유. 언능위무. (논어・자장)
>
> **해석** 덕을 가졌으나 넓지 못하고 도를 믿지만 두텁지 못하다면 이런 사람을 어찌(덕과 도가) 있다 없다 하겠는가?

⑵ 형용사로 사용할 때는 "성실한", "신실한"의 의미를 표현한다.

> **例一** 善人也. 信人也. 何謂善. 何謂信. 曰, 可欲之謂善. 有諸己之謂信. (孟子盡心下)
> 선인야. 신인야. 하위선. 하위신. 왈, 가욕지위선. 유제기지위신. (맹자・진심하)
>
> **해석** 선한 사람이고 신실한 사람이다. 무엇을 선하다고 하고 무엇을 신실하다고 합니까? 친근하고 싶어 하는 것을 선하다고 하고 선을 몸에 지니는 것을 신실하다고 한다.

例三 吾日三省吾身. 爲人謀而不忠乎？與朋友交而不信乎？傳不習乎？（論語學而）

오일삼성오신. 위인모이불충호？여붕우교이불신호？전불습호？
（논어・학이）

해석 나는 매일 자신을 세 가지로 반성한다. 타인을 위하여 의견을 제시하는데 정성을 다했는가? 친구와 사귐에 있어 신실했는가? 제대로 익히지 못한 것을 전하지 않았는가?

例三 狂而不直. 侗而不愿. 悾悾而不信. 吾不知之矣. （論語泰伯）

광이부직. 동이불원. 공공이불신. 오부지지의. （논어・태백）

해석 뜻만 크고 정직하지 않고 무지한 것 같으나 순수함이 없으며 재주가 없으면서 신실하지 않은 사람을 나는 알지 못한다.

例四 恭則不侮. 寬則得衆. 信則人任焉. 敏則有功. 惠則足以使人. （論語陽貨）

공즉불모. 관즉득중. 신즉인임언. 민즉유공. 혜즉족이사인. （논어・양화）

해석 공손하면 모욕을 당하지 않고 관대하면 여러 사람을 얻고 성실하면 다른 사람들이 일을 맡기고 민첩하면 공적을 올리게 되고 은혜로우면 사람을 부릴 수 있게 된다.

⑶ 부사로 사용할 때는 가정의 어감을 표시하고, "정말로", "임의로"의 의미를 표현한다.

例一 信能行此五者. 則鄰國之民. 仰之若父母矣. （孟子公孫丑上）

신능행차오자. 즉린국지민. 앙지약부모의. （맹자・공손추상）

해석 참으로 이 다섯 가지를 행할 수 있다면 이웃나라의 백성들이 부모와 같이 우러러 볼 것이다.

例二 夫夷子信以爲人之親其兄之子. 爲若親其鄰之赤子乎. （孟子滕文公上）

부이자신이위인지친기형지자. 위약친기린지적자호. (맹자·등문
공상)

[해석] 이자(夷子)는 참으로 형의 아들 사랑하기를 자기 이웃집 어린아이
를 사랑하듯 한다고 생각하는 것인가?

[例三] 子晳信美矣, 抑子南夫也. (左傳召公元年)

자석신미의, 억자남부야. (좌전·소공원년)

[해석] 자석은 정말로 아름답지만 자남은 진정한 대장부다.

[例四] 唯信身而從事, 故利若此. (墨子尙同下)

유신신이종사, 고리약차. (묵자·상동하)

[해석] 몸이 가는 데로 종사하는 까닭에 이익이 이와 같다.

▌**090** **殆** (태)   부사, 형용사의 용법이 있다.

(1) 부사로 사용할 때는 "아마도", "대략", "거의", "단지", "반드시" 등의
의미를 표현한다.

[例一] 王曰, 若是其甚與. 曰, 殆有甚焉. (孟子梁惠王上)

왕왈, 약시기심여. 왈, 태유심언. (맹자·양혜왕상)

[해석] 왕이 말했다. "그렇게 심합니까?" 대답했다. "아마도 그보다 더 심
할 것입니다."

[例二] 寇至. 則先去以爲民望. 寇退. 則反. 殆於不可. (孟子離
婁下)

구지. 즉선거이위민망. 구퇴. 즉반. 태어불가. (맹자·이루하)

[해석] 도적이 쳐들어오면 먼저 떠나서 백성들이 그 본을 받게 하고 도적
이 물러가자 돌아 오셨다. 그렇게 하여서는 아마도 안 되겠지요.

[例三] 國人皆以夫子將復爲發棠. 殆不可復. (孟子盡心下)

국인개이부자장부위발당. 태불가부. (맹자·진심하)

[해석] 나라 사람들이 다들 선생님께서 또(왕에게) 그들을 위해 당읍의 양
곡을 풀어주게 하실 것으로 생각하는데 아마 또 할 수 없겠지요?

例四 子以是爲竊屨來與. 曰, 殆非也. （孟子盡心下）
자이시위절리내여. 왈, 태비야. (맹자・진심하)

해석 당신은 그 사람들이 신을 훔치러 온줄 아시오? 아마도 그렇지는 않
겠지요.

例五 此殆空言. 非至計也. （漢書趙充國辛慶忌傳）
차태공언. 비지계야. (한서・조충국신경기전)

해석 이것은 단지 빈말이므로 좋은 계획이 아니다.

例六 幾敗北山. 殆死潼關. （諸葛亮後出師表）
기패북산. 태사동관. (제갈량・후출사표)

해석 북산에서 거의 패했고 동관에서 거의 죽을 뻔했다.

例七 君自此爲之,則殆不成. （莊子雜篇徐無鬼）
군자차위지,즉태불성. (장자・잡편・서무귀)

해석 임금께서 이런 생각에서 그렇게 하신다면 반드시 되지 않습니다.

(2) 형용사로 사용할 때는 "위험한", "위태로운"의 의미를 표현한다.

例一 往者不可諫. 來者猶可追. 已而已而. 今之從政者殆而.
（論語微子）
왕자불가간. 내자유가추. 이이이이. 금지종정자태이. (논어・미
자)

해석 지난 일은 간하여 고칠 수 없지만 미래의 일은 쫓아가 말릴 수 있
다. 그만 두어라 그만 두어. 지금의 벼슬길을 따른다면 위태롭다.

例二 學而不思則罔. 思而不學則殆. （論語爲政）
학이불사즉망. 사이불학즉태. (논어・위정)

해석 배우고 생각하지 않으면 진리를 알 수 없고 생각만하고 배우지 않
으면 위태로워진다.

例三 放鄭聲. 遠佞人. 鄭聲淫. 佞人殆. （論語衛靈公）
방정성. 원녕인. 정성음. 녕인태. (논어・위영공)

해석 정나라 음악을 추방하고 말재주가 있는 사람을 멀리 하라. 정나라
음악은 음탕하고 말재주가 있는 사람은 위험하다.

例四 於斯時也. 天下殆哉岌岌乎. （孟子萬章上）
어사시야. 천하태재급급호. (맹자·만장상)
해석 그 당시에 천하가 매우 위태로웠다.

例五 以不能保我子孫黎民, 亦曰殆哉. （大學十章）
이불능보아자손려민, 역왈태재. (대학·십장)
해석 우리 자손과 백성을 보존할 수 없으니 역시 위험하다고 할 수 있다.

091 | 相 (상)
부사, 동사, 대명사의 용법이 있다.

(1) 부사로 사용할 때는 "서로"의 의미로 "피차", "모두", "쌍방"의 의미
를 갖는다.

例一 獸相食. 且人惡之. （孟子梁惠王上）
수상식. 차인오지. (맹자·양혜왕상)
해석 짐승들이 서로 잡아먹는 것도 사람들은 싫어한다.

例二 父子不相見. 兄弟妻子離散. 此無他. 不與民同樂也. （孟子梁惠王下）
부자불상견. 형제처자이산. 차무타. 불여민동낙야. (맹자·양혜왕하)
해석 부자간에 서로 만나지 못하고 형제와 처자는 흩어졌다고 한다면 이는 다른 것이 아니라 백성들과 함께 즐기지 않기 때문입니다.

例三 鄕田同井. 出入相友. 守望相助. 疾病相扶持. 則百姓親睦. （孟子滕文公上）
향전동정. 출입상우. 수망상조. 질병상부지. 즉백성친목. (맹자·등문공상)
해석 시골에서 정전을 같이 지으면서 출입하며 서로 친구가 되고 도둑을 지켜보며 서로 돕고 병이 나면 서로 도와주면 백성들은 서로 친밀해지고 화목해질 것입니다.

例四 夫子教我以正. 夫子未出於正也. 是則父子相夷也. 父子相

夷. 則惡矣. (孟子離婁上)

부자교아이정. 부자미출어정야. 시즉부자상이야. 부자상이. 즉 악의. (맹자・이루상)

해석 아버지가 나를 바른 것으로 가르친다고 하면서 아버지도 바른 길을 행하지 못했다고 여기게 된다면 부자가 서로 상처를 받게 되고 이는 나쁜 것이다.

例五 從許子之道. 相率而爲僞者也. (孟子滕文公上)

종허자지도. 상솔이위위자야. (맹자・등문공상)

해석 허자의 이론에 따른다면 서로 이끌어 거짓을 하게 될 것이다.

例六 故凡同類者. 擧相似也. (孟子告子上)

고범동류자. 거상사야. (맹자・고자상)

해석 그러므로 동류라면 대개 모두 비슷한 것이다.

(2) 동사로 사용할 때는 "보조하다", "돕다"의 의미를 표현한다.

例一 管仲相桓公霸諸侯. 一匡天下. 民到於今受其賜. (論語憲問)

관중상환공패제후. 일광천하. 민도어금수기사. (논어・헌문)

해석 관중이 환공을 도와 제후들의 패자가 되게 하고 천하를 하나로 통일하여 바로 잡았다. 백성들은 지금도 그 혜택을 받고 있는 것이다.

例二 時擧於秦, 知穆公之可與有行也而相之. 可謂不智乎? (孟子萬章上)

시거어진, 지목공지가여유행야이상지. 가위부지호?(맹자・만장상)

해석 그때 진나라에 등용되어 목공이 함께 일할 만함을 알고 그를 도왔으니 지혜롭지 않다고 할 수 있는가?

例三 子張問曰, 與師言之道與. 子曰, 然. 固相師之道也. (論語衛靈公)

자장문왈, 여사언지도여. 자왈, 연. 고상사지도야. (논어・위영공)

해석 자장이 물었다. "그것이(소경) 악사와 더불어 말하는 방법입니까?" 공자께서 대답했다. "그렇다. 그것이 정말로(소경) 악사를 도와주는 길이다."

(3) 대명사로 사용할 때는 주로 동사와 함께 사용하고, "서로"의 의미
로 해석하지 않고, 제일인칭인 "나"를 대표한다. 때로는 이인칭
이나 삼인칭을 가리키기도 한다.

> **例一** 煮豆燃豆萁. 豆在釜中泣. 本是同根生. 相煎何太急. (曹
> 植七步詩)
> 자두연두기. 두재부중읍. 본시동근생. 상전하태급. (조식 · 칠보시)
>
> **해석** 콩을 삶으며 콩 짝지를 태운다. 콩이 가마 속에서 눈물을 흘린다.
> 본래는 모두 같은 뿌리에서 태어났는데 어째서 이다지도 나를 볶아
> 대며 핍박이 심한가?

> **例二** 足下言何其謬也. 故不相答. (世說新語言語)
> 족하언하기료야, 고불상답. (세설신어 · 언어)
>
> **해석** 그대의 말이 어찌 황당한지 그대에게 대답을 할 수 없다.

092 矧 (신)　　　　　접속사와 부사의 용법이 있다.

(1) 접속사로 사용할 때는 "하물며"의 의미이다.

> **例一** 求其生而不得. 則死者與我皆無恨也. 矧求而有得邪. (歐
> 陽修瀧岡阡表)
> 구기생이부득. 즉사자여아개무한야. 신구이유득야. (구양수 · 농
> 강천표)
>
> **해석** 그를 대신하여 살길을 찾았으나 찾지 못했다. 그렇지만 죽은 자
> 와 나는 모두 여한이 없다. 하물며 살길을 찾을 수 있지도 않은
> 가?

> **例二** 操末技猶必然兮, 矧湛躬於道眞. (漢書敍傳上)
> 조말기유필연혜, 신담궁어도진. (한서 · 서전상)
>
> **例三** 封! 元惡大憝, 矧惟不孝, 不友. (尙書康誥)
> 봉. 원악대대, 신유불효, 불우. (상서 · 강고)
>
> **해석** 봉아 큰 죄악에는(사람들이) 크게 미워한다. 하물며 효도하지 않고
> 우애롭지 않은 이 사람임에랴.

(2) 부사로 사용할 때는 "또한"의 의미이다.

> 例二 小臣屛侯甸, 矧咸奔走. (尙書君奭)
> 소신병후전, 신함분주. (상서·군석)
>
> 해석 소신과 후복(侯服) 전복(甸服)의 제후들 또한 모두 분주하다.

093 爰 (원)   접속사외 대명사, 부사어의 용법이 있다.

(1) 접속사로 사용할 때는 "이리하여", "그러므로", "…와(과)"의 의미
이다.

> 例一 詩云. 王赫斯怒. 爰整其旅. 以遏徂莒. 以篤周祐. 以對于
> 天下. (孟子梁惠王下)
> 시운. 왕혁사노. 원정기려. 이알조거. 이독주우. 이대우천하.
> (맹자·양혜왕하)
>
> 해석 시경에 이르기를 "왕이 갑자기 화를 내고 이 때문에 군대를 정비하
> 여 거(莒)로 가는 길을 막아 주나라의 복지를 두터이 하고 온 천하에
> 대답하였다"고 하였습니다.

> 例二 故居者有積倉. 行者有裹糧也. 然後可以爰方啓行. (孟子
> 梁惠王下)
> 고거자유적창. 행자유과량야. 연후가이원방계행. (맹자·양혜왕
> 하)
>
> 해석 그러므로 남아 있는 사람에게는 창고에 양식이 있고 길 떠나는 사
> 람은 양식을 싼 자루를 가진 후에야 이리하여 비로소 길을 떠날 수
> 있었다.

> 例三 詩云. 古公亶父. 來朝走馬. 率西水滸. 至于歧下. 爰及姜
> 女. 聿來胥宇. (孟子梁惠王下)
> 시운. 고공단보. 내조주마. 견서수호. 지우기하. 원급강녀. 율
> 래서우. (맹자·양혜왕하)
>
> 해석 시경에 이르기를 "고공단보가 아침 일찍 말을 달려 와 서쪽 물가를

따라가서 기산 아래 이르러 이에 강씨의 딸과 함께 와서 살 집을
살펴보다"라고 하였다.

例四 太保命仲桓南宮毛俾爰齊侯呂伋, 以二干戈, 虎賁百人, 逆
子釗於南門之外. (尙書顧命)
태보명중환남궁모비원제후여급, 이이간과, 호분백인, 역자쇠어남
문지외. (상서・고명)

해석 태보는 중환과 남궁모에게 명해 그들과 제나라 임금 여급으로 하여
금 방패와 창을 갖고 호위병 백명을 거느리고 태자 쇠(釗)를 남쪽
문밖에서 맞아들였다.

(2) 대명사로 사용할 때는 "여기", "저기", "어디"의 의미이다.

例一 爰有大物, 非紗非帛. (荀子賦篇)
원유대물, 비사비백. (순자・부편)

해석 여기에 큰 물건이 있는데 명주실도 아니고 비단도 아니다.

例二 樂彼之園, 爰有樹檀. (詩經小雅鶴鳴)
낙피지원, 원유수단. (시경・소아・학명)

해석 즐거운 저 동산 저곳에 박달나무가 심어져 있다.

例三 爰有寒泉? 在浚之下. (詩經邶風凱風)
원유한천? 재준지하. (시경・패풍・개풍)

해석 어디에 찬 샘물이 있나? 준읍(浚邑)의 아래로 흐르는 도다.

(3) 전치사와 구를 이루어 부사어로 사용한다. "…에 이르러", "…부
터"의 의미이다.

例一 文王改制, 爰周郅隆, 大行越成. (史記司馬相如列傳)
문왕개제, 원주질융, 대행월성. (사기・사마상여열전)

해석 문왕이 제도를 고치니 주나라에 이르러 가장 융성하였고 대도가 곧
이루어졌다.

例二 爰兹發迹, 斷蛇奮旅. (漢書敍傳下)
원자발적, 단사분려. (한서・서전하)

[해석] 이때부터 이름을 날렸는데 백사를 베어 죽인 후 군사를 일으켰다.

▮094 皆 (개)　　부사로 사용하고 "전체", "모두"의 의미를 표현한다.

例一　惻隱之心. 人皆有之. 羞惡之心. 人皆有之. 恭敬之心. 人皆有之. 是非之心. 人皆有之. (孟子告子上)

측은지심. 인개유지. 수오지심. 인개유지. 공경지심. 인개유지. 시비지심. 인개유지. (맹자·고자상)

[해석] 측은해 하는 마음은 사람이면 다 가지고 있고 부끄러워하는 마음도 사람이면 다 가지고 있고 공경하는 마음도 사람이면 다 가지고 있으며 시비를 가리는 마음도 사람이면 모두 다 가지고 있다.

例二　鄉人皆好之. 何如. 子曰, 未可也. 鄉人皆惡之. 何如. 子曰, 未可也. 不如鄉人之善者好之. 其不善者惡之. (論語子路)

향인개호지. 하여. 자왈, 미가야. 향인개오지. 하여. 자왈, 미가야. 불여향인지선자호지. 기불선자오지. (논어·자로)

[해석] "마을 사람들이 다 좋아한다면 어떤지요?" 공자께서 말했다. "아직 부족하다." "마을 사람들이 다 싫어한다면 어떤지요?"하니 공자께서 대답했다. "아직 부족하다. 한 마을 사람들 중에서 선한 자가 좋아하고 선하지 않은 자가 미워하는 것만 못하다."

例三　禹, 稷, 顏子. 易地則皆然. (孟子離婁下)

우, 직, 안자. 역지즉개연. (맹자·이루하)

[해석] 우와 직과 안자는 처지를 바꾼다면 모두 그러했을 것이다.

例四　左右皆曰賢. 未可也. 諸大夫皆曰賢. 未可也. 國人皆曰賢. 然後察之. (孟子梁惠王下)

좌우개왈현. 미가야. 제대부개왈현. 미가야. 국인개왈현. 연후찰지. (맹자·양혜왕하)

해석 좌우의 신하들이 모두 현인이라 말하여도 안 되고 여러 대부들이 모두 현인이라 말하여도 안 되고 백성들이 모두 현인이라고 말한 후에 그 사람이(현명한 지를) 살펴본다.

例五 權. 然後知輕重. 度. 然後知長短. 物皆然. 心爲甚. (孟子梁惠王上)

권. 연후지경중. 도. 연후지장단. 물개연. 심위심. (맹자·양혜왕상)

해석 저울로 달아본 후에 가볍고 무거움을 알고 자로 재 본 후에 길고 짧음을 아는 것이니 모든 사물이 다 그렇지만 마음은 더욱 심하다.

例六 今王發政施仁. 使天下仕者皆欲立於王之朝. 耕者皆欲耕於王之野. 商賈皆欲藏於王之市. 行旅皆欲出於王之塗. (孟子梁惠王上)

금왕발정시인. 사천하사자개욕립어왕지조. 경자개욕경어왕지야. 상고개욕장어왕지시. 행려개욕출어왕지도. (맹자·양혜왕상)

해석 이제 왕이 정치를 시작하여 인을 베푸시어 천하의 벼슬하는 사람들이 모두 왕의 조정에 서기를 바라게 하시고 농사짓는 사람들이 모두 왕의 들판에서 밭 갈기를 바라게 하고 상인들이 모두 왕의 시장에서 상품을 갖다놓기를 바라게 하고 길손들이 모두 왕의 길로 다니기를 바라게 만드십시오.

例七 四海之內. 皆兄弟也. 君子何患乎無兄弟也. (論語顔淵)

사해지내. 개형제야. 군자하환호무형제야. (논어·안연)

해석 세상 사람은 모두 형제다. 그런데 군자가 어찌 형제가 없음을 근심하겠는가?

例八 天下熙熙. 皆爲利來. 天下壤壤. 皆爲利往. (史記貨殖列傳)

천하희희. 개위리래. 천하양양. 개위리왕. (사기·화식열전)

해석 천하가 희희낙락하면 모두 이익을 위해 모이고, 천하가 어지러워지면 모두 이익을 위해 떠난다.

▌095 ▌ 甚 (심)   형용사, 부사의 용법이 있다.

(1)형용사로 사용할 때는 "과분한", "심하다"의 의미를 표현한다.

> 例─ 段干木踰垣而辟之. 泄柳閉門而不內. 是皆已甚. (孟子滕文公下)
>
> 단간목유원이벽지. 설류폐문이불내. 시개이심. (맹자·등문공하)
>
> 해석 단간목은 담을 넘어 피하였고 설류는 문을 닫고 들어오지 못하게 하였는데 이것들은 모두 너무 심했다.

> 例二 孟子曰, 仲尼不爲已甚者. (孟子離婁下)
>
> 맹자왈, 중니불위이심자. (맹자·이루하)
>
> 해석 맹자가 말했다. "공자께서는 너무 심한 일은 하지 않으셨느니라."

> 例三 民之憔悴於虐政. 未有甚於此時者也. (孟子公孫丑上)
>
> 민지초췌어학정. 미유심어차시자야. (맹자·공손추상)
>
> 해석 백성들이 포악한 정치에 시달리기가 이때보다 심한 적이 없었다.

> 例四 若是其甚與. 曰, 殆有甚焉. (孟子梁惠王上)
>
> 약시기심여. 왈, 태유심언. (맹자·양혜왕상)
>
> 해석 "그렇게 심합니까?" 맹자께서 말했다. "아마도 그보다 더 심할 것입니다."

(2) 부사로 사용할 때는 "매우", "더욱"의 의미를 표현한다.

> 例─ 齊人將築薛. 吾甚恐. 如之何則可. (孟子梁惠王下)
>
> 제인장축설. 오심공. 여지하즉가. (맹자·양혜왕하)
>
> 해석 제나라 사람이 설 땅에 성을 쌓으려는데 나는 매우 걱정이 됩니다. 어떻게 하면 좋겠습니까?

> 例二 民之於仁. 甚於水火. (論語衛靈公)
>
> 민지어인. 심어수화. (논어·위영공)
>
> 해석 사람들에게 있어 인은 물과 불보다 더 중요한 것이다.

> 例三 上有好者. 下必有甚焉者矣. (孟子滕文公上)

상유호자. 하필유심언자의. (맹자・등문공상)

해석 윗사람들이 좋아하는 것이 있으면 아랫사람들은 반드시 그보다 더 좋아한다.

예사 王之好樂甚. 則齊國其庶幾乎. (孟子梁惠王下)

왕지호악심. 즉제국기서기호. (맹자・양혜왕하)

해석 왕께서 음악을 매우 좋아하신다면 제나라는 아마 잘 다스려질 것입니다.

예오 孔子曰, 道二. 仁與不仁而已矣. 暴其民甚. 則身弑國亡. 不甚. 則身危國削. (孟子離婁上)

공자왈, 도이. 인여불인이이의. 폭기민심. 즉신시국망. 불심. 즉신위국삭. (맹자・이루상)

해석 공자께서 말씀하셨다. "도는 둘이다, 인과 불인뿐이다." 임금이 백성에게 포악함이 심하면 자신이 시해되고 나라가 망하며 심하지 않을 지라도 자신이 위태롭고 나라가 침략을 당한다.

현대중국어의 용법

[甚] shèn 부사.

(1) "극히"의 의미로, 정도가 높음을 표시하고 일반적으로 뒤에 단음절의 단어가 온다. 문어체에서 사용한다. ① 老師教導有方, 孩子進步甚快. 선생님의 지도가 효력이 있어 아이들의 진보가 극히 빠르다. ② 此地風景甚佳, 游人絡繹不絶. 이곳은 경치가 매우 아름다워 여행자가 끊이지 않고 계속된다.

(2) "爲", "是"와 함께 사용하면, "매우", "대단히"의 의미가 있다. 일반적으로 뒤에 쌍음절의 단어가 온다. ① 學校附設食堂, 解決學生午餐問題, 家長甚爲滿意. 학교 부설식당은 학생들의 점심 문제를 해결하고 가장들도 매우 만족한다. ② 好久沒收到來信, 甚爲想念. 오래 동안 편지를 받지 못하여 매우 그립다. ③ 沈老師批改作業甚是認眞. 심선생님은 숙제를 고치시는 것이 매우 성실하다.

▌096 胡 (호)   부사와 대명사의 용법이 있다.

(1) 부사로 사용할 때는 "어떻게", "어찌"의 의미로 강한 반문을 표현한다.

> 例一 言顧行. 行顧言. 君子胡不慥慥爾. (中庸十三章)
> 언고행. 행고언. 군자호부조조이. (중용·십삼장)
> 해석 말은 행동을 돌아보고 행동은 말을 돌아보는 것이니 군자가 어찌 착실히 힘쓰지 않겠는가?

> 例二 田園將蕪. 胡不歸. (陶淵明歸去來辭)
> 전원장무. 호불귀. (도연명·귀거래사)
> 해석 전원이 모두 황폐해질 것이다. 어찌 돌아가지 않겠는가?

> 例三 夫民慮之於心. 而宣之於口. 成而行之. 胡可壅也. (國語·召公諫厲王止謗)
> 부민려지어심. 이선지어구. 성이행지. 호가옹야. (국어·소공간여왕지방)
> 해석 백성들이 마음속에서 생각하는 것이나 입을 통하여 나오는 말이 합리적인 것이라면 곧 실행을 해야지 어떻게 저지를 할 수 있는가?

(2) 대명사로 사용할 때는 "무엇", "무슨 이유로"의 의미이다.

> 例一 其得意若此. 則胡禁不止, 曷令不行. (漢書王褒傳)
> 기득의약차. 즉호금부지, 갈령불행. (한서·왕포전)
> 해석 군신간의 뜻이 이와 같이 득의하면 무엇을 금하고 금하지 않을 것이 있겠으며 어찌 정령이 행해지지 않겠는가?

> 例二 子墨子曰, 胡不見我於王? (墨子公輸)
> 자묵자왈, 호불현아어왕? (묵자·공수)
> 해석 묵자가 말하기를 "무슨 이유로 나를 왕에게 보이지 않는가?"라고 했다.

097 | 咸 (함)   부사로 "모두", "다"의 의미를 표현한다.

例─ 象曰 : 謨蓋都君. 咸我績. （孟子萬章上）
상왈 : 모개도군. 함아적. (맹자・만장상)
해석 동생 상이 말했다. "형 순(도군)을 묻어 버릴 꾀를 낸 것은 다 나의 공로이다."

例二 群賢畢至, 少長咸集. （王羲之蘭亭集序）
군현필지, 소장함집. (왕희지・난정집서)
해석 많은 현자들이 오고 젊은이와 어른들이 모두 모였다.

例三 後數世. 民咸歸鄕里. （史記高祖功臣侯年表）
후수세. 민함귀향리. (사기・고조공신후년표)
해석 몇 세대를 후에 백성들이 모두 고향으로 돌아왔다.

例四 雖在細民. 且知其安. 故天下咸知陛下之明. （賈誼治安策一）
수재세민. 차지기안. 고천하함지폐하지명. (가의・치안책일)
해석 비록 작은 백성일지라도 오히려 안락함을 안다. 그러므로 세상 사람들은 모두 폐하의 성총을 안다.

例五 村中聞有此人. 咸來問訊. （陶淵明桃花源記）
촌중문유차인. 함래문신. (도연명・도화원기)
해석 마을에 이런 사람이 왔다는 소리를 듣고 모두 와서 이것저것을 묻는다.

098 | 便 (편)   부사, 접속사의 용법이 있다.

(1) 부사로 사용할 때는 "즉시", "곧"의 의미를 표현한다.

例─ 林盡水源. 便得一山. 山有小口髣髴若有光. （陶淵明桃花源記）
임진수원. 편득일산. 산유소구방불약유광. (도연명・도화원기)
해석 숲의 끝자락에 작은 시내의 수원지가 있다. 바로 산이 하나 있고 산에 작은 동굴이 있어(동굴 안은) 마치 빛이 나는 것 같다.

例二 少年欲立嬰便爲王. (史記項羽本紀)

소년욕립영편위왕. (사기 · 항우본기)

해석 소년들은 진영을 즉시 왕으로 세우려고 했다.

(2) 접속사로 사용할 때는 "설마…일지라도"의 의미를 표현한다.

例一 便與先生應永訣, 九重泉路盡交期. (杜甫送鄭十八虔貶台
州司戶 傷其臨老陷賊之故闕爲面別情見于詩)

편여선생응영결, 구중천로진교기. (두보 · 송정십팔건폄태주사호
상기림로함적지고궐위면별정견우시)

해석 설사 그대와 영원히 이별을 할지라도
구천으로 가는 길에서 친분을 다하리라.

例二 便倒傾海水浣衣塵. 難澌洗. (劉克莊萬江紅)

편도경해수완의진. 난전세. (유극장 · 만강홍)

해석 설사 바닷물에 뛰어 들어 옷의 먼지를 씻더라도 씻어 내기 어렵네.

현대중국어의 용법

[便] biàn 부사.

의미와 용법이 "就(jiù)"와 같다. 주로 문어체에서 사용한다. ① 說了便
做. 말하면 즉시 한다. ② 他便是新到任的教長. 그가 바로 새로 부임
한 교장이다. ③ 車開不久, 天便亮了. 차가 출발한지 오래지 않아 곧
하늘이 밝아왔다.

실사 "詞典本子小, 便于携帶"(사전이 작아서 휴대하기 편리하다)에서
"便"은 형용사이다.

099 曷 (갈)   의문대명사와 부사의 용법이 있다.

(1) 의문대명사로 "누구", "무엇"의 의미를 표현한다.

> 例一 四方有罪無罪, 惟我在. 天下曷敢有越厥志. (孟子梁惠王下)
>
> 사방유죄무죄, 유아재. 천하갈감유월궐지. (맹자·양혜왕하)
>
> 해석 세상에 죄가 있는 자는 벌하고 없는 자는 편안히 하는 것은 오직 나의 책임이다. 세상에서 누가 감히 그 뜻을 거역하며 반대할 수 있는가?

> 例二 婚禮不稱主人, 然則曷稱?. (公羊傳隱公二年)
>
> 혼례불칭주인, 연즉갈칭? (공양전·은공이년)
>
> 해석 혼례 중에는 주인을 불러서는 안 된다. 그렇다면 누구를 불러야 하는가?

> 例三 然則曷祭? 祭泰山河海. (公羊傳僖公三十一年)
>
> 연즉갈제? 제태산하해. (공양전·희공삼십일년)
>
> 해석 그렇다면 무엇에게 제사를 지내야 하는가? 태산과 강과 바다에 제사를 지내야 한다.

(2) 부사로 사용할 때는 "어떻게", "왜"의 의미를 표현한다.

> 例一 已矣乎. 寓形宇內復幾時. 曷不委心任去留. (陶淵明歸去來辭)
>
> 이의호. 우형우내복기시. 갈불위심임거류. (도연명·귀거래사)
>
> 해석 됐다. 형체를 천지간에 기탁하는 것이 얼마나 오래갈 수 있는가? 어찌 가고 머묾을 마음이 이끄는 대로 놔두지 않는가?

> 例二 曷爲久居此圍城之中而不去也. (戰國策魯仲連義不帝秦)
>
> 갈위구거차위성지중이불거야. (전국책·노중련의부제진)
>
> 해석 왜 오랜 동안 이 포위된 성에 거주하며 떠나지 않는가?

> 例三 曷爲先言王而後言正月. (公羊傳隱公元年)
>
> 갈위선언왕이후언정월. (공양전·은공원년)
>
> 해석 왜 먼저 왕을 말하고 나중에 정월을 말하는가?

例四 此皆大夫也. 其稱人何. 貶. 曷爲貶. 平者在下也. (公羊傳宣公十五年)

차개대부야. 기칭인하. 폄. 갈위폄. 평자재하야. (공양전·선공십오년)

해석 그들은 모두 대부들이다 왜 그들을 "사람"이라고 부르는가? 그것은 비하의 의미이다.   왜 그들을 비하하는가? 왜냐하면 대부들이 지위가 낮으면서 강화를 주관했기 때문이다.

例五 季子者. 所賢也. 曷爲不足乎季子. (公羊傳襄公二十九年)

계자자. 소현야. 갈위부족호계자. (공양전·양공이십구년)

해석 계찰(季札)을 현명하다고 하면서 어찌 계찰을 충분하지 않다고 하는가?

100 奚 (해)   부사, 대명사의 용법이 있다

(1) 부사로 "왜", "어떻게"의 의미를 표현한다.

例一 子曰, 女奚不曰, 其爲人也. 發憤忘食. 樂以忘憂. 不知老之將至云爾. (論語述而)

자왈, 여해불왈, 기위인야. 발분망식. 낙이망우. 부지노지장지운이. (논어·술이)

해석 공자께서 말했다. "너는 어찌 그 사람의 사람됨이 학문을 좋아하여 한번 분발하면 식음을 전폐하고(그것을 알아내면) 즐거워하여 근심을 잊고 자신이 늙어가는 것도 알지 못한다."라고 말하지 않았는가?"

例二 子言衛靈公之無道也. 康子曰, 夫如是. 奚而不喪. (論語憲問)

자언위영공지무도야. 강자왈, 부여시. 해이불상. (논어·헌문)

해석 공자께서 위영공의 무도함을 말씀하자 계강자가 말했다. "그와 같이 하는데 어찌 군주의 자리를 잃지 않습니까?"

例三 或謂孔子曰, 子奚不爲政. (論語爲政)

혹위공자왈, 자해불위정. (논어·위정)

[해석] 어떤 사람이 공자에게 물었다. "선생님은 왜 정치를 하지 않으십니까?"

[例四] 曰, 奚不去也. 曰, 爲之兆也. 兆足以行矣. (孟子萬章下)
왈, 해불거야. 왈, 위지조야. 조족이행의. (맹자 · 만장하)

[해석] 만장이 물었다. "왜 그만두고 떠나 버리지 않으셨나요?" 맹자께서 말했다. "도가 행해질 징조를 보여 주기 위해서이다. 그 징조가 잘 행해질 것 같았다."

[例五] 有人於此. 其待我以橫逆. 則君子必自反也. 我必不仁也. 必無禮也. 此物奚宜至哉. (孟子離婁下)
유인어차. 기대아이횡역. 즉군자필자반야. 아필불인야. 필무례야. 차물해의지재. (맹자 · 이루하)

[해석] 여기 어떤 사람이 나에게 무례하게 대하면 군자는 반드시 스스로 반성한다. "내가 틀림없이 인자하지 못하고 틀림없이 예가 없는 것이다. 이런 일이 어떻게 닥쳐온단 말인가?"

[例六] 舜不知象之將殺已與. 曰, 奚而不知也. (孟子萬章上)
순부지상지장살이여. 왈, 해이부지야. (맹자 · 만장상)

[해석] 순은 상이 자기를 죽이려던 것을 몰랐던 것입니까?
"어찌 몰랐겠는가?"

(2) 대명사로 사용할 때는 "무엇", "어디"의 의미를 표현한다.

[例一] 衛君待子而爲政. 子將奚先. (論語子路)
위군대자이위정. 자장해선. (논어 · 자로)

[해석] 위나라 군주가 선생님을 맞아들여 정치를 하게 된다면 선생님께서는 무엇부터 시작하시겠습니까?

[例二] 象至不仁. 封之有庳. 有庳之人. 奚罪焉？(孟子萬章上)
상지불인. 봉지유비. 유비지인. 해죄언？(맹자 · 만장상)

[해석] 상은 어질지 않은데도 유비(有庳)에 봉하였으니 유비 사람들은 무슨 죄가 있습니까?

[例三] 子路宿於石門. 晨門曰, 奚自. (論語憲問)
자로숙어석문. 신문왈, 해자. (논어 · 헌문)

해석 자로가 석문에서 묵게 되었다. 문지기가 말했다. "어디서 오시는 건가요?"

101 盍 (합)   부사와 대명사의 용법이 있다.

(1) 부사로 로 "왜…않는가?", "어째 … 아닌가?"란 의문을 표현한다. 이 경우 "何"와 "不"이 합해진 것으로 본다.

例一 顏淵季路侍. 子曰, 盍各言爾志. (論語公冶長)

안연계노시. 자왈, 합각언이지. (논어·공야장)

해석 안연과 계로가 공자를 모시고 있을 때 공자께서 말했다. "왜 너희 들의 포부를 각각 말해 보지 않는가."

例二 王欲行之. 則盍反其本矣. (孟子梁惠王上)

왕욕행지. 즉합반기본의. (맹자·양혜왕상)

해석 왕이 인정을 행하시려면 어찌 근본으로 돌아가지 않으십니까?

例三 太公辟紂. 居東海之濱. 聞文王作興. 曰, 盍歸乎來. (孟子離婁上)

태공피주. 거동해지빈. 문문왕작흥. 왈, 합귀호래. (맹자·이루상)

해석 태공은 주를 피하여 동쪽 바닷가에 살았는데 문왕이 선정을 잘 편 다는 말을 듣고 말하기를 "어찌 이 사람에게 가서 몸을 의탁하지 않겠는가?"라고 했다.

例四 曾子居武城. 有越寇. 或曰, 寇至. 盍去諸. (孟子離婁下)

증자거무성. 유월구. 혹왈, 구지. 합거저. (맹자·이루하)

해석 증자가 무성에 있을 때 월나라의 도적이 쳐들어 왔다. 어떤 사람이 "도적이 쳐들어오는데 왜 떠나시지 않습니까? 라고 했다.

例五 孔子在陳曰, 盍歸乎來. (孟子盡心下)

공자재진왈, 합귀호래. (맹자·진심하)

해석 공자가 진나라에 계실 때 말했다. "왜 내가 돌아가지 않겠는가?"

例六 年饑. 用不足. 如之何. 有若對曰, 盍徹乎. (論語顏淵)

년기. 용부족. 여지하. 유약대왈, 합철호. (논어・안연)

[해석] 흉년이 들어 비용이 부족하다. 어떻게 할 것인가? 유약이 대답했다. "어찌하여 철법을 쓰지 않으시나요?"

(2) 대명사로 不와 같이 사용하여 "왜", "무엇 때문에"란 의미이다.

[例一] 盍不出從乎? 君將有行. (管子戒篇)

합불출종호? 군장유행. (관자・계편)

[해석] 왜 따라서 나가지 않는가? 왕이 장차 가려고 하거늘.

[例二] 子張問於滿苟得, 曰, 盍不爲行? 無行則不信. (莊子雜篇)

자장문어만구득, 왈, 합불위행? 무행즉불신. (장자・잡편)

[해석] 자장이 만구득에게 말하기를 "그대는 어찌하여 인의를 행하지 않는가? 인의를 행하지 않으면 신임을 받을 수 없다."라고 했다.

102 | 徒 (도)　　　　　　　부사, 명사, 동사의 용법이 있다.

(1) 부사로 사용할 때는 "단지", "오히려", "헛되이"등의 의미를 표현한다.

[例一] 王如用予. 則豈徒齊民安. 天下之民擧安. (孟子公孫丑下)

왕여용여. 즉기도제민안. 천하지민거안. (맹자・공손추하)

[해석] 왕이 만약 나를 등용한다면 어찌 단지 제나라 백성들만 편안해지겠는가? 천하 백성들이 모두 편안해 질 것이다.

[例二] 吾以夫子爲無所不知. 夫子徒有所不知. (荀子子道)

오이부자위무소부지. 부자도유소부지. (순자・자도)

[해석] 나는 선생님께서 모르는 것이 없을 줄 알았는데 선생님도 오히려 모르는 것이 있었다.

[例三] 非徒無益. 而又害之. (孟子公孫丑上)

비도무익. 이우해지. (맹자・공손추상)

[해석] 무익할 뿐만 아니라 도리어 해가 되는 것이다.

[例四] 徒善不足以爲政. 徒法不能以自行. (孟子離婁上)
도선부족이위정. 도법불능이자행. (맹자·이루상)

[해석] 단지 선하기만 한 것으로는 정치를 하기 충분하지 못하고 단지 법 도만으로는 저절로 행해질 수 없다.

[例五] 夫召我者. 而豈徒哉. (論語陽貨)
부소아자. 이기도재. (논어·양화)

[해석] 나를 부르는 자가 설마 할 일 없이 그러겠는가?

(2) 명사로 사용할 때는 "문도", "제자", "당파""의 의미를 표현한다.

[例一] 非吾徒也. 小子鳴鼓而攻之可也. (論語先進)
비오도야. 소자명고이공지가야. (논어·선진)

[해석] 그는 나의 제자가 아니다. 너희들은 북을 치며 그를 공격해도 좋다.

[例二] 是魯孔丘之徒與. (論語微子)
시노공구지도여. (논어·미자)

[해석] 이 사람은 노나라 공구의 제자입니까?

[例三] 仲尼之徒. 無道桓文之事者. 是以後世無傳焉. (孟子梁惠 王上)
중니지도. 무도환문지사자. 시이후세무전언. (맹자·양혜왕상)

[해석] 공자의 제자들이 환공 문공의 일을 말하는 사람이 없어 후세에 전 해지지 않는다.

[例四] 能言距楊墨者. 聖人之徒也. (孟子滕文公下)
능언거양묵자. 성인지도야. (맹자·등문공하)

[해석] 말로 양주와 묵적을 막을 수 있는 사람은 성인의 무리이다.

(3) 동사로 사용할 때는 "(도보로)걷다"의 의미를 표현한다.

[例一] 吾從大夫之後. 不可徒行也. (論語先進)
오종대부지후. 불가도행야. (논어·선진)

해석 내가 대부의 뒤를 따라다니는 사람이라 걸어 다니는 것이 옳지
않다.

[徒] tú 현대중국어에서 "徒然(túrán)"의 형식으로 사용된다.

[徒然] túrán 부사.

"공연히(白白)"의 의미로, 동작이나 행위가 아무런 작용을 못하거나 효
과가 없음을 표시한다. 문어체에서 많이 사용한다. ① 這次去沒有碰
到他, 徒然往返了一次. 이번에 가서 그를 만나지 못하면 쓸데없이 한번
왕복하는 것이다. ② 奔走了一天毫無所得, 徒然耗費了精力. 하루동안
돌아다녔으나 아무 소득도 없고 공연히 힘만 낭비했다. ③ 你這樣講徒
然給對方以可乘之機. 당신이 이렇게 말하면 쓸데없이 상대방에게 발
붙일 기회만 주는 것이다.

동의어 "徒" 역시 "徒然"의 의미이나, 뒤에 단음절의 단어만 사용하고
문어체에서 사용한다. ① 這個人祇是徒有虛名, 并無眞才實學.
이 사람은 단지 쓸데없는 허명만 있고 진정한 학문은 없다. ②
他是說一不二的, 你再懇求他也是徒勞無益. 그는 실언을 하지
않는다. 당신이 다시 그에게 간청하여도 아무 소용이 없다. ③
辦不到的事情不要去胡思亂想, 免得徒增煩惱. 할 수 없는 일은
터무니없는 생각을 하지 말고 쓸데없는 고민을 만들지 말라.

---

103 **豈**(기 · 개) 부사로 "어찌", "혹시", "설마"의 의미를 표현한다.

例一 舍豈能爲必勝哉. 能無懼而已矣. (孟子公孫丑上)
사기능위필승재. 능무구이이의. (맹자 · 공손추상)

[해석] 내 어찌 반드시 이긴다고 하겠는가? 두려움이 없을 뿐이다.

[例二] 齊人無以仁義與王言者. 豈以仁義爲不美也. (孟子公孫丑
下)

제인무이인의여왕언자. 기이인의위불미야. (맹자·공손추하)

[해석] 제나라 사람이 인의로써 왕에게 말하는 사람이 없는데 어찌 인의가
아름답지 않아서 이겠습니까?

[例三] 予豈若是小丈夫然哉. 諫於其君而不受. 則怒. (孟子公孫
丑下)

여기약시소장부연재. 간어기군이불수. 즉노. (맹자·공손추
하)

[해석] 내가 설마 그런 소장부처럼 굴어 임금님께 간언하여 받아들여지지
않으면 화를 내겠습니까?

[例四] 文王我師也, 周公豈欺我哉. (孟子滕文公上)

문왕아사야, 주공기기아재. (맹자·등문공상)

[해석] "문왕은 나의 스승이다"고 말한 주공이 어떻게 나를 속이겠는가?

[例五] 予豈好辯哉. 予不得已也. (孟子滕文公下)

여기호변재. 여부득이야. (맹자·등문공하)

[해석] 내가 어찌 변설을 좋아하겠는가? 나도 부득이해서 그러는 것이다.

[例六] 子爲恭也. 仲尼豈賢於子乎. (論語子張)

자위공야. 중니기현어자호. (논어·자장)

[해석] 선생님께서 겸손하신 것입니다. 공자가 어찌 선생님보다 현명하겠
습니까?

[例七] 簞食壺漿. 以迎王師. 豈有他哉. 避水火也. (孟子梁惠王
下)

단사호장. 이영왕사. 개유타재. 피수화야. (맹자·양혜왕하)

[해석] 대바구니 밥과 호리병의 물로 왕의 군사를 맞이한 것은 어찌 다른
이유가 있었겠습니까? 물과 불의 재난을 피하려는 것입니다.

[例八] 君豈有斗升之水而活我哉. (莊子外物)

군기유두승지수이활아재. (장자·외물)

[해석] 그대에게 혹시 물 한 되가 있다면 저를 살려 주십시오.

현대중국어의 용법

[豈] qǐ

부사로 "어찌", "설마"의 의미로, 반문의 형식을 사용하여 긍정의 어감을 강조한다. 항상 "有", "能", "敢", "容", "非", "不"등의 단음절 단어와 함께 사용한다. 문어체에서 많이 사용한다. ① 他動手打人, 豈有此理! 그가 손으로 사람을 때리다니 어찌 이런 일이 있을 수 있는가! ② 爲一點小事, 豈敢隨便打擾你. 보잘 것 없는 일을 위해 어찌 당신을 함부로 귀찮게 할 수 있겠습니까? ③ 一國的內政豈容別國干涉. 한 국가의 내정을 어찌 다른 나라가 간섭함을 용납할 수 있는가?

104 特 (특)　　　　　　　　부사, 접속사의 용법이 있다.

(1) 부사로 사용할 때는 "특별히"의 의미이다.

> **例一** 臣以供養無主. 辭不赴命. 詔書特下. 拜臣郎中. (李密陳情表)
> 신이공양무주. 사불부명. 조서특하. 배신낭중. (이밀·진정표)
> **해석** 신은(조모를) 봉양할 사람이 없기 때문에 명령을 받들지 못하고 사직했더니 황제께서 특별히 조서를 내려 신을 낭중으로 임명하셨다.

> **例二** 幾時來翠節, 特地引紅妝. (杜甫陪栢中丞觀宴將士)
> 기시래취절, 특지인홍장. (두보·배백중승관연장사)
> **해석** 언제 부절이 도착하여 특별히 가희를 부를 수 있을까

(2) 접속사로 사용할 때는 "그러나", "다만"의 의미를 표현한다.

> **例一** 且夫蘇秦, 特窮巷掘門, 桑戶捲樞之士耳. (戰國策蘇秦以連橫說秦)
> 차부진특궁항. 굴문상호. 권추지사이. (전국책·소진이연횡세진)

[해석] 소진은 단지 가난한 골목에서 살아 담을 뚫어 문을 내고 뽕나무로 창문을 만들고 굽은 나무를 문지도리로 만들어(공부한) 선비였다.

[예三] 今楚國雖小. 絶長續短. 猶以數千里. 豈特百里哉. (戰國策莊辛論幸臣)

금초국수소. 절장속단. 유이수천리. 기특백리재. (전국책·장신논행신)

[해석] 지금 초나라는 매우 작지만 장점을 취하고 단점을 보충하면 아직 수 천리의 땅이 있다. 어찌 단지 백리뿐이겠는가?

현대중국어의 용법

[特] tè 현대중국어에서는 주로 "特別(tèbié)"의 형식으로 사용한다.

[特別] tèbié 부사.

(1) "매우"의 의미로, 정도가 일반보다 지나치거나 다른 것을 표시한다. ① 今天特別熱. 오늘은 매우 덥다. ② 早晨的空氣特別新鮮. 새벽의 공기가 매우 신선하다. ③ 這個戲第三幕特別感動人. 이 연극은 제삼막이 매우 사람을 감동시킨다.

(2) "특별히"의 의미로, 어떤 일을 위하여 전적으로 행동하는 것을 표시한다. ① 臨別的時候, 奶奶又特別叮囑了幾句. 이별을 할 때 할머니는 다시 특별히 몇 마디 당부를 하셨다. ② 這幾本參考書是媽媽特別爲你買的. 이 참고서 몇 권은 어머니가 특별히 당신을 위하여 구입한 것이다. ③ 他把節約的問題特別提出來請大家討論. 그는 절약이란 문제를 특별히 제시하여 모두와 토론하였다.

(3) "특히(尤其)"의 의미로, 여러 사물 가운데 한가지를 선택하여 자세히 설명함을 표시한다. 항상 "是"와 함께 사용하여, 강조를 표시한다. ① 讚美愛好體育運動, 特別愛好游泳. 찬미는 체육운동을 좋아한다. 특히 수

영을 좋아한다. ② 咱們隊裏缺少人, 特別缺少有文化的年輕人. 우리팀에 인원이 모자란다. 특히 문화가 있는 젊은 사람이 부족하다. ③ 他各門功課都好, 特別是數學課. 그는 모든 과목을 잘하지만 특히 수학을 잘한다.

> 동의어 "特"를 "格外", "非常"의 의미로 설명할 수도 있다. 예를 들어, "這種産品, 質量特好"(이런 종류의 물품은 품질이 특히 좋다) ; 또 "特地"의 의미로 설명할 수도 있다. 예를 들어, "新産品試制成功, 特來向你們報喜"(신상품의 시험제조가 성공하여 특별히 당신들에게 기쁜 소식을 전한다) ; 그러나 "尤其"의 의미로 사용할 수는 없다 ; "特" 뒤에는 주로 단음절의 단어가 온다.

■ 105 | 倘 (당)   부사와 접속사의 용법이 있다.

(1) 부사로 사용할 때는 "아마도", "우연히" 의 의미이다. 黨(당)이나 儻(당)으로도 쓴다.

> 例一 蓋周文武起豊鎬而王. 今費雖小,   倘庶幾乎. (史記孔子世家)개주문무기풍호이왕. 금비수호   당서기호. (사기 · 공자세가)
>
> 해석 주나라 문왕과 무왕은 풍과 호처럼 작은 지역에서 왕업을 일으켰다. 지금 비는 비록 작지만 아마도 풍 호와 같지 않겠는가?
>
> 例二 所以然者, 多病意盛, 與强敵爭, 倘更爲禍始. (曹操讓縣自明本志令)
> 소이연자, 다병의성, 여강적쟁, 당경위화시. (조조 · 양현자명본지령)
>
> 해석 이렇게 된 이유는 군사들이 너무 많고 교만한 상태에서 강한 적과 싸운 것이 아마도 더욱 화근이 되었을 것이다.
>
> 例三 倘泛孤舟, 萬里煙波, 擧目有江山之恨. (駱賓王與程將軍書)
> 당범고주, 만리연파, 거목유강산지한. (락빈왕 여정장군서)

[해석] 우연히 외로운 배를 저어 만리 길 안개 자욱한 물가에 눈을 들어 바라보니 강산의 한만 남는구나.

(2) 접속사로 사용할 때는 "만약"의 의미를 표현한다.

[例一] 今具其異迹, 列之于後, 數千載之下, 倘有得者, 知其所由耳. (王度古鏡記)

금구기이적, 열지우후, 수천재지하, 당유득자, 지기소유이. (왕도 ・고경기)

[해석] 지금 고경의 각종 기이한 내용을 뒤에 적어 수천 년이 지난 후 만약 어떤 사람이 이를 얻는다면 그 유래를 알 수 있을 것이다.

[例二] 儻急難有用. 敢效微軀. (李白・與韓荊州書)

당급난유용. 당효미구. (이백・여한형주서)

[해석] 만약 위급하고 곤란하여 나를 사용하고자 한다면 나는 감히 미천한 이 한 몸을 바치겠습니다.

현대중국어의 용법

[倘] tǎng   현대중국어에서는 "倘若(tǎngruò)"의 형식으로 사용한다.

[倘若] tǎngruò   접속사.

"만약(如果)"의 의미로, 가정을 표시한다. 전반 구문에 사용하고 후반 구문은 그것에 근거하여 추론한 결론 혹은 의문을 제시한다. ① 你倘若有空, 請到我家來談談. 당신 만약 시간이 있으면 우리 집에 놀러오세요. ② 工作倘若有困難, 大家會設法帮助你. 일이 만약 곤란한 점이 있으면 모두 당신을 도울 방법을 생각할 수 있다. ③ 農民倘若不識天, 如何種田? 농민이 만약 날씨를 모른다면 어떻게 농사를 짓겠는가?

[동의어] "倘", "倘使", "倘然" 등은 "倘若"의 의미로, 주로 문어체에서 사용한다. "倘"의 용법은 "如"와 동일하고, 일반적으로 주어 앞에서 사용하지 않는다. ① 你們倘有意見, 盡管提出. 당신들이

만약 의견이 있다면 사양하지 말고 말하시오. ② 倘明天進城. 我一定去看老張. 만약 내일 도시에 간다면 나는 반드시 장형 (老張을) 만나러 가겠다. ③ 倘使你這次不去, 以後恐怕沒有機會了. 만약 당신이 이번에 가지 않으면 이후 아마도 기회가 없을 것이다.

106 益 (익)   명사, 동사, 부사의 용법이 있다.

(1) 명사로 사용할 때는 "이익", "좋은 것"의 의미를 표현한다.

> **例一** 孔子曰, 益者三友. 損者三友. 友直. 友諒. 友多聞. 益矣. 友便辟. 友善柔. 友便佞. 損矣. (論語季氏)
> 공자왈, 익자삼우. 손자삼우. 우직. 우량. 우다문. 익의. 우편벽. 우선유. 우편녕. 손의. (논어·계씨)

> **해석** 공자께서 말했다. "유익한 친구가 셋이 있고 해로운 친구가 셋이 있다. 정직한 사람을 친구로 사귀고 진실한 사람을 친구로 사귀고 박식한 사람을 친구로 사귀면 유익하다. 아첨하는 사람을 친구로 사귀고 주관이 없는 사람을 친구로 사귀고 말을 잘 둘러대는 사람을 친구로 사귀면 손해가 된다.

> **例二** 揜其不善. 而著其善. 人之視己. 如見其肺肝然. 則何益焉. (大學六章)
> 엄기불선. 이저기선. 인지시기. 여견기폐간연. 즉하익언. (대학·육장)

> **해석** (소인은) 선하지 않은 것은 가리고 그 선한 것을 들어내려 한다. 다른 사람들이 자신을 보는 것이 마치 그 폐와 간을 보는 것 같은데 무슨 이익이 되겠는가?

> **例三** 吾嘗終日不食. 終夜不寢. 以思. 無益. 不如學也. (論語衛靈公)
> 오상종일불식. 종야불침. 이사. 무익. 불여학야. (논어·위영공)

> **해석** 내 일찍이 종일 먹지 않고 밤새도록 잠자지 않고 생각한 적이 있었

으나 무익하여 배우는 것만 못했다.

例四 求則得之. 舍則失之. 是求有益於得也. 求在我者也. 求之
有道. 得之有命. 是求無益於得也. 求在外者也. (孟子盡
心上)

구즉득지. 사즉실지. 시구유익어득야. 구재아자야. 구지유도.
득지유명. 시구무익어득야. 구재외자야. (맹자·진심상)

해석 구하면 얻고 버리면 잃는 것이 있다. 이런 것을 구하는 것은 얻으
면 유익하니 나에게 있는 것을 구하기 때문이다. 구하는 데도 방법
이 있고 얻는 데도 천명이 있다. 이런 것을 구하는 일은 얻어도
무익하니 내 밖에 있는 것을 구하기 때문이다.

(2) 동사로 사용할 때는 "증가하다"의 의미를 표현한다.

例一 冉子爲其母請粟. 子曰, 與之釜. 請益. (論語雍也)

염자위기모청속. 자왈, 여지부. 청익. (논어·옹야)

해석 염자가 자화의 어머니를 위해 곡식을 보내줄 것을 청했다. 공자가
말했다. "부만큼 주어라." (염유가) 더 주기를 청했다.

例二 季氏富於周公. 而求也爲之聚斂. 而附益之. (論語先進)

계씨부어주공. 이구야위지취렴. 이부익지. (논어·선진)

해석 계씨는 주공보다 더 부자인데도 염구는 계씨를 위해 백성에게 취렴
하여 그를 더욱 부자가 되게 만들었다.

(3) 부사로 사용할 때는 "더욱", "특별히", "…할수록 …하다", "점점" 등
의 의미를 표현한다.

例一 簞食壺漿. 以迎王師. 豈有他哉. 避水火也. 如水益深. 如
火益熱. 亦運而已矣. (孟子梁惠王下)

단사호장. 이영왕사. 기유타재. 피수화야. 여수익심. 여화익
열. 역운이이의. (맹자·양혜왕하)

해석 대바구니 밥과 호리병의 물로 왕의 군사를 맞이한 것은 어찌 다른
이유가 있었겠습니까? 물불의 재난을 피하려는 것입니다. 만일 물
이 더 깊어지고 불이 더 더워진다면 역시 다른 데로 옮겨가 버리고
말 것입니다.

例三 伯夷, 叔齊雖賢. 得夫子而名益彰. 顏淵雖篤學. 附驥尾而
行益顯. (史記伯夷列傳)

백이, 숙제수현. 득부자이명익창. 안연수독학. 부기미이행익
현. (사기 · 백이열전)

해석 백이와 숙제는 비록 현인이지만 공자의 칭찬을 얻고 명예가 더욱
높아졌다. 안회는 비록 신실하게 배웠지만 공자에게 배웠기 때문
에 마치 준마의 꼬리에 붙어 덕행이 더욱 뛰어났다.

例三 獨夫之心. 日益驕固. (杜牧阿房宮賦)

독부지심. 일익교고. (두목 · 아방궁부)

해석 독재자의 마음은 날이 갈수록 더욱 교만하고 완고해졌다.

例四 富者得勢益彰. 失勢則客無所之. 以而不樂. 夷狄益甚.
(史記貨殖列傳序)

부자득세익창. 실세즉객무소지. 이이불낙. 이적익심. (사기 · 화
식열전서)

해석 부자들은 득세하게 되면 더욱(명성이) 드러나지만 실세하면 찾아오
는 사람이 없게 된다. 만약 이 때문에 즐겁지 않다면 이러한 상황
은 오랑캐의 땅에서 더욱 심하다.

例五 武益愈, 單于使使曉武, 會議虞常, 欲因此時降武. (漢書李
廣蘇建傳蘇武)

무익유, 선우사사효무, 회의우상, 욕인차시항무. (한서 · 이광소건
전 · 소무)

해석 소무의 상처가 점차 좋아지자 선우는 사신을 보내 소무에게 회동하
여 우상의 죄를 논하려 한다고 통지하고 이때를 틈타 소무를 투항
하게 하려 했다.

107 烏 (오)   부사로 "없다", "어찌", "어디"의 의미를 표현한다.

例一 烏謂此邪. (史記司馬相如列傳)

오위차야. (사기 · 사마상여열전)

해석 어떻게 이런 말을 할 수 있는가?

例三 故亂世之主, 烏聞至樂? 不聞至樂, 其樂不樂. ? (呂氏春秋

季夏紀)

고난세지주, 오문지락? 불문지락, 기악불락. (여씨춘추 · 계하기)

[해석] 그러므로 난세의 임금이 어떻게 최고의 즐거움을 들어 보았겠는가? 최고의 즐거움을 들어본 적이 없어 그 음악이 즐겁지 않은 것이다.

[例三] 人曰, 往之所謂堯者, 果烏在哉?. (柳宗元舜禹之事)

인왈, 왕지소위요자, 과오재재?. (유종원 · 순우지사)

[해석] 사람들이 말하기를 "과거에 말하던 요임금은 과연 어디에 있는가?" 라고 했다.

---

108 殊 (수) 형용사, 부사의 용법이 있다.

---

(1) 형용사로 사용할 때는 "다르다", "유별나다"의 의미를 표현한다.

[例一] 如使口之於味也. 其性與人殊. 若犬馬之於我不同類也. (孟子告子上)

여사구지어미야. 기성여인수. 약견마지어아부동류야. (맹자 · 고자상)

[해석] 만약 입으로 맛을 보는데 그 성질이 사람마다 다른 것이 개나 말이 우리와(맛에 있어) 같은 종류가 아닌 것과 같다.

[例二] 相去萬里, 人絶路殊. (李陵答蘇武書)

상거만리, 인절로수. (이릉 · 답소무서)

[해석] 서로 만리나 떨어져 사람의 왕래가 단절되고 길도 다르다.

[例三] 蓋追念先帝之殊遇. 欲報之於陸下也. (諸葛亮前出師表)

개추념선제지수우. 욕보지어륙하야. (제갈량 · 전출사표)

[해석] 선왕의(나에 대한) 유별난 우대를 추억하기 때문에 폐하에게 보답을 하려합니다.

[例四] 曹操智計. 殊絶於人. 其用兵也. 髣髴孫吳. (諸葛亮後出師表)

조조지계. 수절어인. 기용병야. 방불손오. (제갈량 · 후출사표)

해석 조조의 지혜와 계략이 타인보다 특별히 탁월하다. 그가 사용한 병
법은 마치 손빈과 오기 같다.

例五 雖趣舍萬殊. 靜躁不同. 當其欣於所遇. 暫得於己. 快然自得. 曾
不知老之將至. (王羲之蘭亭集序)
수취사만수. 정조부동. 당기흔어소우. 잠득어기. 쾌연자득. 증
부지노지장지. (왕희지・난정집서)

해석 비록(좋아하는 것에 대한) 취사선택이 서로 다르지만 고요함과 시
끄러움도 같지 않다. 그러나 사람들이 만나 기쁨에 빠져 있을
때는 잠시 득의하고 쾌락할 때는 쇠락할 날이 곧 올 것을 알지
못한다.

(2) 부사로 "전혀", "매우"의 의미를 표현한다. 그리고 "不"나, "無"와
함께 사용하면 "절대로", "조금도"란 의미를 표현한다.

例─ 士卒皆殊死戰. (三國志魏書武帝紀)
사졸개수사전. (삼국지・위서・무제기)

해석 사병들은 모두 죽을힘을 다해 매우 열심히 싸웠다.

例二 老臣今者殊不欲食. 乃自強步. 日三四里…. (戰國策觸聾
說趙太後)
노신금자수불욕식. 내자강보. 일삼사리…. (전국책・촉섭설조태후)

해석 노신은 근래에 식욕이 전혀 없어 억지로 매일 3・4리씩 걷는다.

例三 靖郭君之於寡人一至此乎. 寡人少. 殊不知此. (戰國策齊
策一)
정곽군지어과인일지차호. 과인소. 수부지차. (전국책・제책일)

해석 과인에 대한 감정이 마침내 이 지경에 이르렀구나. 과인이 어려 이
를 조금도 몰랐다.

例四 丞相特前戲許灌夫, 殊無意往. (史記魏其武安侯列傳)
승상특전희허관부, 수무의왕. (사기・위기무안후열전)

해석 승상은 단지 농담 삼아 승낙했던 것으로 절대로 갈 생각이 없
었다.

109 **茲** (자)　　　　　　　대명사, 부사의 용법이 있다.

⑴ 대명사로 사용할 때는 "이것", "여기"의 의미를 표현한다.

> 例一 **念茲在茲. 釋茲在茲.** (尙書大禹謨)
> 염자재자. 석자재자. (상서·대우모)
> 해석 이 사람을 생각하는 것은 이것(공로)이 있기 때문이다. 이 사람을 버리는 것은 이것(죄악)이 있기 때문이다.

> 例二 **文王旣歿. 文不在茲乎.** (論語子罕)
> 문왕기몰. 문부재자호. (논어·자한)
> 해석 문왕은 이미 돌아가셨으나 그의 문물이 여기에 있지 않은가?

> 例三 **極其言, 茲若人之儔乎.** (陶淵明五柳先生傳)
> 극기언, 자약인지주호. (도연명·오류선생전)
> 해석 그의 이 몇 마디 말은 바로 이런 오류선생 같은 부류의 사람인 것 같다.

⑵ 부사로 사용할 때는 "더욱", "곧"의 의미를 표현한다. 그리고 "才" 와 함께 사용하여 "단지"의 의미를 표현한다.

> 例一 **什一. 去關市之徵. 今茲未能. 請輕之. 以待來年然後已, 何如?** (孟子滕文公下)
> 십일. 거관시지징. 금자미능. 청경지. 이대내년연후이, 하여? (맹자·등문공하)
> 해석 십의 일을 세금으로 내는 제도를 실시하고 관문과 시장의 징세를 폐지하는 일은 지금은 더욱 불가능하니 경감시켰다가 내년까지 기다린 후에 폐지함이 어떻습니까?

> 例二 **賦斂茲重.** (漢書五行志)
> 부렴자중. (한서·오행지)
> 해석 조세 수탈이 더욱 심해졌다.

> 例三 **若可, 師有濟也, 君而繼之, 茲無敵矣.** (左傳召公二十六年)
> 약가, 사유제야, 군이계지, 자무적의. (좌전·소공이십육년)

해석 만약 좋다면 군대가 제나라를 도울 것이다. 임금께서 이를 따라 진군하면 곧 대적할 바가 없을 것이다.

例四 厥誥毖邦庶士, 越少正御事. 朝夕曰, 際玆酒. (尙書酒誥)

궐고비방서사, 월소정어사. 조석왈, 제자주. (상서·주고)

해석 그분은 여러 제후와 관리들과 관청의 부관과 일을 맡은 사람들에게 조석으로 고하여 말하기를 "제사에만 술을 사용하라"고 했다.

▌110 ▌ 率 (솔)　　　　　　　　동사, 부사의 용법이 있다.

(1) 동사로 사용할 때는 "영도하다", "준수하다"의 의미를 표현한다.

例一 庖有肥肉. 廐有肥馬. 民有飢色. 野有餓莩. 此率獸而食人也. (孟子梁惠王上)

포유비육. 구유비마. 민유기색. 야유아부. 차솔수이식인야. (맹자·양혜왕상)

해석 주방에 살찐 고기가 있고 마굿간에 살찐 말이 있는데 백성이 굶주린 기색이 있으며 들에 굶어 죽은 시체가 있다면 이는 짐승을 몰아다가 사람을 잡아먹게 하는 것이다.

例二 信能行此五者. 則鄰國之民. 仰之若父母矣. 率其子弟. 攻其父母. 自生民以來. 未有能濟者也. (孟子公孫丑上)

신능행차오자. 즉인국지민. 앙지약부모의. 솔기자제. 공기부모. 자생민이래. 미유능제자야. (맹자·공손추상)

해석 참으로 이 다섯 가지를 시행할 수 있다면 이웃나라의 백성들이(임금님을) 부모와 같이 우러러 볼 것이다. 그 자제를 거느리고 그들의 부모를 공격하는 일은 이 세상에 사람이 생겨난 이래로 성공한 사람이 없다.

例三 爭地以戰. 殺人盈野. 爭城以戰. 殺人盈城. 此所謂率土地而食人肉. 罪不容於死. (孟子離婁上)

쟁지이전. 살인영야. 쟁성이전. 살인영성. 차소위솔토지이식인육. 죄불용어사. (맹자·이루상)

해석 땅을 쟁탈하는 싸움에 사람을 죽여서 들에 가득 차게 하고, 성을 쟁탈하는 싸움에 사람을 죽여 성에 가득 차게 한다. 이는 소위 토지를 몰아다가 인육을 잡아먹게 하는 것이니 그 죄가 죽음을 면치 못할 것이다.

例四 從許子之道. 相率而爲僞者也. (孟子滕文公上)
종허자지도. 상솔이위위자야. (맹자·등문공상)

[해석] 허자의 이론에 따른 다면 서로 이끌어 거짓을 행하게 될 것이다.

例五 天命之謂性. 率性之謂道. (中庸一章)
천명지위성. 솔성지위도. (중용·일장)

[해석] 하늘이 인간에게 주신 것을 본성이라 하고 본성에 따라서 일을 하는 것을 도라 한다.

(2) 부사로 사용할 때는 "전부", "대개"의 의미를 표현한다

例一 一歲中往來過他客, 率不過再三過. (史記酈生陸賈列傳)
일세중왕래과타객, 솔불과재삼과. (사기·역생육가열전)

[해석] 일 년 중 다른 집에 머무는 것을 제외하면, 대략 두세 번 정도 방문할 것이다.

例二 點小善者率以錄, 名一藝者無不庸. (韓愈 進學解)
점소선자솔이록, 명일예자무불용. (한유·진학해)

[해석] 약간의 장점이라도 있는 사람은 모두 수록하였고 한 가지 기예로 이름이 난 사람도 임용되지 않은 사람이 없다.

例三 故其著書十餘萬言, 大抵率寓言也. (史記老子韓非列傳)
고기저서십여만언, 대저솔우언야. (사기·노자한비열전)

[해석] 그러므로 그의 저서 십여 만언은 모두 우언으로 되어 있다.

111 庸 (용)
형용사, 부사, 명사의 용법이 있다.
"庸詎(용거)"로도 쓴다.

(1) 형용사로 사용할 때는 "평상의", "비겁한" 등의 의미를 표현한다.

例一 庸德之行. 庸言之謹. 有所不足. 不敢不勉. (中庸十四章)

용덕지행. 용언지근. 유소부족. 불감불면. (중용・십사장)

해석 평범한 덕을 실천하며 평범한 말로 조심한다. 만약 부족하여 행동 과 말이 일치하지 않으면 일치되도록 힘써야 한다.

例二 天下本無事. 庸人自擾之. (唐書陸象先傳)

천하본무사. 용인자요지. (당서・육상선전)

해석 세상은 본래 무슨 특별한 일이 없다. 평범한 사람들은 스스로 그것 을 어지럽힌다.

例三 始以先生爲庸人. (戰國策魯仲連義不帝秦)

시이선생위용인. (전국책・노중련의불제진)

해석 처음에는 선생님이 평범한 사람인 줄 알았다.

(2) 부사로 사용할 때는 "늘", "어찌…인가", "즉시"의 의미를 표현한다.

例一 庸詎知吾所謂知之非不知邪. 庸詎知吾所謂不知之非知邪. (莊子・齊物論)

용거지오소위지지비부지야. 용거지오소위부지지비지야. (장자・ 제물론)

해석 소위 내가 안다는 것이 알지 못하는 것이 아님을 어떻게 아는가? 내가 모른 다는 것이 아는 것이 아니라는 것을 어떻게 아는가?

例二 使生持吾言而歸. 且得重罪. 庸詎止於笑乎. (曾鞏・贈黎 安二生序)

사생지오언이귀. 차득중죄. 용거지어소호. (증공・증려안이생서)

해석 만약 당신이 나의 말을 가지고 돌아가면 큰 죄를 짓게 된다. 어찌 웃기는 일이 아닌가?

例三 庸敬在兄. 斯須之敬在鄕人. (孟子告子上)

용경재형. 사수지경재향인. (맹자・고자상)

해석 항상 공경하는 마음은 형에게 있고 잠시 공경하는 마음은 마을 사 람에게 있다.

例四 子大叔使其除徒執用以立, 而無庸毀. (左傳召公十二年)

자대숙사기제도집용이립, 이무용훼. (좌전・소공십이년)

해석 공자 대숙(大叔)이 그들로 하여금 연장을 쥐고 서 있도록 하여 즉 시 허물지 못하도록 했다.

(3) 명사로 사용할 때는 "공로", "공덕"의 의미를 표현한다.

> 例一 王者之民. 皡皡如也. 殺之而不怨. 利之而不庸. (孟子盡心上)
>
> 왕자지민. 호호여야. 살지이불원. 이지이불용. (맹자・진심상)
>
> 해석 왕도가 행해지는 백성들은 의젓한 풍도가 있는 것 같다. 죽어도 원망하지 않고 이롭게 해주어도 공덕으로 생각하지 않는다.

112 庶 (서)

부사, 형용사의 용법이 있다.

(1) 부사로 사용할 때는 "아마도", "바라건대"의 의미를 표현한다.

> 例一 王之好樂甚. 則齊國其庶幾乎. (孟子梁惠王下)
>
> 왕지호악심. 즉제국기서기호. (맹자・양혜왕하)
>
> 해석 왕께서 음악을 매우 좋아하신다면 제나라는 아마 잘 다스려 질 것입니다.

> 例二 百姓聞王鐘鼓之聲. 管籥之音. 擧欣欣然有喜色而相告曰. 吾王庶幾無疾病與. (孟子梁惠王下)
>
> 백성문왕종고지성. 관약지음. 거흔흔연유희색이상고왈. 오왕서기무질병여. (맹자・양혜왕하)
>
> 해석 백성들이 왕의 종과 북을 울리는 소리와 생황과 퉁소 소리를 듣고는 모두 기쁜 듯이 희색을 띠고 서로 말하기를 "우리 임금님은 아마 병환이 없으신 게지!"한다.

> 例三 庶竭駑鈍, 攘除姦凶, 興復漢室, 還於舊都. (諸葛亮出師表)
>
> 서갈경둔, 양제간흉, 흥부한실, 환어구도. (제갈량・출사표)
>
> 해석 신의 미약한 힘을 다해 간흉을 없애고 한나라 왕실을 부흥시켜 원래의 수도로 돌아가기를 원합니다.

(2) 형용사로 사용할 때는 "중다한", "가까운"의 의미를 표현한다.

> 例一 子適衛. 冉有僕. 子曰, 庶矣哉. 冉有曰, 旣庶矣. 又何加焉. (論語子路)

자적위. 염유복. 자왈, 서의재. 염유왈, 기서의. 우하가언. (논어·자로)

[해석] 공자가 위나라로 가실 때 염유가 마차를 몰았다. 공자께서 말했다. "백성이 많구나." 염유가 말했다. "이미 많은데 또 무엇을 더 해야 합니까?"

[例二] 詩云. 經始靈臺. 經之營之. 庶民攻之. 不日成之. (孟子梁惠王上)

시운. 경시영대. 경지영지. 서민공지. 불일성지. (맹자·양혜왕상)

[해석] 시경에 말했다. "영대의 터를 측량하기 시작하여 자로 재고 둘레를 표시하였다. 여러 사람들이 그것을 건축하여 며칠이 안가서 그것을 완성하였다."

[例三] 子曰, 回也其庶乎. 屢空. (論語先進)

자왈, 회야기서호. 루공. (논어·선진)

[해석] 공자께서 말했다. "회(回)는 그 학문이 대도(大道)에 근접했으나 항상 빈곤하였다."

113 　將 (장)　　　　　　　부사, 접속사의 용법이 있다.

(1) 부사로 사용할 때는 "장차…하려하다", "곧 …게 되다", "거의"의 의미를 표현한다.

[例一] 牛何之. 對曰, 將以釁鐘. (孟子梁惠王上)

우하지. 대왈, 장이흔종. (맹자·양혜왕상)

[해석] 소를 어디로 끌고 가는가? 대답하여 말했다. "장차 종에 피를 바르려 합니다."

[例二] 孔子不悅於魯衛. 遭宋桓司馬. 將要而殺之. (孟子萬章上)

공자불열어노위. 조송환사마. 장요이살지. (맹자·만장상)

[해석] 노나라와 위나라에서 공자를 좋아하지 않았다. (그래서 송나라로 가셨는데) 송나라 환사마가 길에서 공자를 죽이려고 했다.

例三 日月逝矣. 歲不我與. 孔子曰, 諾. 吾將仕矣. (論語陽貨)

일월서의. 세불아여. 공자왈, 낙. 오장사의. (논어·양화)

[해석] 해와 달은 쉽게 지나가고 세월은 우리를 기다리지 않는다. 공자가 말했다. "그렇다. 나는 장차 벼슬을 할 생각이다."

例四 天之將喪斯文也. 後死者不得與於斯文也. (論語子罕)

천지장상사문야. 후사자부득여어사문야. (논어·자한)

[해석] 하늘이 장차 이 문화를 버리려 하였다면(문왕보다) 뒤에 죽을 사람으로 하여금 이 문화에 참여하지 못하게 하였을 것이다.

例五 鳥之將死. 其鳴也哀. 人之將死. 其言也善. (論語泰伯)

조지장사. 기명야애. 인지장사. 기언야선. (논어·태백)

[해석] 새가 죽을 때가 되면 그 울음이 슬퍼지고 사람이 죽을 때가 되면 그 말이 착해 진다.

例六 宋. 小國也. 今將行王政. 齊楚惡而伐之. 則如之何. (孟子滕文公下)

송. 소국야. 금장행왕정. 제초오이벌지. 칙여지하. (맹자·등문공하)

[해석] 송나라는 작은 나라입니다. 지금 왕정을 베풀려고 하는데 제나라와 초나라가 그것을 미워하여 공격하면 어떻게 하나요?

例七 今有殺人者. 或問之曰, 人可殺與. 則將應之曰, 可. 彼如曰, 孰可以殺之. 則將應之曰, 爲士師. 則可以殺之. (孟子公孫丑下)

금유살인자. 혹문지왈, 인가살여. 즉장응지왈, 가. 피여왈, 숙가이살지. 즉장응지왈, 위사사. 즉가이살지. (맹자·공손추하)

[해석] 지금 살인자가 있어 혹자가 "그 사람을 죽여도 좋겠습니까?"라고 묻는다면 바로 "좋습니다."라고 대답할 것입니다. 저가 만일 "누가 그를 죽일 수 있습니까?"라고 묻는다면 장차 "사사(士師)라면 죽일 수 있을 것입니다."라고 대답할 것입니다.

例八 今滕絶長補短. 將五十里也. 猶可以爲善國. (孟子滕文公上)

금등절장보단. 장오십리야. 유가이위선국. (맹자・등문공상)

해석 지금 등나라는 긴 곳을 끊어 짧은 곳을 보충하면 거의 사방 오십 리 밖에 되지 않지만 그래도 좋은 나라를 만들 수 있습니다.

(2) 접속사로 사용할 때는 "역시", "혹은", "…와", "…아니면 …이다. " "만약" 등의 의미에 해당한다,

例一 子能順杞柳之性. 而以爲桮棬乎. 將戕賊杞柳. 而後以爲桮棬也. (孟子告子上)

자능순기류지성. 이이위배권호. 장장적기류. 이후이위배권야. (맹자・고자상)

해석 그대는 버들의 성질을 그대로 살려서 버들그릇을 만들 수 있겠는가? 혹은 버들을 해치고 나서야 버들그릇을 만드는가?

例二 夫滕壤地褊小. 將爲君子焉. 將爲野人焉. 無君子莫治野人. 無野人莫養君子. (孟子滕文公上)

부등양지편소. 장위군자언. 장위야인언. 무군자막치야인. 무야인막양군자. (맹자・등문공상)

해석 등나라는 땅은 협소하지만 역시(벼슬하는) 군자도 있고 (농사짓는) 야인도 있습니다. 군자가 없으면 야인을 다스리지 못하고 야인이 없으면 군자를 기를 수 없습니다.

例三 乃遣子臨分將門人張禹等從施讐問. (漢書施讐傳)

내견자림분장문인장우등종수문. (한서・시수전)

해석 곧 아들 양구림(梁丘臨) 양구분(梁丘分)과 제자 장우(張禹) 등으로 하여금 시수(施讐)를 쫓아 배우게 했다.

例四 先生老悖乎. 將以爲楚國妖祥乎. (戰國策楚策四)

선생노패호. 장이위초국요상호. (전국책・초책사)

해석 선생이 노망이 드셨습니까? 아니면 초나라에 상서롭지 못한 징조라고 생각하기 때문입니까?

例五 我賤人也. 不足以辱令尹, 令尹將必來辱, 爲惠其甚, 吾無以酬之, 若何? (左傳召公二十七年)

아천인야. 부족이욕영윤, 영윤장필래욕, 위혜기심, 오무이수지, 약

하? (좌전 · 소공이십칠년)

[해석] 나는 미천한 사람으로 영윤을 욕되게 할 수 없습니다. 영윤께서 만약 반드시 욕되게도 오신다면 영광됨이 크지만 나에게는 보답할 것이 없으니 어찌 하면 될까요?

현대중국어의 용법

[將] jiāng

(一) 부사.

(1) "곧(就要)"의 의미로, 상황이 멀지 않은 시간 뒤에 곧 출현함을 표시한다. 주로 문어체에서 사용한다. ① 國慶節將到, 街上已經是一片節日景象. 국경일이 곧 다가오고 거리는 이미 경축일의 풍경이다. ② 運動會將在九月中擧行. 운동회는 구월 중에 곧 거행할 것이다. ③ 大韓電影院下星期將上映彩色故事片《祝福》. 대한극장은 다음 주에 곧 시네마스코프 영화인 축복을 상영한다.

(2) "장차 …일 것이다"의 의미로, 판단을 표시하고 긍정적인 상황이 언젠가는 출현함을 의미한다. ① 人類最後將進入情報主義社會. 인류는 마지막으로 장차 정보주의 사회에 진입할 것이다. ② 隨着生産的發展, 我們的祖國將更加繁榮富强. 생산의 발전에 따라 우리의 조국은 장차 더욱 번영하고 부강할 것이다.

(3) "근접하다"의 의미로, 주로 시간을 가리킨다. ① 我們到你場取經已將一月, 學到了不少東西. 우리가 당신의 공장에 와서 배운지 이미 일 개월이 다되었고 적지 않은 것을 배웠다. ② 天將黎明, 他們就起床去鍛煉身體了. 하늘이 밝아오려 하는데 그들은 이미 일어나 신체를 단련하고 있다.

(二) 전치사.

(1) 처치식 "…을(把)"의 의미로, 사람이나 사물에 대한 처치를 표시한다. ① 他閱讀書報, 將自己的心得體會隨時記下. 그는 책이나 신문을 읽고 자신이 체득한 것을 언제든지 기록한다. ② 你要的小說這

裏都有, 現將茅盾的《子夜》, 先托人送上. 당신이 원하는 소설은 이곳에 다 있다, 지금 모순의 《자야》를 인편으로 먼저 보낸다.

(2) "… 로(을 사용하여)"의 의미로, 모종의 도구를 사용함을 표시한다.
① 將雞蛋碰石頭, 哪有不碎的? 계란으로 바위를 치면 깨지지 않는 것이 어디 있는가? ② 他心靈手巧, 將三根塑料絲編織成一朵花. 그는 영리하고 손재간도 있어서 화학사 3줄로 역어서 꽃 한 송이를 만들었다.

114 唯 (유) 부사, 전치사구와 전치사, 어기사의 용법이 있다.

(1) 부사로 사용할 때는 "오직", "단지", "이미"의 의미를 표현한다.

> **例一** 唯仁者. 能好人. 能惡人. (論語里仁)
> 유인자. 능호인. 능오인. (논어 · 이인)
> **해석** 오직 어진 사람만이 사람을 좋아할 수 있고 미워할 수 있다.

> **例二** 唯天下至誠. 爲能經綸天下之大經. 立天下之大本. 知天地之化育. (中庸三十二章)
> 유천하지성. 위능경륜천하지대경. 입천하지대본. 지천지지화육. (중용 · 삼십이장)
> **해석** 오직 천하의 지극한 정성스런 사람만이 천하의 큰 경영을 꾀할 수 있고 천하의 큰 본을 세울 수 있으며 천지의 변화와 만물의 생육을 알 수 있다.

> **例三** 唯上知與下愚. 不移. (論語陽貨)
> 유상지여하우. 불이. (논어 · 양화)
> **해석** 오직 가장 지혜로운 사람과 가장 어리석은 사람은 변하지 않는다.

> **例四** 時城中唯有八九千人. (後漢書光武帝紀上)
> 시성중유유팔구천인. (후한서 · 광무제기상)
> **해석** 당시 성안에는 단지 팔구천 명만 있었다.

(2) "전치사+목적어" 구문을 이루어, "… 때문에", "…을 위하여"의 의미를 표현한다.

> 例一 曹畏宋, 邾畏魯, 魯衛逼於齊而親於晋. 唯是不來. (左傳召公四年)
>
> 조외송, 주외로, 로위핍어제이친어진. 유시불래. (좌전·소공사년)
>
> 解析 조나라는 송나라를 두려워하고 주나라는 노나라를 두려워하고 노나라와 우리나라는 제나라에게 핍박을 받아 진나라와 친하기 때문에 오지 않을 것입니다.

> 例二 冀之旣病, 則亦唯君故. (左傳僖公二年)
>
> 기지기병, 즉역유군고. (좌전·희공이년)
>
> 解析 기나라가 이미 병든 것 역시 군주 때문이다.

(3) 접속사로 사용하면 "비록…이지만", "…때문에"의 의미이다.

> 例一 天下之人, 唯各特意哉. 然而有所共予也. (荀子大略)
>
> 천하지인, 유각특의재. 연이유소공여야. (순자·대략)
>
> 解析 세상 사람들이 비록 각각 독특한 의견이 있을 지라도 모두 찬송하는 것이 있다.

> 例二 衛懿公唯不去其旗, 是以敗於熒. (左傳成公十六年)
>
> 위의공유불거기기, 시이패어형. (좌전·성공십육년)
>
> 解析 위나라 의공이 그 깃발을 거두지 않았기 때문에 형에서 패배했다.

(4) 어기사로 사용할 때는 응답 혹은 허락의 의미로 "네(대답)"의 의미를 표현한다.

> 例一 子曰, 參乎. 吾道一以貫之. 曾子曰, 唯. (論語里仁)
>
> 자왈, 삼호. 오도일이관지. 증자왈, 유. (논어·이인)
>
> 解析 공자께서 말했다. "삼아 나의 도는 만물을 하나로 관통한다." 증자가 대답했다. "네, 그렇습니다.".

> 例二 老子曰, 子自楚之所來乎. 南榮趎曰 唯. (莊子雜篇庚桑楚)

노자왈, 자자초지소래호, 남영주왈, 유, (장자·잡편·경상초)

[해석] 노자가 말하기를 "그대는 경상초에서서 왔는가?"라고 했다. 남영 주는 "예"라고 대답했다.

---

115 惟 (유)

唯자의 용법과 비슷하다.
부사와 접속사의 용법이 있다.

⑴ 부사로 사용할 때는 "단지", "오직", "청컨대"의 의미를 표현한다.

[例一] 無憂者. 其惟文王乎. (中庸十八章)

무우자. 기유문왕호. (중용·십팔장)

[해석] 근심이 없는 사람은 단지 문왕뿐이다.

[例二] 書云. "孝乎. 惟孝, 友于兄弟. 施於有政." 是亦爲政. 奚 其爲爲政. (論語爲政)

서운. "효호. 유효, 우우형제. 시어유정." 시역위정. 해기위위 정. (논어·위정)

[해석] 서경에서 말했다. "효도란 부모에 효도하고 형제에게 우애하고 이 런 것을 널리 정치에 베푸는 것". 바로 그것이 정치를 하는 것인데 어찌 정치를 하는 것만 정치인가?

[例三] 有始有卒者. 其惟聖人乎. (論語子張)

유시유졸자. 기유성인호. (논어·자장)

[해석] 처음과 끝이 한결 같은 사람은 오직 성인뿐이다.

[例四] 惟仁者能以大事小. 是故湯事葛. 文王事昆夷. 惟智者能以 小事大. 故大王事獯鬻. 勾踐事吳. (孟子梁惠王下)

유인자능이대사소. 시고탕사갈. 문왕사곤이. 유지자능이소사 대. 고대왕사훈육. 구천사오. (맹자·양혜왕하)

[해석] 오직 어진 임금이라야 큰 나라로써 작은 나라를 섬길 수 있다. 그 런 까닭에 탕임금은 갈나라를 섬겼고 문왕은 곤이를 섬겼다. 오직 지혜로운 자라야 작은 나라로 큰 나라를 섬길 수 있다. 그러므로 태왕이 훈육을 섬겼고 구천이 오나라를 섬겼다.

예五 惟天爲大. 惟堯則之. (孟子滕文公上)

유천위대. 유요칙지. (맹자·등문공상)

해석 오직 천도가 가장 숭고하다. 단지 요임금이 그것을 본받았다.

예六 故敢略陳其愚, 惟君子察焉. (楊揮報孫會宗書)

고감략진기우, 유군자찰언. (양휘·보손회종서)

해석 그래서 감히 저의 어리석은 의견을 간단히 진술하니 청컨대 그대가
살펴 주십시오.

(2) 접속사로 사용할 때는 "…때문이다", "다만…이다", "…와(과)", "…
라 할지라도"의 의미를 표현한다.

예一 惟其如是. 故於今頌成王之德. 而稱周公之功不衰. (韓愈
後廿九日復上宰相書)

유기여시. 고어금송성왕지덕. 이칭주공지공불쇠. (한유·후감구
일부상재상서)

해석 주공께서 이와 같기 때문에 지금까지 계속하여 성왕의 미덕을 찬양
하고 주공의 공로를 칭송하는 것이 쇠약해지지 않는다.

예二 闔閭惟能用其民, 以敗我於栢擧. (左傳哀公元年)

합려유능용기민, 이패아어백거. (좌전·애공원년)

해석 합려는 백성들을 유능하게 사용했기 때문에 백거에서 우리를 패배
시켰다.

예三 惟其誠也, 是以履虎尾而不疚. (讀通鑑論漢高帝)

유기성야, 시이리호미이불구. (독통감론·한고제)

해석 그는 성실했기 때문에 호랑이 꼬리를 밟고도 두려워하지 않았다.

예四 齒革羽毛惟木. (尙書禹公)

치혁우모유목. (상서·우공)

해석 상아·코뿔소 가죽·새의 깃털·소꼬리 및 목재

예五 信再拜賀曰, 惟信亦爲大王不如也. (史記淮陰侯列傳)

신재배하왈, 유신역위대왕불여야. (사기·회음후열전)

해석 한신이 두 번 절하고 축하하면서 말했다. "설령 저일 지라도 역시
대왕이 항우만 못하다고 생각합니다."

[惟] wéi

부사 "단지"의 의미로, 유일함을 표시하고 항상 "有", "恐"과 함께 사용한다. 이때는 "只有", "只惟"의 의미로 문어체에서 사용한다. ① 他學業優異, 品德亦好, 惟身體稍差. 그는 학업이 우수하고 품덕도 좋지만 단지 몸이 다소 약하다. ② 大家都到了, 惟有小明因爲生病請假. 모두 다 도착했고 다만 명아(小明)만이 병 때문에 휴가를 냈다. ③ 上山的小路, 惟有張老伯最熟悉. 산을 오르는 소로는 오직 장씨 아저씨만이 가장 잘 안다. ④ 我們提前半小時就到了車站, 惟恐錯過這班車. 우리는 단지 이 차를 놓일까봐 걱정이 되어 30분전에 역에 도착했다.

116 旣 (기) 부사와 접속사의 용법이 있다.

(1) 부사로 사용할 때는 "이미", "나중에", "매우", "모두" 등의 의미를 표현한다.

例一 成事不說. 遂事不諫. 旣往不咎. (論語八佾)

성사불설. 수사불간. 기왕불구. (논어 · 팔일)

해석 이미 이룬 것은 말하는 것이 아니고 어쩔 수 없는 일이라 간언하지 못하고 이미 지나간 일은 탓하지 않는 것이다.

例二 我於辭命. 則不能也. 然則夫子旣聖矣乎. (孟子公孫丑上)

아어사명. 즉불능야. 연즉부자기성의호. (맹자 · 공손추상)

해석 나는 언사에는 아직 능하지 못하다. 그러고 보면 공자님은 이미 성인이십니까?

例三 宋人旣成列, 楚人未旣濟. (左傳僖公二十二年)

송인기성렬, 초인미기제. (좌전 · 희공이십이년)

해석 송나라 군대는 대열을 다 갖추었으나 초나라 군대는 강을 모두 건너지 못하였다.

例四 子擊磬於衛. 有荷蕢而過孔氏之門者. 曰, 有心哉. 擊磬乎. 旣而曰, 鄙哉. 硜硜乎. (論語憲問)

자격경어위. 유하괴이과공씨지문자. 왈, 유심재. 격경호. 기이왈, 비재. 갱갱호. (논어·헌문)

해석 공자께서 위나라에서 경쇠란 악기를 연주하자 삼태기를 지고 공자 집 문 앞을 지나던 사람이 말하기를 "마음이 담겨 있다. 경쇠 치는 소리가"하고 나중에 말하기를 "천박하다. 경쇠소리가."라고 했다.

例五 今女衣服旣盛, 顔色充盈. 天下且孰能諫女矣. (荀子子道)

금여의복기성, 안색충영. 천하차숙능간여의. (순자·자도)

해석 지금 당신의 옷이 매우 화려하고 얼굴에 거만함이 가득하다면 천하의 누가 당신에게 간언을 하겠는가?

(2) 접속사로 사용할 때는 추론이나 두 가지 사건을 연결하는 관계를 표시하고, "이미 …게 된 바에야", "비록…할지라도"의 의미를 표현한다.

例一 夫如是. 故遠人不服. 則修文德以來之. 旣來之. 則安之. (論語季氏)

부여시. 고원인불복. 즉수문덕이래지. 기래지. 즉안지. (논어·계씨)

해석 이렇기 때문에 먼 데 사람이 복종하지 않으면 학문과 덕으로 교화시켜 따라오게 하고 이미 왔으면 편안하게 하여야 한다.

例二 經界旣正. 分田制祿. 可坐而定也. (孟子滕文公上)

경계기정. 분전제녹. 가좌이정야. (맹자·등문공상)

해석 (만약 농지의) 경계를 정하는 것이 이미 바르면 밭을 나누고 봉록을 제정하는 것은 가만히 앉아서도 정할 수 있다.

例三 旣竭心思焉. 繼之以不忍人之政. 而仁覆天下矣. (孟子離婁上)

기갈심사언. 계지이불인인지정. 이인복천하의. (맹자·이루상)

[해석] 이미 마음과 생각을 다하고 이어서 다른 사람에게 차마하지 못하는 마음으로 정치를 하였으니 인자함이 천하를 덮었다.

[例四] 愛之欲其生. 惡之欲其死. 旣欲其生. 又欲其死. 是惑也. (論語顔淵)

애지욕기생. 오지욕기사. 기욕기생. 우욕기사. 시혹야. (논어 · 안연)

[해석] 그를 사랑하면 그가 살기를 바라고 그를 미워하면 그가 죽기를 바란다. 이미 그가 살기를 바라는데 또 죽기를 바란다면 이것이 바로 미혹이다.

[例五] 乃有大罪, 非終. 乃惟眚災, 適爾. 旣道極厥辜, 時乃不可殺. (尙書康誥)

내유대죄, 비종. 내유생재, 적이. 기도극궐고, 시내불가살. (상서 · 강고)

[해석] 큰 죄를 짓되 끝까지 행하지 않고 더욱이 그 죄를 후회한다면 비록 지은 죄가 크더라도 그를 죽여서는 안 된다.

현대중국어의 용법

[旣] jì

(一) 부사.

"且", "也", "又" 등의 허사와 함께 사용하여, 두 가지 상황이 동시에 존재함을 표시한다. ① 他寫字旣快且好. 그는 글자를 빨리 잘 쓴다. ② 我們的班長工作旣積極, 學習也努力. 우리 반장은 작업에 적극적이고 학습에도 노력을 한다. ③ 這雙運動鞋旣經濟, 又美觀. 이 운동화는 경제적이고 아름답다.

[설명] "旣"는 "且"와 함께 사용하고, 뒤에 단음절의 형용사만 오며 주로 문어체에서 많이 사용한다. "旣"는 "也"와 함께 사용하여 후반부에 보충설명을 표시한다. "旣"는 "又"와 함께 사용하여, 비교적 강한 병렬관계를 표시한다. 이 때는 "又…又…"의 용법과 같다.

(二) 접속사

"만약"의 의미로 전제를 제시하며, 용법은 "既然"과 같지만, 주어 앞에서는 사용할 수 없다. 항상 "就", "也", "還" 등의 부사와 함께 사용한다. 추론관계를 표시하고 문어체에서 사용한다. ① 他既來了, 就住下吧. 그가 이미 왔다면 묵도록 하시오. ② 人既已回去, 說也來不及了. 사람이 벌써 돌아갔으니 말해도 이미 늦었다. ③ 既要學習, 就要有一個老師. 공부를 하려면 선생이 있어야한다.

설명 위의 마지막 예문에서 "既" 앞에 주어 "我們"이 생략되어 있다.

117 第 (제)　　　　　　　　　부사와 접속사의 용법이 있다.

⑴ 부사로 사용할 때는 "단지", "그러나", "잠간"의 의미를 표현한다.

例一 陛下第出僞游雲夢. (史記陳丞相世家)
폐하제출위유운몽. (사기 · 진승상세가)
해석 폐하께서는 단지 나가시어 거짓으로 운몽(雲夢)을 순수하십시오.

例二 長卿第俱如臨邛. (史記司馬相如列傳)
장경제구여임공. (사기 · 사마상여열전)
해석 장경 잠시 함께 임공(臨邛)으로 갑시다.

例三 第非常之事, 非可與常人謀也. (陳亮戊申再上孝宗皇帝書)
제비상지사, 비가여상인모야. (진량 · 무신재상효종황제서)
해석 단지 일상적이지 않은 일은 일반인들과 상의할 수 없다.

⑵ 접속사로 사용할 때는 "그러나", " …일지라도"의 의미를 표현한다. 대부분 문장 맨 앞에 온다.

例一 海子大可千畝…亦有溪流貫其間. 第不可耕藝, 以其土不貯水. (徐霞客遊記滇游日記)
해자대가천무…역유계류관기간. 제불가경예, 이기토부저수. (서하객유기 · 전유일기)

해석 저습지가 대략 천 묘 가량이고 …또 시냇물이 그 사이를 흐르지만 그러나 농사를 지을 수 없는 것은 흙이 물을 저장하지 않기 때문이다.

例二 生心買愛好, 第慮父嗔. 因直以情告. （聊齋志異白秋練）
생심매애호, 제려부진. 인직이정고. (요재지이 · 백추련)

해석 속으로는 그녀를 좋아했지만 그러나 부친이 진노할 것을 걱정했기 때문에 바로 실정을 말했다.

118 焉 (언)　　　　　부사, 대명사, 어기사의 용법이 있다.

(1) 부사로 사용할 때는 "어떻게", "어찌"의 의미를 표현한다. 반문의 어기가 있으며 "得", "敢", "可", "能", "足" 등의 동사 앞에 온다. 또 "비로소", "곧"의 의미도 있다.

例一 里仁爲美. 擇不處仁. 焉得知. （論語里仁）
이인위미. 택불처인. 언득지. (논어 · 이인)

해석 마을이 어진 것은 아름답다. 어진 곳을 택하여 살지 않는다면 어찌 지혜롭다고 할 수 있는가?

例二 未能事人. 焉能事鬼. 敢問死. 曰, 未知生. 焉知死？（論語先進）
미능사인. 언능사귀. 감문사. 왈, 미지생. 언지사？(논어 · 선진)

해석 사람을 받들지 못하면서 어찌 귀신을 감동시키는 일을 할 수 있겠는가? 계로가 감히 죽음에 대하여 여쭈었다. 공자께서 말했다. "아직 삶도 모르는데 어찌 죽음을 알겠는가?

例三 棖也慾. 焉得剛. （論語公冶長）
정야욕. 언득강. (논어 · 공야장)

해석 정(棖)은 욕심이 많은 사람이다. 어찌 그를 강한 사람이라고 하겠는가?

例四 執德不弘. 信道不篤. 焉能爲有. 焉能爲亡. （論語子張）
집덕불홍. 신도부독. 언능위유. 언능위무. (논어 · 자장)

해석 덕을 가졌으나 넓지 못하고 도를 믿지만 두텁지 못하다면 이런 사람을 어찌(도와 덕이)있다 없다고 하겠는가?

例五 焉有君子而可以貨取乎. （孟子公孫丑下）
언유군자이가이화취호. (맹자·공손추하)

해석 어찌 군자가 뇌물에 유혹을 받을 수 있는가?

例六 必知亂之所自起, 焉能治之. （墨子兼愛上）
필지난지소자기, 언능치지. (묵자·겸애상)

해석 반드시 난이 발생한 기원을 알아야 비로소 그것을 다스릴 수 있다.

例七 三者偏亡. 焉無安人. （荀子禮論）
삼자편망. 언무안인. (순자·예론)

해석 세 가지 중에 한 가지라도 모자라면 곧 사람들을 편안하게 할 수 없다.

(2) 대명사로 사용할 때는 "누구", "무엇", "어디" 등의 의미를 갖는다.

例一 寡人卽不起此病, 吾將焉致乎魯國. （公羊傳莊公三十二年）
과인즉불기차병, 오장언치호노국. (공양전·장공삼십이년)

해석 과인이 만약 이 병으로 인해 일어나지 못한다면 내 장차 누구에게 노나라를 줄 것인가?

例二 欲仁而得仁. 又焉貪. （論語堯曰）
욕인이득인. 우언탐. (논어·요왈)

해석 인을 행하고자 하여 인을 얻었으니 또 무엇을 탐하겠는가?

例三 焉知賢才而擧之? （論語子路）
언지현재이거지. (논어·자로)

해석 어떻게 어진 인재를 알아 그들을 추천합니까?

(3) 어기사로 사용할 때는 "확인"이나 "지시"를 표시한다. 이 경우 해석하지 않는다.

例一 故君子語大. 天下莫能載焉. 語小. 天下莫能破焉. （中庸十二章）

고군자어대. 천하막능재언. 어소. 천하막능파언. (중용·십이장)

해석 그러므로 군자의 중도(中道)는 큰 것을 말하면 천하라도 실을 수가 없고 작은 것을 말하면 천하(세상 모든 사람)라도 알 수가 없다.

例二 有民人焉. 有社稷焉. 何必讀書. 然後爲學. 子曰, 是故惡夫佞者. (論語先進)

유민인언. 유사직언. 하필독서. 연후위학. 자왈, 시고오부녕자. (논어·선진)

해석 그곳에는 백성들이 있고 사직도 있습니다. 어찌 꼭 책을 읽은 후에야만 배웠다 하겠습니까? 공자께서 말했다. "그렇기 때문에 말을 잘 둘러대는 자를 미워하는 것이다."

例三 三人行. 必有我師焉. 擇其善者而從之. (論語述而)

삼인행. 필유아사언. 택기선자이종지. (논어·술이)

해석 세 사람이 길을 가면 반드시 나의 스승이 있다. 그들의 좋은 점을 선택하여 그것을 따르라.

例四 雖小道. 必有可觀者焉. (論語子張)

수소도. 필유가관자언. (논어·자장)

해석 비록 작은 기술이라도 반드시 볼만한 것이 있다.

例五 興滅國. 繼絶世. 擧逸民. 天下之民歸心焉. (論語堯曰)

홍멸국. 계절세. 거일민. 천하지민귀심언. (논어·요왈)

해석 멸망한 나라를 부흥시키고 끊어진 대를 이어주고 초야에 묻힌 인재를 등용하자 천하의 민심은 그에게로 돌아갔다.

119 假 (가) 동사와 접속사, 부사의 용법이 있다.

(1) 동사로 사용할 때는 "빌리다", "가장하다"의 의미를 표현한다.

例一 晉侯復假道於虞以伐虢. (左傳僖公五年)

진후부가도어우이벌괵. (좌전·희공오년)

해석 진나라 임금이 다시 우나라에게 길을 빌려 괵나라를 정벌하다.

例二 可以假館. 願留而受業於門. (孟子告子下)

가이가관. 원류이수업어문. (맹자·고자하)

해석 공관을 빌릴 수 있으니 머물면서 선생님 문하에 남아 배우기를 원합니다.

例三 以力假仁者霸. 霸必有大國. 以德行仁者王. 王不待大. (孟子公孫丑上)

이력가인자패. 패필유대국. 이덕행인자왕. 왕부대대. (맹자·공손추상)

해석 힘으로 인을 가장하는 것은 패도이다. 패자는 반드시 큰 나라를 지니고 있어야 한다. 덕으로 인을 행하는 것은 왕도다. 왕도를 펴는 데는 큰 나라여야 할 것은 없다.

(2) 접속사로 사용할 때는 "만약…하면"의 의미를 표현한다.

例一 假設天下如曩時……當是時而陛下卽天子位. 能自安乎. (賈誼治安策一)

가설천하여낭시……당시시이폐하즉천자위. 능자안호. (가의·치안책일)

해석 만약 세상이 이전과 같다면 …… 이때 폐하가 천자의 직위에 오른다면 스스로 편할 수 있습니까?

例二 禽子曰 假濟, 爲之乎. (列子楊朱)

금자왈, 가제, 위지호. (열자·양주)

해석 금자(禽子)가 물었다. "만일 당신의 몸에 있는 털 한 가닥을 뽑아 세상을 구할 수 있다면 그대는 그것을 하겠는가?"

例三 假有斯事, 亦庶鐘其不失聽也. (曹操與王修書)

가유사사, 역서종기불실청야. (조조·여왕수서)

해석 만약 이런 일이 있더라도 종자기처럼 들음을 잃지 않기 바란다.

(3) 부사로 사용할 때는 "단지", "…뿐", "잠시"의 의미를 표현한다.

例一 奚假魯國, 丘將引天下而與從之. (莊子內篇德充府)

해가노국, 구장인천하이여종지. (장자·내편·덕충부)

해석 어찌 노나라 사람뿐이겠는가? 공구는 천하 사람들을 이끌고 그를 따르려 한다.

例三 盛服將朝, 尙早. 坐而假寐. (左傳宣公二年)

성복장조, 상조. 좌이가매. (좌전·선공이년)

해석 조복을 차려입고 입조하려는데 아직 시간이 일어 자리에 앉아 잠시 눈을 감고 있었다.

例三 太衛曰, 吾未哺食, 請假設草具. (柳宗元段太衛逸事狀)

태위왈, 오미포식, 청가설초구. (유종원 ·단태위일사상)

해석 단태위가 말했다. "나는 아직 저녁도 먹지 못했으니 거친 밥이라도 천천히 준비해 주십시오."

120 聊 (료) 부사와 동사의 용법이 있다.

⑴ 부사로 사용할 때는 "약간", "잠시"의 의미이다.

例一 折若木以拂目兮, 聊逍遙以相羊. (楚辭離騷)

절약목이불목혜, 료소요이상양. (초사·이소)

해석 약목을 꺾어서 해를 가리고 잠시 거닐며 방황하다.

例二 弱女雖非男, 慰情聊勝無. (陶淵明和劉柴桑)

약녀수비남, 위정료승무. (도연명·화류시상)

해석 맛없는 술은 비록 좋은 술은 아니지만 정서가 잠시 무료할 때 약간 위로가 된다.

⑵ 동사로 사용할 때는 "의지하다"의 의미이다.

例一 上下相愁. 民無所聊. (戰國策蘇秦以連橫說秦)

상하상수. 민무소료. (전국책·소진이연횡설진)

해석 군신들이 서로를 원망하면 백성들은 의지할 곳이 없다.

121 莫(막)　　　　부사로 "없다", "아니다", "대략"을 표현한다.

例一 子曰, 不患無位. 患所以立. 不患莫己知. 求爲可知也.
(論語里仁)

자왈, 불환무위. 환소이립. 불환막기지. 구위가지야. (논어 · 이인)

해석 공자께서 말했다. "자리가 없음을 근심하지 말고 그런 자리에 설
것을 근심할 것이며(남이) 나를 알아주지 않는다고 근심하지 말고
내가 다른 사람에게 알려질 수 있는 능력을 구하라."

例二 上好禮. 則民莫敢不敬. 上好義. 則民莫敢不服. (論語子
路)

상호례. 즉민막감불경. 상호의. 즉민막감불복. (논어 · 자로)

해석 윗사람이 예를 좋아하면 백성이 감히 공경하지 않을 수 없고 윗사
람이 정의를 좋아하면 백성이 감히 복종하지 않을 수 없다.

例三 君子之於天下也. 無適也. 無莫也. 義之與比. (論語里仁)

군자지어천하야. 무적야. 무막야. 의지여비. (논어 · 이인)

해석 군자는 이 세상에 행함에 있어 가까이 할 것도 없고 멀리 할 것도
없다. 오직 의리를 쫓아서 의리와 함께 한다.

例四 如其善而莫之違也, 不亦善乎? 如不善而莫之違也, 不幾乎
一言而喪邦乎? (論語子路)

여기선이막지위야, 불역선호? 여불선이막지위야, 불기호일언이
상방호? (논어 · 자로)

해석 만약 임금께서 하신 말이 맞는다면 아무도 어기지 못하니 역시 좋
지 않습니까? 만약 임금님의 말이 틀려도 아무도 어기지 못한다면
이는 거의 말 한마디로　나라를 잃어버리는 것이 아닙니까?

例五 誰能出不由戶? 何莫由斯道也? (論語雍也)

수능출불유호? 하막유사도야? (논어 · 옹야)

해석 누가 이 문을 통하지 않고 밖으로 나갈 수 있겠는가? 사람들은 왜
이 도리를 따르려하지 않으려 하는가?

例六 取諸人以爲善, 是與人爲善者也. 故君子莫大乎與人爲善.
(孟子公孫丑上)

취제인이위선, 시여인위선자야. 고군자막대호여인위선. (맹자·
공손추상)

[해석] 다른 사람의 선행을 모델로 하여 선을 행하는 것은 다른 사람들이
선을 행하는 것을 도와주는 것이다. 그러므로 군자는 다른 사람이
선을 행하는 것을 도와주는 것 보다 중대한 일은 없다.

例七 我非堯舜之道, 不敢以陳於王前. 故齊人莫如我敬王也.
(孟子公孫丑下)

아비요순지도, 불감이진어왕전. 고제인막여아경왕야. (맹자·공
손추하)

[해석] 나는 요순의 도가 아니면 감히 왕 앞에서 말하지 않는다. 그러므로
제나라 사람들은 나보다 왕을 공경하지 않는다.

例八 文, 莫吾猶人也. (論語述而)

문, 막오유인야. (논어·술이)

[해석] 학문을 함에 있어서 대략 나는 다른 사람과 비슷하다.

현대중국어의 용법

[莫] mò 부사.

(1) "…하지 말라(別)"의 의미로, 부정을 표시한다. ① 倉庫重地, 閑人
莫入. 주요 창고 관계자외 출입금지. ② 隨手關門, 切莫忘記. 출입
시 문을 닫으시오. 절대 잊지 마시오. ③ 人家在談正經事, 莫開玩
笑. 우리는 중요한 일을 의논중이다. 농담을 하지 말라.

(2) "…보다 더한 것은 없다"의 의미로, 비교를 표시한다. ① 參加四個
現代化的建設, 是全國人民莫大的光榮. 4개 현대화 건설에 참가하는
것은 전국 인민의 막대한 영광이다. ② 我國古代的偉大建筑, 恐怕
莫過于萬里長城了. 중국 고대의 위대한 건축은 아마도 만리장성보
다 뛰어난 것은 없다.

(3) "不"와 함께 "莫不"를 구성하여, 이중부정으로 강한 긍정을 표시한
다. 문어체에서 사용한다. ① 政府組織力量消滅了狼群, 山鄕居民

莫不拍手稱讚. 정부가 힘을 모아 이리 무리를 소탕하자 산간 거주
민들은 박수를 치며 칭찬하지 않는 이가 없다. ② 商業人員必須把
群衆的利益放在第一位, 其他各行各業也莫不如此. 상인은 반드시
군중의 이익을 제일로 놓아야한다. 기타 다른 업종도 이와 다르지
않다. ③ 連年豐收, 家家盖新房, 戶戶添家具, 社員莫不喜笑顔開.
매년 풍년이어서 집집마다 새 집을 짓고 가구를 장만하고 사원들은
웃지 않는 얼굴이 없다.

(4) 일부 고정 단어로 사용한다. "莫衷一是"(일치된 결론을 내릴 수 없
다), "愛莫能助"(마음속으로 도와주려 해도 힘이 미치지 않는다).

122 幾 (기)　　부사로 "혹은", "거의", "어찌…않는가?"의 의미이다.

例一 王之好樂甚. 則齊國其庶幾乎. (孟子梁惠王下)
왕지호악심. 즉제국기서기호. (맹자·양혜왕하)
해석 왕께서 음악을 매우 좋아하시니 제나라는 아마 잘 다스려 질 것입
니다.

例二 舜之居深山之中. 與木石居. 與鹿豕遊. 其所以異於深山野
人者幾希. (孟子盡心上)
순지거심산지중. 여목석거. 여녹시유. 기소이이어심산야인자기
희. (맹자·진심상)
해석 순임금이 깊은 산속에서 살고 있을 때 나무와 돌과 같이 있었고
사슴과 산돼지와 함께 놀았으니 깊은 산의 야인과 거의 다름이 없
었다.

例三 王如用予. 則豈徒齊民安. 天下之民擧安. 王庶幾改之. 予
日望之. (孟子公孫丑下)
왕여용여. 즉기도제민안. 천하지민거안. 왕서기개지. 여일망
지. (맹자·공손추하)
해석 왕이 만일 나를 등용한다면 어찌 제나라의 백성들만 편안해 지겠는
가? 천하의 백성들이 모두 편안하게 될 것이다. 왕이 혹시 마음을

고치기를 나는 매일 바라고 있다.

例四 魯朝夕伐我, 幾亡矣. (左傳召公十三年)

노조석벌아, 기망의. (좌전·소공십삼년)

解釋 노나라가 항상 우리를 공격하니 거의 망할 지경이다.

例五 夫大國之人, 不可不愼也, 幾爲之笑而不陵我. (左傳召公十六年)

부대국지인, 불가불신야. 기위지소이불릉아. (좌전·소공십육년)

解釋 손님이 대국의 사람들이라 우리는 신중히 대하지 않을 수 없습니다, 어찌 그들의 웃음거리가 되었는데 우리를 무시하지 않겠습니까?

例六 若壅其口. 其與能幾何. (國語·召公諫厲王止謗)

약옹기구. 기여능기하. (국어·소공간려왕지방)

解釋 만약 백성들의 입을 막아버린다면 그(나라가) 얼마나 오래 갈 것인가?

123 惡 (악·오) 형용사, 부사, 대명사, 어기사의 용법이 있다.

(1) 형용사로 사용할 때는 "나쁘다", "미워하다"의 의미를 표현한다.

例一 苟志於仁矣. 無惡也. (論語里仁)

구지어인의. 무악야. (논어·이인)

解釋 진실로 인에 뜻을 둔다면 나쁜 짓을 할 수 없다.

例二 伯夷, 非其君不事, 非其友不友. 不立於惡人之朝, 不與惡人言. (孟子公孫丑上)

백이, 비기군불사, 비기우불우. 불립어악인지조, 불여악인언. (맹자·공손추상)

解釋 백이는 섬길만한 임금이 아니면 섬기지 않고 사귈 만한 친구가 아니면 사귀지 않았다. 악한 사람의 조정에는 서지 않고 악한 사람과는 말도 하지 않았다.

例三 攻其惡. 無攻人之惡. 非修慝與. (論語顏淵)

공기악. 무공인지악. 비수특여. (논어·안연)

解釋 자기의 악함을 공격하고 타인의 악함은 공격하지 않는 것이 간사함을 바로잡는 것이 아닌가?

例四 菲飲食. 而致孝乎鬼神. 惡衣服. 而致美乎黻冕. (論語泰伯)

비음식. 이치효호귀신. 악의복. 이치미호불면. (논어·태백)

解釋 음식을 간소하게 하지만 조상을 제사함에는 효를 다하고 평소의 의복은 거친 것을 입었으나 오히려 제사의 의관은 아름답게 하였다.

例五 士志於道. 而恥惡衣惡食者. 未足與議也. (論語里仁)

사지어도. 이치악의악식자. 미족여의야. (논어·이인)

解釋 선비가 도에 뜻을 두고도 남루한 옷과 나쁜 음식을 수치로 생각하는 자라면 함께 논하기에 부족하다.

例六 好人之所惡. 惡人之所好. 是謂拂人之性. (大學十章)

호인지소오. 오인지소호. 시위불인지성. (대학·십장)

解釋 다른 사람들이 싫어하는 것을 좋아하고 다른 사람들이 좋아하는 것을 싫어하는 것을 사람의 심성에 위반된다고 말한다.

(2) 부사로 사용할 때는 의문을 나타내고 "어떻게", "어찌"의 의미를 표현한다.

例一 以小易大. 彼惡知之. (孟子梁惠王上)

이소역대. 피오지지. (맹자·양혜왕상)

解釋 작은 것으로 큰 것을 바꾸었으니 그들이 어떻게 그것을(왕의 뜻) 알겠습니까?

例三 夫撫劍疾視曰, 彼惡敢當我哉. 此匹夫之勇. 敵一人者也. (孟子梁惠王下)

부무검질시왈, 피오감당아재. 차필부지용. 적일인자야. (맹자·양혜왕하)

解釋 검을 만지면서 눈을 흘기며 "저놈이 어떻게 감히 나를 당해내랴?" 한다면 이것은 필부의 용기이고 한사람을 대적하는 것이다.

例三 朝廷莫如爵. 鄕黨莫如齒. 輔世長民莫如德. 惡得有其一, 以慢其二哉 ? (孟子公孫丑下)

조정막여작. 향당막여치. 보세장민막여덕. 오득유기일, 이만기이재 ? (맹자·공손추하)

해석 조정에서는 작위보다 더한 것이 없고 동네에서는 나이보다 더한 것이 없고 세상을 돕고 백성들을 성장시키는 데는 덕보다 더한 것이 없다. 어떻게 그 중의 한 가지를 얻은 자가 두 가지를(지닌 자를) 소홀하게 할 수 있겠는가?

例四 滕有倉廩府庫. 則是厲民而以自養也. 惡得賢. (孟子滕文公上)

등유창름부고. 즉시려민이이자양야. 오득현. (맹자·등문공상)

해석 등나라에는 양곡창고와 재물창고가 있습니다. 이는 백성들을 괴롭혀서 자기를 부양하는 것이니 어떻게 어질다 할 수 있습니까?

(3) 의문 대명사로 "무엇", "어디"를 표현한다.

例一 君子去仁. 惡乎成名. (論語里仁)

군자거인. 오호성명. (논어·이인)

해석 군자가 인을 버린다면 무엇으로 이름을 이룰 수 있겠는가?

例二 天下惡乎定. (孟子梁惠王上)

천하오호정. (맹자·양혜왕상)

해석 천하는 무엇으로 안정되는가?

例三 居惡在? 仁是也. 路惡在. 義是也. 居仁由義, 大人之事備矣. (孟子盡心上)

거오재? 인시야. 로오재. 의시야. 거인유의, 대인지사비의. (맹자·진심상)

해석 거처하는 곳이 어디 있는가? 인이 이것이다. 길은 어디에 있는가? 의가 이것이다. 인에 거처하고 의로 말미암는다면 대인의 일이 갖추어 진 것이다.

例四 學惡乎始? 惡乎終. (荀子勸學)

학오호시? 오호종. (순자·권학)

해석 배움은 어디에서 시작하고 어디가 끝인가?

(4) 어기사로 사용할 때는 분노와 감탄을 표시한다.

例一 丑見王之敬子也. 未見所以敬王也. 曰,惡！. 是何言也.
（孟子公孫丑下）

추견왕지경자야. 미견소이경왕야. 왈, 오. 시하언야. (맹자·공손추하)

해석 공손추는 "왕이 맹자에게 공손히 하는 것만 보고 선생께서 왕을 공경하는 것은 보지 못했다."라고 했다. 맹자가 말했다. "아! 그게 무슨 말인가?"

例二 王自以爲與周公. 孰仁且智. 王曰, 惡. 是何言也. （孟子公孫丑下）

왕자이위여주공. 숙인차지. 왕왈, 오. 시하언야. (맹자·공손추하)

해석 왕께서는 스스로 주공에 비하여 누가 더 인자하고 지혜롭다고 생각하십니까? 왕이 말했다. "어허! 그게 무슨 말인가?"

例三 惡, 賜是何言也. 夫君子豈多而賤之, 少而貴之哉. （荀子法行）

오, 사시하언야. 부군자기다이천지, 소이귀지재. (순자·법행)

해석 아! 자공아, 이것이 무슨 말인가? 군자가 어찌 많다고 그것을 천히 여기며 적다고 그것을 귀하게 여긴단 말인가?

▮▮ 124 詎 (거)　　부사와 접속사의 용법이 있다. "巨"로도 쓴다.

(1) 부사로 사용할 때는, 반문의 어감을 표시하고, "어찌…하겠는가?", "일찍이"의 의미이다.

例一 沛公不先破關中. 公詎能入乎. （漢書高帝本紀）

패공불선파관중. 공거능입호. (한서·고제본기)

해석 패공도 먼저 관중을 공격하지 않았는데 그대가 어떻게(관중으로) 들어갈 수 있는가?

例三 凭時年數歲, 斂手曰, 阿翁. 詎宜以子戲父. (世說新語排調)

빙시년수세, 렴수왈, 아옹. 거의이자희부. (세설신어・배조)

해석 장빙은 당시 나이가 열 살에 불과했는데 두 손을 모으고 말하기를 "할아버지 어떻게 자식을 가지고 아버지를 놀릴 수 있습니까?"라고 했다.

例三 范氏之黨以爲偶然, 未詎怪之. (列子皇帝)

범씨지당이위우연, 미거괴지. (열자・황제)

해석 범씨의 무리들이 이를 우연이라고 여겼으며 일찍이 이상하다고 느끼지 못했다.

(2) 접속사로 사용할 때는 "만약"의 의미를 표현한다.

例一 詎非聖人, 必偏而後可. (國語晋語六)

거비성인, 필편이후가. (국어・진어육)

해석 만일 성인이 아니라면 반드시 한쪽으로 치우친 후에야 가능하다.

例三 詎非聖人, 不有外患, 必有內憂. (國語晋語六)

거비성인, 불유와흰, 필유내우. (국어・진어육)

해석 만약 성인이 아니라면 나라에 외환은 없더라도 내환은 반드시 있을 것이다.

125 | 然 (연)   대명사, 형용사, 어기사, 접속사, 부사의 용법이 있다.

(1) 대명사로 사용할 때는, "그러한", "이처럼"의 의미를 표현한다. 문장에서 부사어처럼 사용한다,

例一 其然. 豈其然乎. (論語憲問)

기연. 기기연호. (논어・헌문)

해석 그렇습니까? 어찌 그렇단 말인가요?

例三 三代之得天下也以仁. 其失天下也以不仁. 國之所以廢興存亡者亦然. (孟子離婁上)

삼대지득천하야이인. 기실천하야이불인. 국지소이폐흥존망자역
연. (맹자·이루상)

해석 삼대 때 천하를 얻은 것은 인자함으로였고 천하를 잃은 것은 인자
하지 못했기 때문이다. 제후국의 흥폐 존망도 또한 이와 같다.

例三 是天下之口相似也. 惟耳亦然. （孟子告子上）

시천하지구상사야. 유이역연. (맹자·고자상)

해석 이것은 천하 사람들의 입맛이 비슷하기 때문이다. 귀 역시 그러하다.

例四 故事半古之人. 功必倍之. 惟此時爲然. （孟子公孫丑上）

고사반고지인. 공필배지. 유차시위연. (맹자·공손추상)

해석 그러므로 일은 옛 사람의 반만 하고도 공은 반드시 그들의 배가 될
것이다. 오직 이때가 그렇게 될 수 있는 시기이다.

例五 非惟小國之君爲然也. 雖大國之君亦有之. （孟子萬章下）

비유소국지군위연야. 수대국지군역유지. (맹자·만장하)

해석 단지 작은 나라의 임금만이 그런 것이 아니라 큰 나라 임금도 그러
한 예가 있다.

例六 不得, 不可以爲悅, 無財. 不可以爲悅. 得之爲有財. 古之
人皆用之. 吾何獨爲不然. （孟子公孫丑下）

부득, 불가이위열, 무재. 불가이위열. 득지위유재. 고지인개용
지. 오하독위불연. (맹자·공손추하)

해석 그렇게 할 수 없으면 마음이 흡족할 수 없고(그렇게 할 만한) 재력이
없어도 마음에 흡족할 수 없는 것이다. 그렇게 할 수 있고 또한 그
렇게 할 만한 재물이 있으면 옛 사람들이 모두 그렇게 했는데 어찌
나 혼자 그렇게 하지 않겠는가?

(2) 형용사로 사용할 때는 "그렇다"라는 의미로 상대방의 말에 대한 긍
정을 표현한다.

例一 子曰, 賜也. 女以予爲多學而識之者與. 對曰, 然. 非與？
（論語衛靈公）

자왈, 사야. 여이여위다학이식지자여. 대왈, 연. 비여？(논어·
위영공)

해석 공자께서 말했다. "사야, 너는 내가 많이 배워서 그것을 깨달은 사람이라고 알고 있느냐?" 대답하기를 "그렇습니다. 그렇지 않습니까?"

例二 世子曰, 然. 是誠在我. (孟子滕文公上)
세자왈, 연. 시성재아. (맹자·등문공상)
해석 세자가 말했다. "그렇습니다. 이것은 정말로 나에게 달려있습니다."

例三 許子以釜甑爨. 以鐵耕乎. 曰, 然. (孟子滕文公上)
허자이부증찬. 이철경호. 왈, 연. (맹자·등문공상)
해석 허자는 솥과 시루로 밥을 짓고 쟁기로 밭을 가나요? "그렇다"고 말했다.

例四 白雪之白, 猶白玉之白與 ? 曰, 然. (孟子告子上)
백설지백, 유백옥지백여 ? 왈, 연. (맹자·고자상)
해석 흰 눈의 흰 것이 흰 옥의 흰 것과 같습니까? "그렇다"고 말했다.

(3) 어기사로 주로 문미에 사용하고 사물에 대한 비유를 표시한다. 해석을 하지 않거나 "若"과 같이 사용하여 "…처럼"이란 의미이다.

例一 人之視己. 如見其肺肝然. (大學六章)
인지시기. 여견기폐간연. (대학·육장)
해석 다른 사람들이 자신을 보는 것이 마치 그 폐와 간을 보는 것 같다.

例二 無若宋人然. (孟子公孫丑上)
무약송인연. (맹자·공손추상)
해석 송나라 사람처럼 해서는 안 된다.

例三 予豈若是小丈夫然哉. 諫於其君而不受. 則怒. (孟子公孫丑下)
여기약시소장부연재. 간어기군이불수. 즉노. (맹자·공손추하)
해석 내 어찌 그런 소장부처럼 임금에게 간하여 받아들여지지 않으면 화를 내겠는가?

例四 夫道若大路然. 豈難如哉. (孟子告子下)

부도약대노연. 기난여재. (맹자·고자하)

[해석] 도는 마치 큰 길과 같다. 어찌 알기 어렵겠는가?

[例五] 夫子若有不豫色然. (孟子公孫丑下)

부자약유불예색연. (맹자·공손추하)

[해석] 선생님께서 불유쾌한 기색이 있는 것 같습니다.

[例六] 若由也. 不得其死然. (論語先秦)

약유야. 부득기사연. (논어·선진)

[해석] 중유와 같은 사람은 온당한 죽음을 얻지 못할 것이다.

(4) 부사로 사용하면 "곧", "비로소"의 의미를 표현한다.

[例一] 鮒魚曰, 吾得斗升之水然活耳. (莊子外物)

붕어왈, 오득두승지수연활이. (장자·외물)

[해석] 붕어가 말했다. "나는 단지 한말이나 한 홉의 물만 있으면 곧 살수가 있다."

[例二] 卿至, 可敕義眞輕裝速發, 旣出關然可徐行. (自治通鑑晋紀)

경지, 가치의진경장속발, 기출관연가서행. (자치통감·진기)

[해석] 경이 도착하자 유의진에게 부탁해 경장으로 속히 출발시켰고 동관을 빠져 나가서야 비로소 서행했다.

(5) 접속사로 사용하여 어의의 전환을 표시한다. "그러나"의 의미이다. 다음에 나오는 "然而", "然則", "然後", "然且" 조의 내용을 참고하라.

[例一] 周勃重厚少文, 然安劉氏者必勃也. (史記高祖本紀)

주발중후소문, 연안류씨자필발야. (사기·고조본기)

[해석] 주발은 중후하지만 문재가 부족하다. 그러나 류씨의 천하를 안정시킬 자는 반드시 주발일 것이다.

[例二] 神農比高於皇帝也, 然其名尊者, 以适於時也. (商君書畫策)

신농비고어황제야, 연기명존자, 이괄어시야. (상군서·화책)

[해석] 신농이 황제보다 고명하지는 않았으나 그 명성은 높았다. 이는 그가 시대에 순응했기 때문이다.

126 然而 (연이)   접속사로 "오히려", "그러나"의 의미이다.

例一 夫環而攻之. 必有得天時者矣. 然而不勝者. 是天時不如地利也. (孟子公孫丑下)

부환이공지. 필유득천시자의. 연이불승자. 시천시불여지리야. (맹자·공손추하)

해석 포위하고 공격할 때 반드시 천시(天時)를 얻어야 한다. 그럼에도 이기지 못하는 것은 천시가 지형의 이익만 못해서이다.

例二 近聖人之居. 若此其甚也. 然而無有乎爾. 則亦無有乎爾. (孟子盡心下)

근성인지거. 약차기심야. 연이무유호이. 즉역무유호이. (맹자·진심하)

해석 성인이 살던 곳과 이렇게 가까운데 그런데도 성인의 도를 직접 본 사람이 없으니 나중에도 역시 없을 것이 아닌가.

例三 犧牲旣成. 粢盛旣潔. 祭祀以時. 然而旱乾水溢. 則變置社稷. (孟子盡心下)

희생기성. 자성기결. 제사이시. 연이한건수일. 즉변치사직. (맹자·진심하)

해석 희생의 제물이 이미 마련되고 제물로 바칠 곡식도 깨끗하게 마련되고 제사를 제때에 지내는데 그래도 가뭄과 수해가 나면 사직을 옮겨 놓는다.

例四 老者衣帛食肉. 黎民不飢不寒. 然而不王者. 未之有也. (孟子梁惠王上)

노자의백식육. 여민불기불한. 연이불왕자. 미지유야. (맹자·양혜왕상)

해석 늙은이가 비단옷을 입고 고기를 먹으며 젊은이들이 굶주리지 않고 춥지 않고 그러고도 왕이 되지 못한 사람은 아직 없었다.

127 然則 (연즉)

접속사로"그렇게 말한다면"의 의미이다.
관용적 용법으로 전환의 의미가 있다.

例一 王豈爲是哉. 曰否. 吾不爲是也. 曰, 然則王之所大欲可知已. (孟子梁惠王上)

왕기위시재. 왈부. 오불위시야. 왈, 연즉왕지소대욕가지이. (맹자·양혜왕상)

해석 왕께서 어찌 그것 때문이겠습니까? 왕이 말했다. "아닙니다. 나는 그것 때문이 아닙니다." 그렇다면 왕의 크게 바라는 바를 알 수 있겠습니다.

例二 子貢問師與商也孰賢. 子曰, 師也過. 商也不及. 曰, 然則師愈與. 子曰, 過猶不及. (論語先進)

자공문사여상야숙현. 자왈, 사야과. 상야불급. 왈, 연즉사유여. 자왈, 과유불급. (논어·선진)

해석 자공이 사와 상은 누가 더 현명한가를 물었다.
공자께서 말했다. "사는 과하고 상은 미치지 못한다"
자공이 말했다. "그러면 사가 낫다는 말씀인가요?"
공자께서 말했다. "과함과 미치지 못함은 마찬가지니라."

例三 然則孔子之仕也. 非事道與？(孟子萬章下)

연즉공자지사야. 비사도여？(맹자·만장하)

해석 그렇다면 공자께서 벼슬하신 것은 도를 행하려는 것이 아니었습니까?

例四 鄒人與楚人戰. 則王以爲孰勝. 曰, 楚人勝. 曰, 然則小固不可以敵大. 寡固不可以敵衆. 弱固不可以敵彊. (孟子梁惠王上)

추인여초인전. 즉왕이위숙승. 왈, 초인승. 왈, 연즉소고불가이적대. 과고불가이적중. 약고불가이적강. (맹자·양혜왕상)

해석 추나라 사람과 초나라 사람이 전쟁을 하면 왕은 누가 이긴다고 생각하시나요? "초나라 사람이 이길 것입니다." 그렇다면 작은 것은 큰 것을 대적할 수 없으며 적은 것은 많은 것을 대적할 수 없으며 약한 것은 강한 것을 대적할 수 없는 것입니다.

例五 然則一羽之不擧. 爲不用力焉. 輿薪之不見. 爲不用明焉.
(孟子梁惠王上)

연즉일우지불거. 위불용력언. 여신지불견. 위불용명언. (맹자·
양혜왕상)

해석 그렇다면 새털 하나 들지 못함은 힘을 쓰지 않기 때문이고, 수레의
땔나무가 보이지 않는 것은 시력을 쓰지 않기 때문입니다.

例六 然則犬之性. 猶牛之性. 牛之性. 猶人之性與. (孟子告子
上)

연즉견지성. 유우지성. 우지성. 유인지성여. (맹자·고자상)

해석 그렇다면 개의 성(性)은 소의 성과 같고 소의 성은 사람의 성과 같다
는 말인가?

128 **然後** (연후) 　접속사로 "…한 연후에(비로소)"의 의미이다.

例一 權. 然後知輕重. 度. 然後知長短. 物皆然. (孟子梁惠王
上)

권. 연후지경중. 도. 연후지장단. 물개연. (맹자·양혜왕상)

해석 달아본 후에 비로소 가볍고 무거움을 알고 재어 본 후에야 비로소
길고 짧음을 안다. 사물이 다 그렇다.

例二 國人皆曰賢. 然後察之. 見賢焉. 然後用之. (孟子梁惠王
下)

국인개왈현. 연후찰지. 견현언. 연후용지. (맹자·양혜왕하)

해석 전국의 사람들이 모두 이 사람이 현덕하다고 말한 후에 다시 그를
살펴본 후 그가 확실히 현덕하다면 비로소 그를 등용한다.

例三 公事畢. 然後敢治私事. (孟子滕文公上)

공사필. 연후감치사사. (맹자·등문공상)

해석 공적인 일을 마친 후에 비로소 사적인 일을 처리한다.

例四 夫人必自侮. 然後人侮之. (孟子離婁上)

부인필자모. 연후인모지. (맹자·이루상)

<blockquote>해석</blockquote> 사람은 반드시 자기 스스로를 멸시한 뒤에야 다른 사람이 그를 멸시한다.

<blockquote>例五</blockquote> 以善養人. 然後能服天下. 天下不心服而王者. 未之有也. (孟子離婁下)

이선양인. 연후능복천하. 천하불심복이왕자. 미지유야. (맹자 · 이루하)

<blockquote>해석</blockquote> 선으로 다른 사람을 길러 준 뒤라야 비로소 천하를 복종시킬 수 있다. 천하가 마음으로 복종하지 않고서 왕 노릇한 사람은 지금까지 없었다.

<blockquote>例六</blockquote> 文質彬彬. 然後君子. (論語雍也)

문질빈빈. 연후군자. (논어 · 옹야)

<blockquote>해석</blockquote> 문과 질이 함께 빛나야 비로소 군자이다.

<blockquote>例七</blockquote> 歲寒. 然後知松柏之後彫也. (論語子罕)

세한. 연후지송백지후조야. (논어 · 자한)

<blockquote>해석</blockquote> 날씨가 추워진 후에야 비로소 소나무와 잣나무가 느리게 시드는 것을 안다.

<blockquote>例八</blockquote> 樂然後笑. 人不厭其笑. 義然後取. 人不厭其取. (論語憲問)

낙연후소. 인불염기소. 의연후취. 인불염기취. (논어 · 헌문)

<blockquote>해석</blockquote> 즐거워진 후에야 웃으므로 사람들이 그 웃음을 싫어하지 않으며, 의로운 것임을 안 뒤에야 취하시는지라, 사람들이 그 취함을 싫어하지 않습니다.

현대중국어의 용법

[然後] ránhòu

접속사로 "나중에 · 뒤이어"의 의미로, 뒤의 상황이 앞의 상황에 연이어 긴박하게 발생함을 표시한다. 항상 전반 구문에 "先", "首先"을 후반 구문에는 "再", "又", "才" 등의 부사와 함께 사용한다. ① 他聽完老師的提問, 想了想, 然後作了正確的回答. 그는 선생님의 질문을 다 들고 생각한 후 정확한 대답을 하였다. ② 先去北京, 然後才能決定是否還去沈陽. 먼저 북경에 가라, 그 다음에 다시 심양을 갈 것인지 말 것인지를 비로소 결정할 수 있다. ③ 學習寫作, 首先要認眞思考, 擬出提綱, 然後再動筆. 글쓰기를 배우려면 먼저 생각을 냉정하게 해야하고 제요를 만든 후 뒤이어 글쓰기를 시작한다. ④ 我們先看了社員們的住房, 然後又參觀了幾個工場. 우리는 먼저 사원들의 숙소를 보고 그리고 나서 또 공장 몇 곳을 참관하였다.

129 然且 (연차) 접속사로 "그렇지만", " …조차도"의 의미이다.

例一 一戰勝齊. 遂有南陽. 然且不可. (孟子告子下)
일전승제. 수유남양. 연차불가. (맹자·고자하)
해석 한번 싸움으로 제나라를 이겨 마침내 남양 땅을 차지하더라도 옳지 않다고 본다.

例二 徒取諸彼以與此. 然且仁者不爲. 況於殺人以求之乎. (孟子告子下)
도취제피이여차. 연차인자불위. 황어살인이구지호. (맹자·고자하)
해석 그냥 저 나라에서 가져다가 이 나라에 주는 일조차도 인자한 사람은 하지 않는데 하물며 사람을 죽이고서 구하려 하는 하는가?

例三 識其不可, 然且至, 則是干澤也. (孟子公孫丑下)
식기불가, 연차지, 즉시간택야. (맹자·공손추하)
해석 불가능함을 알고서 그런데도 왔다면 이는 벼슬을 구한 것이다.

130 無 (무) 부사와 접속사의 용법이 있다.

⑴ 부사로 사용하면 "없다", "아니다", " …하지 말라"의 의미이다.

例一 飽食終日. 無所用心. 難矣哉. (論語陽貨)

포식종일. 무소용심. 난의재. (논어·양화)

[해석] 하루 종일 배부르게 먹고 마음 쓰는 곳이 없다면(사람 되기는) 어려운 노릇이다.

[例二] 子曰, 加我數年. 五十以學易. 可以無大過矣. (論語述而)

자왈, 가아수년. 오십이학역. 가이무대과의. (논어·술이)

[해석] 공자께서 말했다. "(하늘이) 나에게 수년의 시간을 더 주어 오십 살에 역경을 공부하게 하면 큰 허물이 없어질 것인데!"

[例三] 子路無宿諾. (論語顏淵)

자로무숙락. (논어·안연)

[해석] 자로는 승낙한 일을 미루고 실행하지 않음이 없다.

[例四] 貧而無怨難. 富而無驕易. (論語憲問)

빈이무원난. 부이무교이. (논어·헌문)

[해석] 가난하면서 원망하지 않기는 어렵고 부자이면서 교만하지 않기는 쉬우니라.

[例五] 子曰, 人無遠慮. 必有近憂. (論語衛靈公)

자왈, 인무원려. 필유근우. (논어·위영공)

[해석] 사람은 멀리 생각하는 것이 없으면 반드시 가까운 근심이 있다.

[例六] 子曰, 有教無類. (論語衛靈公)

자왈, 유교무류. (논어·위영공)

[해석] 가르침에 있어서는 선인과 악인의 구별이 없다.

[例七] 無欲速. 無見小利. 欲速. 則不達. 見小利. 則大事不成. (論語子路)

무욕속. 무견소리. 욕속. 즉불달. 견소리. 즉대사불성. (논어·자로)

[해석] 일을 속히 하려고 하지 말며 작은 이익을 돌아보지 말라. 속히 이루고자 하면 달성하지 못하고 작은 이익을 돌아보면 큰일을 이루지 못한다.

[例八] 無傷他. 是乃仁術也. (孟子梁惠王上)

무상타. 시내인술야. (맹자·양혜왕상)

[해석] 걱정할 것이 아니다. 이것이 바로 인을 하는 방법입니다.

例九 我不欲人之加諸我也. 吾亦欲無加諸人. (論語公冶長)

아불욕인지가제아야. 오역욕무가제인. (논어·공야장)

[해석] 나는 다른 사람이 나에게 좋지 않은 일을 하는 것을 원하지 않으므로 나 역시 다른 사람에게 불의를 행하지 않으려 합니다.

(2) 접속사로 사용하면 "비록…하더라도", "…를 막론하고"의 의미로 부정을 표현한다.

例一 國無小, 不可易也. 無備, 雖衆不可恃也. (左傳僖公二十二年)

국무소, 불가이야. 무비, 수중불가시야. (좌전·희공이십이년)

[해석] 나라가 비록 작더라도 얕볼 수 없고 방비함이 없으면 군사가 많아도 믿을 수 없다.

例二 君子無衆寡, 無小大, 無敢慢. (論語堯曰)

군자무중과, 무소대, 무감만. (논어·요왈)

[해석] 군자는 사람이 많고 적음에 관계없이 세력이 약하건 강하건 관계없이 감히 태만할 수 없다.

例三 百姓聞之, 知與不知, 無老壯皆爲垂涕. (史記李將軍列傳)

백성문지, 지여부지, 무노장개위수체. (사기·이장군열전)

[해석] 백성들이 그것을 듣고 그를 아는 사람이나 모르는 사람이나 노소를 막론하고 모두 눈물을 흘렸다.

131 **無乃**(무내) 부사로 "아마도 …한 것이 아닌가?", "설마 …인가?"의 의미이다. 추측을 표시한다.

例一 居敬以行簡. 以臨其民. 不亦可乎. 居簡而行簡. 無乃大簡乎. (論語雍也)

거경이행간. 이림기민. 불역가호. 거간이행간. 무내대간호. (논어·옹야)

[해석] 거하는 데 조심스럽고 행동하는 데는 간소하게 하여 백성들에게 임한다면 역시 가능한 것이 아니겠습니까? 그러나 거처하는 것도 간략하고 행하는 것도 간략하다면 너무 간략한 것이 아닌지요?

[例二] 丘何爲是栖栖者與. 無乃爲佞乎. (論語憲問)

구하위시서서자여. 무내위영호. (논어·헌문)

[해석] 구는 어찌 그리 분주한가? 설마 구변으로 타인의 마음을 사려는 것은 아니겠지.

[例三] 暮婚晨告別, 無乃太忽忙. (杜甫新婚別)

모혼신고별, 무내태총망. (두보·신혼별)

[해석] 저녁에 혼인을 하고 새벽에 이별하니 아마도 너무 성급한 것이 아닌가!

132 無以 (무이) 관용적으로 사용하며 "…할 수 없다"의 의미이다.

[例一] 殺人以挺與刃. 有以異乎. 曰, 無以異也. 以刃與政. 有以異乎. 曰, 無以異也. (孟子梁惠王上)

살인이정여인. 유이이호. 왈, 무이이야. 이인여정. 유이이호. 왈, 무이이야. (맹자·양혜왕상)

[해석] 맹자가 말했다. "사람을 죽이는데 몽둥이로 하는 것과 칼날로 하는 것이 다름이 있습니까?" 양혜왕이 말했다. "다름이 없습니다." 맹자가 말했다. "칼날로 죽이는 것과 정치로 죽이는 것이 다름이 있습니까?" 양혜왕이 말했다. "다름이 없습니다."

[例二] 不知命. 無以爲君子也. 不知禮. 無以立也. 不知言. 無以知人也. (論語堯曰)

부지명. 무이위군자야. 부지례. 무이립야. 부지언. 무이지인야. (논어·요왈)

[해석] 천명을 알지 못하면 군자가 될 수 없고 예를 알지 못하면 다른 사람 앞에 설 수 없으며 말을 알지 못하면 다른 사람을 알 수 없다. (사람의 선악을 알 수 없다.)

▮ 133 ▮ 無寧 (무녕)   접속사와 부사 두가지 용법이 있다.

(1) 접속사로 사용하면 "차라리…하는 게 낫다"의 의미이다.

> 例─ 且予與其死於臣之手也. 無寧死於二三子之手乎. (論語子
> 罕)
> 차여여기사어신지수야. 무녕사어이삼자지수호. (논어・자한)
>
> 해석 또 나는 가신의 손에 안겨서 죽는 것 보다는 차라리 제자들의 손에
> 안겨서 죽겠다.

(2) 부사로 사용하면 "설마…인가?"의 의미이다.

> 例─ 賓至如歸, 無寧災患. (左傳襄公三十一年)
> 빈지여귀, 무녕재환. (좌전・양공삼십일년)
>
> 해석 빈객이 자기 집으로 돌아가듯이 여겼는데 설마 재난이 있겠는가?

현대중국어의 용법

[無寧] wúníng 부사.

"…만 못하다(不如)"의 의미로, 두 가지를 비교한 후 하나를 선택하는
것을 표시한다. 선택되지 않는 대상 앞에 항상 "與其"를 사용한다.
문어체에서 주로 사용한다. ① 與其多而濫, 無寧少而精. 많아서 부
실한 것보다는 차라리 적지만 정교한 것이 좋다. ② 與其坐而論道,
毋寧起而行動. 앉아서 도를 논하는 것보다는 일어나서 행동하는 것
이 좋다. ③ 與其說我考得好, 毋寧說題目出得容易. 내가 시험을 잘
보았다고 말하느니 보다는 차라리 제목이 쉽게 나왔다고 말하는 것
이 났다.

---

134 斯 (사)   대명사와 접속사, 부사의 용법이 있다.

(1) 대명사로 사용하면 "이것", "여기"의 의미이다.

> **例一** 亡之, 命矣夫. 斯人也, 而有斯疾也. (論語雍也)
> 망지, 명의부. 사인야, 이유사질야. (논어·옹야)
> **해석** 죽는다면 천명이다. 이 사람에게 이런 병이 생기다니.

> **例二** 子在齊聞韶. 三月不知肉味. 曰, 不圖爲樂之至於斯也. (論語述而)
> 자재제문소. 삼월부지육미. 왈, 부도위악지지어사야. (논어·술이)
> **해석** 공자께서 제나라에서 순임금의 음악(韶)을 들으시고 3개월간 고기의 맛을 몰랐다. 말씀하시기를 "풍류를 함에 있어서 이런 정도에 이를 줄은 생각하지 못하였다."고 했다.

> **例三** 回雖不敏. 請事斯語矣. (論語顏淵)
> 회수불민. 청사사어의. (논어·안연)
> **해석** 제가(回 즉 안연) 비록 우둔하지만 그 말씀을 받들어 실천할 것입니다.

> **例四** 禮之用. 和爲貴. 先王之道. 斯爲美. 小大由之. (論語學而)
> 예지용. 화위귀. 선왕지도. 사위미. 소대유지. (논어·학이)
> **해석** 예를 사용함에 있어 조화를 이루는 것이 가장 중요하다. 선왕의 도가 이렇게 아름다운 것은 크고 작은 것이 다 이 조화에서 나왔기 때문이다.

> **例五** 子在川上曰, 逝者如斯夫. 不舍晝夜. (論語子罕)
> 자재천상왈, 서자여사부. 불사주야. (논어·자한)
> **해석** 공자가 냇가에서 말씀하셨다. "가는 것이 이와 같다. 밤낮으로 흘러 그치지 아니하도다."

> **例六** 子貢問曰, 何如. 斯可謂之士矣. 子曰, 行已有恥. 使於四方. 不辱君命. 可謂士矣. (論語子路)

자공문왈, 하여. 사가위지사의. 자왈, 행이유치. 사어사방. 불욕군명. 가위사의. (논어·자로)

<kbd>해석</kbd> 자공이 질문을 했다. "어떻게 하면 이를 선비라고 말할 수 있겠습니까?

공자께서 말했다. "행함에 있어 염치를 알고 사방에 사신으로 가서 임금의 명령을 욕되게 하지 않는다면 선비라 할 수 있다."

<kbd>例七</kbd> 足食足兵. 民信之矣. 子貢曰, 必不得已而去. 於斯三者何先. (論語顏淵)

족식족병. 민신지의. 자공왈, 필부득이이거. 어사삼자하선. (논어·안연)

<kbd>해석</kbd> 식량을 풍족히 하고 군비를 충족하게 하면 백성이 그것을 믿을 것이다. 자공이 말했다. "부득이 하여 반드시 버려야 한다면 이 셋 중에서 어느 것을 먼저 버려야 합니까?"

<kbd>例八</kbd> 攻乎異端. 斯害也已. (論語爲政)

공호이단. 사해야이. (논어·위정)

<kbd>해석</kbd> 이단을 연구다면 이는 스스로에게 해로운 뿐이다.

(2) 접속사로 사용하면 "그러면," "곧"의 의미이다.

<kbd>例一</kbd> 人之過也. 各於其黨. 觀過斯知仁矣. (論語里仁)

인지과야. 각어기당. 관과사지인의. (논어·이인)

<kbd>해석</kbd> 사람의 잘못은 그 부류에 따라 다르다. 잘못을 잘 살펴보면 곧 그 사람의 어짐을 알 수 있다.

<kbd>例二</kbd> 事君數. 斯辱矣. 朋友數. 斯疏矣. (論語里仁)

사군삭. 사욕의. 붕우수. 사소의. (논어·이인)

<kbd>해석</kbd> 군왕을 섬기는 데 있어 자주 간하면 곧 욕이 되고 친구에게 자주 충고하면 곧 사이가 멀어지게 된다.

<kbd>例三</kbd> 季文子三思而後行. 子聞之曰, 再. 斯可矣. (論語公冶長)

계문자삼사이후행. 자문지왈, 재. 사가의. (논어·공야장)

<kbd>해석</kbd> 계문자는 세 번 생각한 후에 비로소 행동에 옮겼다. 공자께서 이 말을 들으시고 말씀하셨다. "두 번이면 괜찮다."

例四 如知其非義. 斯速已矣. 何待來年. (孟子滕文公下)

여지기비의. 사속이의. 하대내년. (맹자·등문공하)

해석 만약 그것이 의가 아닌 것을 알았으면 곧 즉시 그만 둘 것이지 어찌
내년까지 기다려야 하는가?

例五 得天下有道. 得其民. 斯得天下矣. 得其民有道. 得其心.
斯得民矣. (孟子離婁上)

득천하유도. 득기민. 사득천하의. 득기민유도. 득기심. 사득민
의. (맹자·이루상)

해석 천하를 얻는데 방법이 있다. 그 백성을 얻으면 곧 천하를 얻게 된
다. 백성을 얻는데 방법이 있으니 그 마음을 얻으면 곧 백성을 얻
게 된다.

例六 一鄕之善士. 斯友一鄕之善士. 一國之善士. 斯友一國之善
士. 天下之善士. 斯友天下之善士. (孟子萬章下)

일향지선사. 사우일향지선사. 일국지선사. 사우일국지선사. 천
하지선사. 사우천하지선사. (맹자·만장하)

해석 한 고을의 선한 선비는 한 고을의 선한 선비를 친구로 사귀고 한
나라의 선한 선비는 한 나라의 선한 선비를 친구로 사귄다. 천하의
선한 선비는 천하의 선한 선비를 친구로 사귈 수 있다.

(3) 부사로 사용하면 "전부," "비로소"의 의미이다.

例一 宣孟曰, 斯食之, 吾更與女. (呂氏春秋愼大覽)

선맹왈, 사식지, 오갱여여. (여씨춘추·신대람)

해석 선맹이 말하기를 "그것을 전부 먹었으면 네게 다시 주마"라고 했다.

例二 敢問何如斯可謂士矣. (荀子哀公)

감문하여사가위사의. (순자·애공)

해석 감히 묻건대 어떤 사람을 곧 선비라고 말할 수 있습니까?

▌135 │ 猶 (유)   전치사, 부사, 접속사의 용법이 있다.

⑴ 전치로 사용하면 목적어와 같이 사용하여 전치사 구문을 이룬
다. 용법은 "由"와 유사하다. "… 때문에", "…로부터", "…에 근거
하여"등의 뜻이 있다.

> **例一** 紀侯之不誅，至今有紀者，猶無明天子也. (公羊傳莊公四
> 年)
>
> 기후지부주, 지금유기자, 유무명자야. (공양전·장공사년)
>
> **해석** 기후가 주살되지 않고 지금까지 기나라가 존재하는 것은 총명한 천
> 자가 없었기 때문이다.

> **例二** 猶此觀之. 王左右不可不練也. (大戴禮記保傳)
>
> 유차관지, 왕좌우불가불련야. (대대예기·보부)
>
> **해석** 이로부터 볼 때 왕의 좌우에서 선택하지 않을 수 없다.

> **例三** 尺地，莫非其有也，一民，莫非其臣也，然耳文王猶方百里
> 起，是以難也. (孟子公孫丑上)
>
> 척지, 막비기유야, 일민, 막비기신야, 연이문왕유방백리기, 시이난
> 야. (맹자·공손축상)
>
> **해석** 한 자의 땅도 그의 소유가 아닌 것이 없고 한 사람의 백성도 그의
> 신하가 아닌 것이 없었다. 그런데도 문왕은 사방 백리에 근거하여
> 일어났으니 이 때문에 어려웠던 것이다.

⑵ 부사로 사용하면 "오히려", "…처럼", "…와 같다"의 의미이다.

> **例一** 學如不及. 猶恐失之. (論語泰伯)
>
> 학여불급. 유공실지. (논어·태백)
>
> **해석** 배움에는 미치지 못할 것 같이 생각하고 오히려 잃어버릴까 두려워
> 하라.

> **例二** 修己以安百姓. 堯舜其猶病諸. (論語衛靈公)
>
> 수기이안백성. 요순기유병저. (논어·위영공)
>
> **해석** 몸을 수양해서 백성들을 편안하게 해 주는 것은 요순임금도 오히려

부족하게 여기셨다.

例三 文猶質也. 質猶文也. 虎豹之鞹. 猶犬羊之鞹. (論語顏淵)

문유질야. 질유문야. 호표지곽. 유견양지곽. (논어·안연)

[해석] 문은 질과 같아야 하며 질도 문과 같아야 하는 것입니다. 호랑이나 표범의 털을 뽑은 가죽이라면 개나 양의 털을 뽑은 가죽이나 마찬가지입니다.

例四 色厲而內荏. 譬諸小人. 其猶穿窬之盜也與. (論語陽貨)

색려이내임. 비제소인. 기유천유지도야여. (논어·양화)

[해석] 얼굴빛은 위엄이 있으면서 속이 유약한 것을 소인에게 비유한다면 마치 벽을 뚫고 담을 넘는 도둑과 같다.

例五 今之爲仁者. 猶以一杯水救一車薪之火. (孟子告子上)

금지위인자. 유이일배수구일거신지화. (맹자·고자상)

[해석] 지금 인을 한다는 사람들은 마치 한 잔의 물로 한 수레의 땔나무의 불을 끄려는 것과 같다.

例六 回也. 視予猶父也. 予不得視猶子也. 非我也. 夫二三子也. (論語先進)

회야. 시여유부야. 여부득시유자야. 비아야. 부이삼자야. (논어·선진)

[해석] 회는 나를 부모처럼 대해 주었다. 나는 그를 아들같이 대해 주지 못하였다. 그러나 그것은 나 때문이 아니라 저 제자들 때문이다.

(3) 접속사로 사용하면 "만일 …라면"의 의미로 단문을 연결한다.

例一 猶有鬼神, 於彼加之. (左傳襄公十年)

유유귀신, 어피가지. (좌전·양공십년)

[해석] 만일 귀신이 있다면 그에게 죄를 가할 것이다.

例二 猶有闕也, 筮雖吉, 未也. (左傳召公十二年)

유유궐야, 서수길, 미야. (좌전·소공십이년)

[해석] 만일 빠진 것이 있으면 비록 점을 쳐서 길하더라도 안 된다.

例三 猶以周公爲天下賞, 則以同族爲衆, 而異族爲寡也. (韓詩外傳卷八)

유이주공위천하상, 즉이동족위중, 이이족위과야. (한시외전·권팔)

[해석] 만약 주공이 천하의 제후들에게 상준 것에 근거한다면 곧 동족에게 는 많이 주고 이민족에게는 적게 주어야 할 것이다.

▪136 | 復 (부·복)　　　　부사와 동사 두 가지 용법이 있다.

(1) 부사로 "다시", "더", "여전히"의 의미이다. 두 가지 상황이 동시에 존재함을 표시하거나 의문의 어기를 표현한다.

[例一] 甚矣. 吾衰也. 久矣. 吾不復夢見周公. (論語述而)

심의. 오쇠야. 구의. 오불부몽견주공. (논어·술이)

[해석] 심하다! 나의 노쇠함이여, 오래되었다, 내 주공의 꿈을 다시 꾸지 못한 것이!

[例二] 聖人復起. 不易吾言矣. (孟子滕文公下)

성인부기. 불역오언의. (맹자·등문공하)

[해석] 성인이 다시 나서도 내 말을 고치지 않을 것이다.

[例三] 復前行, 欲窮其林. (陶淵明桃花源記幷書)

부전행, 욕궁기림. (도연명·도화원기병서)

[해석] 또 앞으로 나가 그 숲의 끝까지 가려했다.

[例四] 楊廣江都傾覆, 不悲身死, 而復取圖書. (李淸照金石錄後序)

양광강도경복, 불비신사, 이복취도서. (이청조·금석록후서)

[해석] 양광은 강도가 함락될 때 자신의 죽음은 슬퍼하지 않고 여전히 책 만을 주워 모았다.

[例五] 善爲我辭焉. 如有復我者, 則吾必在汶上矣. (論語雍也)

선위아사언. 여유부아자, 즉오필재문상의. (논어·옹야)

[해석] 나를 위해 잘 말씀해 주세요. 만약 다시 나를 부르러 온다면 그때 는 내가 반드시 문수(汶水)에 가 있을 것입니다.

[例六] 晋侯復假道於虞以伐虢. (左傳僖公五年)

진후부가도어우이벌괵. (좌전·희공오년)

해석 진나라 임금이 다시 우나라에게 길을 빌려 괵나라를 정벌하다.

(2) 동사로 사용하면 "회복하다"의 의미이다.

例一 克己復禮爲仁. (論語顏淵)

극기복례위인. (논어·안연)

해석 자신을 이기고 예로 돌아가는 것이 인이다.

例二 反素復始, 歸於無端. (後漢書趙咨列傳)

반소복시, 귀어무단. (후한서·조자열전)

해석 (사망하면 영혼은) 태소(太素)로 돌아가 태시(太始)를 선회하여 무극으로 돌아간다.

137 曾 (증)   부사로 "이미", "거의", "설령", "왜" 등의 의미이다.

例一 江流有聲. 斷岸千尺. 山高月小. 水落石出. 曾日月之幾何. 而江山不可復識矣. (蘇軾後赤壁賦)

강류유성. 단안천척. 산고월소. 수락석출. 증일월지기하. 이강산불가부식의. (소식·후적벽부)

해석 강물은 흐르며 소리를 내고 끊어진 절벽은 천 길이나 된다. 산이 높아 달은 더욱 작아 보이고 물이 빠지고 돌이 들어 났다. 세월이 이미 얼마나 흘렀나? 강산의 풍경을 사람들이 다시 알아보지 못한다.

例二 愚公年九十. 欲移山. 其妻獻疑曰, 以君之力. 曾不能損魁父之丘. 且焉置土石. (列子湯問)

우공년구십. 욕이산. 기처헌의왈, 이군지력. 증불능손괴부지구. 차언치토석. (열자·탕문)

해석 우공은 90세로 산을 옮기려 한다. 그의 처가 의문이 나서 말했다. "당신의 기력은 거의 괴부의 언덕조차 줄일 수 없는데 어찌 산의 토석을 옮긴단 말입니까?"

例三 鮒魚曰, 吾得斗升之水然活耳. 君乃言此. 曾不如早索我枯魚之肆. (莊子外物)

붕어왈, 오득두승지수연활이. 군내언차. 증불여조삭아고어지
사. (장자·외물)

[해석] 붕어가 말했다. "나는 단지 한말이나 한 홉의 물만 있으면 즉시 살
수가 있다. 당신이 이렇게 말한다면 거의 건어물을 파는 시장에
가서 일찌감치 나를 찾는 것이 더 났다."라고 하였다.

[例四] 有事弟子服其勞. 有酒食先生饌. 曾是以爲孝乎. (論語爲
政)

유사제자복기로. 유주사선생찬. 증시이위효호. (논어·위정)

[해석] 무슨 일이 있으면 자녀가 그 수고를 대신하고 술과 음식이 생기면
먼저 드시게 하는 것으로 이미 효도를 다했다고 할 수 있는가?

[例五] 嗚呼. 曾謂泰山不如林放乎. (論語八佾)

오호. 증위태산불여림방호. (논어·팔일)

[해석] 아! 슬프다. 설령 태산이(예의 근본을 물은) 임방(林放)만도 못하단
말인가?

[例六] 蓋將自其變者而觀之. 則天地曾不能以一瞬. 自其不變者而
觀之. 則物與我皆無盡也. (蘇軾前赤壁賦)

개장자기변자이관지. 즉천지증불능이일순. 자기불변자이관지.
즉물여아개무진야. (소식·전적벽부)

[해석] 만약 변화라는 입장에서 보면 세상에 한순간도 변화하지 않는 것은
거의 없다. 만약 불변의 입장에서 보면 사물과 우리들 모두 무궁무진
하다.

[例七] 先生旣來, 曾不發藥乎. (莊子列禦寇)

선생기래, 증불발약호. (장자·열어구)

[해석] 선생이 이미 왔는데 왜 나를 교화하지 않는가?

현대중국어의 용법

[曾]　céng　현대중국어에서 "曾經(céngjīng)"으로 많이 쓰인다.

[曾經] céngjīng

부사로 이전에 모종의 행위나 상황이 있었으나 지금은 이미 끝난 것을 표시한다. 항상 조사 "過"와 함께 사용한다. ① 他曾經當過學徒, 做過教師, 現在參加了政治. 그는 이전에는 학생이었고 교사였다가 지금은 정치에 참가했다. ② 那本書我幾年前曾經看過, 內容還記得. 그 책을 나는 몇 년 전에 본적이 있고 아직도 내용을 기억하고 있다. ③ 我曾經在杭州住過三年. 나는 전에 항주에서 삼년 동안 산적이 있다.

비교 여기서 사용한 "過", "曾經"은 모두 생략할 수 있다. "曾經"을 생략하여도 의미에는 변화가 없고 문장이 오히려 간략해진다. "曾經"을 사용하면 "當", "做", "看", "住", "熱" 등의 과거의 경력을 강조한다. 일부 문장은 "過"를 생략할 수 있지만 "曾經"을 생략할 수는 없다. ① 他曾經是我的同事. 그는 이전에 나의 동료였다. ② 他曾經担任小學校長三年. 이전에 그는 초등학교 교장을 삼년 동안 역임하였다.

설명 앞의 예문①에서 과거는 동료였으나 지금은 아님을 표시한다. 만약 여기서 "曾經"을 생략하면 지금도 동료라고 쉽게 오해할 수 있다. 후반 절은 과거의 경력을 표시한다. 그러므로 이러한 문장에서는 "曾經"을 생략하면 의미가 불분명해진다.

동의어 "曾"은 "曾經"의 의미이고 교환하여 사용할 수 있다. "曾"은 문어체에서 많이 사용한다. 예를 들어, 문어체는 "曾任"으로 구어는 "曾經担任"이라고 쓴다. "已經"은 일의 완성이 얼마 전에 이루어짐을 표시한다. 시간상으로 볼 때 "曾經" 보다 가깝다.

138 爲 (위)   동사, 전치사 구, 접속사, 어기사의 용법이 있다.

(1) 동사로 사용하여 "…하다"의 의미이다.

例一 或謂孔子曰, 子奚不爲政. (論語八佾)
혹위공자왈, 자해불위정. (논어・팔일)

해석 어떤 사람이 공자에게 물었다. "선생님은 왜 정치를 하지 않으시나요?"

例二 令尹子文. 三仕爲令尹. (論語公冶長)

영윤자문. 삼사위영윤. (논어·공야장)

해석 영윤 자문은 세 번 벼슬을 하여 영윤이 되었다.

例三 子路使子羔爲費宰. (論語先進)

자로사자고위비재. (논어·선진)

해석 자로(子路)가 자고(子羔)로 하여금 비(費) 땅의 원님을 삼았다.

例四 殺一無辜. 而得天下. 皆不爲也. (孟子公孫丑上)

살일무고, 이득천하. 개불위야. (맹자·공손추상)

해석 한 사람이라도 무고한 사람을 죽여서 천하를 얻는 일은 모두 하지 않는다.

(2) 전치사 구를 이루어 "…때에", "… 때문에", "…위해서", "…에 의거하여", "…와 함께" 등의 의미이다.

例一 爲其來也. 臣請縛一人過王而行. (晏子春秋內篇雜下)

위기래야. 신청박일인과왕이행. (안자춘추·내편·잡하)

해석 그가 왔을 때에 신이 한 사람을 포박하여 왕 앞으로 지나가기를 청합니다.

例二 仕非爲貧也. 而有時乎爲貧. (孟子萬章下)

사비위빈야. 이유시호위빈. (맹자·만장하)

해석 관직을 하는 것은 가난 때문은 아니지만 때로는 가난 때문인 경우가 있다.

例三 天下熙熙. 皆爲利來. 天下壤壤. 皆爲利往. (史記貨殖列傳)

천하희희. 개위리내. 천하양양. 개위리왕. (사기·화식열전)

해석 천하가 희희낙락하면 모두 이익을 위해 모이고, 천하가 어지러워지면 모두 이익을 위해 떠난다.

例四 心慮而能爲之動. 謂之僞. (荀子正名)

심려이능위지동. 위지위. (순자·정명)

해석 마음으로 생각하고 그것에 따라 행동하는 것을 위(僞)라고 한다.

(3) 접속사로 사용하면 "대신하다", "또한", "…위하다", "만약"의 의미이다.

> 例一 季氏使閔子騫爲費宰. 閔子騫曰, 善爲我辭焉. (論語雍也)
>
> 계씨사민자건위비재. 민자건왈, 선위아사언. (논어·옹야)
>
> 해석 계씨가 민자건을 비 고을의 원님을 시키려 하자 민자건이 말했다. "나를 위하여 잘 말씀드려 주십시오."

> 例二 召太師曰, 爲我作君臣相說之樂. (孟子梁惠王下)
>
> 소태사왈, 위아작군신상열지악. (맹자·양혜왕하)
>
> 해석 태사를 불러 이르기를 "나를 위해 임금과 신하가 서로 기뻐하는 음악을 만들라"고 했다.

> 例三 所以爲蚳蠅. 則善矣. (孟子公孫丑下)
>
> 소이위지와. 즉선의. (맹자·공손추하)
>
> 해석 지와(蚳蠅)를 위하여(말해준 것은) 좋았다.

> 例四 是楚與三國謀出秦兵矣. 秦爲知之. 必不救也. (戰國策秦策四)
>
> 시초여삼국모출진병의. 진위지지. 필불구야. (전국책·진책사)
>
> 해석 이는 초나라가 삼국과 함께 모의하여 진나라를 공격하려는 것인데 진나라가 만약 이를 안다면 반드시 구하려 들지 않을 것이다.

> 例五 不得, 不可以爲悅, 無財. 不可以爲悅. 得之爲有財. 古之人皆用之. 吾何獨爲不然. (孟子公孫丑下)
>
> 부득, 불가이위열, 무재. 불가이위열. 득지위유재. 고지인개용지. 오하독위불연. (맹자·공손추하)
>
> 해석 그렇게 할 수 없으면 마음이 흡족할 수 없고(그렇게 할 만한) 재력이 없어도 마음에 흡족할 수 없는 것이다. 그렇게 할 수 있고 그렇게 할 만한 재물이 있으면 옛 사람들이 모두 그렇게 했는데 어찌 나 혼자 그렇게 하지 않겠는가?

> 例六 古之學者爲己. 今之學者爲人. (論語憲問)
>
> 고지학자위기. 금지학자위인. (논어·헌문)
>
> 해석 옛날 학자들은 자기를 위해서 하고 오늘날의 학자들은 타인을 위해서 한다.

(4) 문미에 어기사로 사용하면 반문의 의미가 있다.

例─ 君子質而已矣. 何以文爲. (論語顔淵)

군자질이이의. 하이문위. (논어 · 안연)

解析 군자는 바탕(질)이 훌륭하면 그만이지 화려해서(문) 해서 무엇 하는가?

例二 誦詩三百. 授之以政. 不達. 使於四方. 不能專對. 雖多亦奚以爲. (論語子路)

송시삼백. 수지이정. 부달. 사어사방. 불능전대. 수다역해이위. (논어 · 자로)

解析 시 삼백을 다 외워 정사에 도움을 줄 정도에 달하지 못하고 사방에 사절로 보내져도 단독으로 일을 처리하지 못한다면 비록 시를 많이 외우고 있다 한들 무엇 하겠는가?

例三 夫子何命焉爲. (墨子公輸)

부자하명언위. (묵자 · 공수)

解析 선생에게는 무슨 가르침이 있는가?

---

139 **啻** (시)

부사로 "不, 何, 奚"와 함께 사용하고 "겨우", "다만", "단지"의 의미로 해석한다.

例─ 人之彦聖. 其心好之. 不啻若自其口出. 寔能容之. (大學十章)

인지언성. 기심호지. 불시약자기구출. 식능용지. (대학 · 십장)

解析 다른 사람의 뛰어나고 어진 것을 진심으로 좋아하고 입으로만 이들을 칭찬할 뿐만 아니라 진실로 그것을 받아들인다.

例二 臣以死奮筆, 奚啻其聞之也. (國語魯語上)

신이사분필, 해시기문지야. (국어 · 노어상)

解析 신은 목숨을 걸고 붓을 들었는데 어찌 그것을 들었을 뿐인가요?

140 雅 (아)　　　부사로 "본래", "매우"의 의미이다.

例一 雍齒雅不欲屬沛公. (史記高祖紀)
옹치아불욕속패공. (사기·고조기)
[해석] 옹치(雍齒)는 본래 패공에게 속하는 것을 원하지 않았다.

例二 婦, 趙女也, 雅善鼓瑟. (漢書楊惲)
부, 조녀야, 아선고슬. (한서·양운)
[해석] 내 부인은 조나라 여자인데 금을 매우 잘 탄다.

141 滋 (자)　　　부사로 "더욱", "중다한"의 의미이다.

例一 以齊王由反手也. 若是. 則弟子之惑滋甚. (孟子公孫丑上)
이제왕유반수야. 약시. 즉제자지혹자심. (맹자·공손추상)
[해석] 제나라로 하여금 왕업을 이루게 하기는 손바닥을 뒤집는 것처럼 쉽다. 그렇다면 제자의 의혹은 더욱 심해집니다.

例二 若獲諸侯, 其虐滋甚. (左傳召公元年)
약획제후, 기학자심. (좌전·소공원년)
[해석] 만약 제후의 자리를 얻는다면 그의 사나움은 더욱 심해질 것이다.

142 會 (회)　　　부사와 동사의 용법이 있다.

(1) 부사로 사용할 때는 "공교롭게도", "반드시"의 의미이다.

例一 會先王棄羣臣. (戰國策樂毅報燕王書)
회선왕기군신. (전국책·악의보연왕서)
[해석] 마침 공교롭게도 선왕이 먼저 신하들을 버렸다(돌아가셨다).

例二 人生在世, 會當有業 (顔氏家訓勉學)

인생재세, 회당유업(안씨가훈·면학)

[해석] 인생살이 하는 동안 반드시 직업이 있어야 한다.

(2) 동사로 사용할 때는 "만나다", "모이다"의 의미이다.

[例一] 僕懷欲陳之, 而未有路, 適會召問. (司馬遷報任少卿書)
복회욕진지, 이미유로, 적회소문. (사마천·보임소경서)

[해석] 제가 품은 뜻을 설명하려 했으나 길이 없었는데 공교롭게도 만나서 하문을 받았다.

[例二] 終非其任, 卒與禍會. (楊惲報孫會宗書)
종비기임, 졸여화회. (양운·보손회종서)

[해석] 그 임무를 감당할 수 없어서 마침내 환난에 부닥쳤다.

<table>
<tr><td>현대중국어의 용법</td></tr>
</table>

[會] huì

부사로 "때마침", "반드시 …해야만 한다."라는 의미로 사용한다.

會大風起, 覆舟. 때마침 큰 바람이 일어 배를 전복시켰다.

長風破浪會有時. 반드시 큰 포부를 펼 때가 있을 것이다.

143 當 (당)　　　동사와 부사의 용법이 있다.

(1) 동사로 사용할 때는 "…하다(당하다)", "…에"의 의미이다.

[例一] 當仁不讓於師. (論語衛靈公)
당인불양어사. (논어·위영공)

[해석] 인을 행함에 있어서는 당연히 스승에게도 양보하지 않는다.

例二 晚食以當肉, 安步以當車. (戰國策齊策)

만식이당육, 안보이당거. (전국책·제책)

해석 (배고프기를 기다렸다) 늦게 먹으며 고기를 먹는 것처럼 하고, 편안하게 걸으며 수레를 타는 것으로 삼는다.

例三 當是時. 禹八年於外. 三過其門而不入. (孟子滕文公上)

당시시. 우팔년어외. 삼과기문이불입. (맹자·등문공상)

해석 이때에 우(禹)는 팔년을 밖에서 살면서 자신의 집 문 앞을 세 번 지났으나 들어가지 않았다.

例四 養生者. 不足以當大事. 惟送死. 可以當大事. (孟子離婁下)

양생자. 부족이당대사. 유송사. 가이당대사. (맹자·이루하)

해석 (살아계실 때) 봉양하는 것은 큰일이라고 할게 못되고 돌아가시어 장례하는 일이야 말로 큰일을 당했다고 할 수 있다.

例五 夫子當路於齊. 管仲晏子之功. 可復許乎? (孟子公孫丑上)

부자당노어제. 관중안자지공. 가부허호? (맹자·공손추상)

해석 선생님께서 제나라의 요직을 맡아 간다면 관중과 안자가 세운 공적을 다시 기대할 수 있나요?

(2) 부사로 사용할 때는 "당초(처음)", "반드시"의 의미이다.

例一 當堯之時. 天下猶未平. (孟子滕文公上)

당요지시. 천하유미평. (맹자·등문공상)

해석 처음 요임금 때에 천하는 아직 평탄치 못했다.

例二 後百年, 旁當有萬家邑. (論衡實知)

후백년, 방당유만가읍. (논형·실지)

해석 백년 후에 옆에 반드시 만 호나 되는 고을이 생겨날 것이다.

例三 死者人之終也. 處常得終, 當何憂哉. (列子天瑞)

사자인지종야. 처상득종, 당하우재. (열자·천서)

해석 죽음은 인간의 끝이다. 평범한 상태에서 죽음을 맞는 것이니 또한 무슨 근심이 있겠는가?

현대중국어의 용법

[當] dāng 전치사

(1) 사건이 발생한 시간을 표시한다. 항상 "時", "…的時候"등과 함께 사용한다. ① 當球隊勝利歸來時, 大家到車站熱烈歡迎. 팀이 승리하여 돌아올 때, 모두들 정류장으로 가서 열렬히 환영하였다. ② 當他們回來的時候, 我已經走了. 그들이 돌아왔을 때, 우리는 이미 떠났다.

(2) 앞에 "正"이나, 뒤에 "着"를 추가하여 사건이 발생하고 있는 중이라는 것을 강조한다. ① 正當黃昏時分, 天忽然下起而來. 마침 황혼이 될 무렵에 하늘이 갑자기 어두워지기 시작하였다. ② 正當春暖花開的時節, 他們來到了西子湖邊. 봄이 되어 날이 따스해지고 꽃이 필 때를 맞아, 그들은 서호로 왔다.

(3) 방금 전에 사건이 발생한 것을 표시한다. "面"과 함께 사용하고 뒤에 "着"를 첨가할 수 있다. ① 有意見你可以當面提嘛. 의견이 있으면 당신은 직접 제시할 수 있다. ② 昨天我已經當大家的面匯報了調查的經過. 어제 나는 이미 모두의 면전에서 조사의 경과를 보고하였다. ③ 請你把情況當着他們的面再講一講. 당신은 그들의 면전에서 상황을 다시 한 번 말해주시오.

(4) 사건이 발생한 위치나 장소를 표시한다. ① 太陽當頭照. 태양이 머리를 비추었다. ② 他當場回答了老師的提問. 그는 선생님의 질문에 즉석에서 대답하였다.

> 비교 "在"와 "當"은 때로는 교환하여 사용할 수 있다. 예를 들어, "當球隊勝利歸來時, 大家到車站熱烈歡迎"(구기 팀이 승리를 하고 돌아왔을 때 모두 역으로 나가 열렬히 환영하였다)를 "在球隊勝利歸來時, 大家到車站熱烈歡迎"으로 할 수 있다. 그러나 "在很久以前我們就認識了"(아주 오래 전에 우리는 이미 알고 있었다)를 "當很久以前我們就認識了"로 고칠 수 없다. 그러므로 "當"은 단지 "시점"을 표시하며, "在"는 "시간 프레임"을 표시한다. "在"의 용법은 "當"에 비하여 매우 광범위하다.

> 실사 "我們選他當代表"(우리는 그를 대표로 선출했다), "別把他當

外人"(그를 외부 사람으로 보지 말라), "我說話算數, 敢作敢
當"(내가 한말은 책임을 진다. 용감하게 행동하고 과감히 책
임진다)에서 "當"은 동사이다.

144 遂 (수)   동사와 부사의 용법이 있다.

(1) 동사로 사용할 때는 "성취하다"의 의미이다.

> 例一 四者無一遂. 苟合收容. 無所短長之效. (司馬遷報任少卿書)
> 사자무일수. 구합수용. 무소단장지효. (사마천・보임소경서)
> 해석 네 가지 중 하나도 성취하지 못했다. 단지 구차히 영합하여 생명을
> 구했을 뿐 아무런 공로도 없다.

> 例二 成事不說. 遂事不諫. 旣往不咎. (論語八佾)
> 성사불설. 수사불간. 기왕불구. (논어・팔일)
> 해석 이룬 일은 말하는 것이 아니고 성취한 일은 간하는 것이 아니며 이
> 미 지나간 일은 탓하지 않는 것이다.

(2) 부사로 사용할 때는 "곧", "드디어", "의외로"등의 의미이다.

> 例一 詩云. 雨我公田. 遂及我私. (孟子滕文公上)
> 시운. 우아공전. 수급아사. (맹자・등문공상)
> 해석 시에 말하기를 "나의 공전(公田)에 비가 내리고 곧 우리(개인) 밭에
> 도 와 다오."라고 하였다.

> 例二 子之兄弟. 事之數十年. 師死而遂倍之. (孟子滕文公上)
> 자지형제. 사지삭십년. 사사이수배지. (맹자・등문공상)
> 해석 너희 형제가 그를 수십 년 섬기다가 스승이 돌아가시자 드디어 배
> 반하는 구나.

> 例三 遂爲母子如初. (左傳隱公元年)
> 수위모자여초. (좌전・은공원년)
> 해석 드디어 모자가 처음처럼 친하게 되었다.

例四 三年. 遂將五諸侯滅秦. (史記項羽本紀贊)
삼년. 수장오제후멸진. (사기·항우본기찬)
[해석] 불과 삼년 만에 드디어 오개 국 제후들의 군대를 거느리고 진나라를 멸망시켰다.

例五 今歲不戰. 明年不征. 使孫策坐大, 遂幷江東. (諸葛亮後出師表)
금세부전. 명년부정. 사손책좌대, 수병강동. (제갈량·후출사표)
[해석] 금년에 전쟁을 하지 않고 내년에도 전쟁을 하지 않으면 마침내 손책이 점차 커지게 되고 곧 강동을 합병하게 될 것이다.

例六 子雲嘆曰, 此人後生無非, 遂不爲世所稱, 亦是奇事. (顏氏家訓慕賢)
자운탄왈, 차인후생무비, 수불위세소칭, 역시기사. (안씨가훈·모현)
[해석] 자운이 탄식하며 말했다. "후학 중에 이 사람과 비길만한 사람이 없는데 의외로 세인들의 칭송을 받지 못하니 이 역시 기이한 일이다."

145 寖 (침)   부사로 "더욱", "점점"의 의미이다. "浸"으로도 쓴다.

例一 吏安其官, 民樂其業, 畜積歲增, 戶口寖息. (漢書刑法志)
리안기관, 민락기업, 축적세증, 호구침식. (한서·형법지)
[해석] 관리는 그 관직에 만족하고 백성들은 그 직업을 좋아하고 저축한 것이 해마다 증가하여 호구도 더욱 증가했다.

例二 論事寖淫. (宋史列傳八十四)
논사침음. (송사·열전팔십사)
[해석] 사건을 토론하며 점차 황당해 간다.

例三 形穆穆以浸遠兮, 離人群而遁逸. (楚辭遠遊)
형목목이침원혜, 리인군이둔일. (초사·원유)
[해석] 몸은 조용히 점점 먼 곳으로 떠나고 사람들을 떠나 숨어서 산다.

146 與 (여)   동사, 접속사, 어기사, 부사 등으로 사용한다.

⑴ 동사로 사용할 때는 "주다", "참여하다", "도와주다", "함께하다"등
   의 의미이다.

例一 子華使於齊, 冉子爲其母請粟. 子曰, 與之釜. 請益. 曰,
   與之庾. 冉子與之粟五秉. (論語雍也)
   자화사어제, 염자위기모청속. 자왈, 여지부. 청익. 왈, 여지
   유. 염자여지속오병. (논어・옹야)

해석 자화가 공자의 심부름으로 제나라로 가게 되었다. 염자가 자화의
   어머니를 위하여 곡식을 줄 것을 청하자 공자께서 말씀하셨다. "부
   만큼 주어라" 염자가 더 주기를 요청하자 "유만큼 주어라" 염자는
   (그것이 적다고 생각하여) 곡식 오병을 주었다.

例二 可以取, 可以無取 ; 取傷廉. 可以與. 可以無與. 與傷惠.
   (孟子離婁下)
   가이취, 가이무취 ; 취상렴. 가이여. 가이무여. 여상혜. (맹자・
   이루하)

해석 받아도 되고 받지 않아도 되는데 받으면 청렴을 해치는 것이다. 주
   어도 되고 주지 않아도 되는데 주면 은혜를 해치는 것이다.

例三 取諸人以爲善. 是與人爲善者也. 故君子莫大乎與人爲善.
   (孟子公孫丑上)
   취제인이위선. 시여인위선자야. 고군자막대호여인위선. (맹자・
   공손추상)

해석 다른 사람에게서 취하여 자신도 선을 행하는 것이 다른 사람이 선
   을 행하는 것을 도와주는 것이다. 그러므로 군자가 다른 사람이 선
   을 행하는 것을 도와주는 것보다 더 큰 일은 없다.

例四 文王旣沒, 文不在玆乎. 天之將喪斯文也. 後死者不得與於
   斯文也. (論語子罕)
   문왕기몰, 문부재자호. 천지장상사문야. 후사자부득여어사문
   야. (논어・자한)

해석 문왕은 이미 돌아가셨으나 그의 문화는 여기에 남아있지 않은가?

하늘이 장차 이도를 버리려 하였다면 뒤에 죽을 사람으로 하여금 이도에 참여하지 못하게 하였을 것이다.

例五 **自暴者. 不可與有言也. 自棄者. 不可與有爲也.** (孟子離婁上)

자포자. 부가여유언야. 자기자. 부가여유위야. (맹자·이루상)

解釋 스스로 자신을 해치는 사람과는 함께 말할 것이 아니고 스스로 인격을 버리는 사람과는 함께 일할 것이 아니다.

(2) 접속사로 사용할 때는 "…과"의 의미이다.

例一 **富與貴. 是人之所欲也.** (論語里仁)

부여귀. 시인지소욕야. (논어·이인)

解釋 부와 명예는 사람들이 얻고자 하는 것이다.

例二 **可與共學. 未可與適道. 可與適道. 未可與立. 可與立. 未可與權.** (論語子罕)

가여공학. 미가여적도. 가여적도. 미가여립. 가여립. 미가여권. (논어·자한)

解釋 (그와) 함께 배우더라도 함께 도에 나아가지는 못하고 함께 도에 나아가더라도(그와) 뜻을 세우지는 못하며 일을 적절히 처리하지는 못하느니라.

例三 **若聖與仁, 則吾豈敢?** (論語述而)

약성여인, 즉오기감? (논어·술이)

解釋 성인과 인자를 내 어찌 감당할 수 있겠는가?

例四 **知加以戰與不可以戰者, 勝.** (孫子謨攻)

지가이전여불가이전자, 승. (손자·모공)

解釋 싸울 때와 싸우지 않을 때를 아는 자는 승리한다.

(3) 어기사로 사용하여 "의문", "반문", "감탄" 등을 표시한다.

例一 **夫子之至於是邦也. 必聞其政. 求之與. 抑與之與.** (論語學而)

부자지지어시방야. 필문기정. 구지여. 억여지여. (논어·학이)

解釋 공자께서 어느 나라를 가시든지 그 나라를 다스리는 사람에게서 반

드시 정치에 관한 것을 들으시는데 그것은 스스로 청하신 것인가
요? 아니면 그에게 청함을 받았기 때문인가요?

例二 伯夷, 伊尹於孔子, 若是班乎? 曰 : 否. 自有生民以來, 未
有孔子也. 曰 : 然則有同與? 曰 : 有. (孟子公孫丑上)
백이, 이윤어공자, 약시반호? 왈 : 부. 자유생민이래, 미유공자
야. 왈 : 연칙유동여? 왈 : 유. (맹자·공손추상)

해석 백이와 이윤이 공자와 그처럼 비슷합니까? "아니다. 인류가 생긴
이래 공자만한 분이 없다." 그러면 그들 사이에 같은 점이 있습니
까? "있다."

例三 今言王若易然, 則文王不足法與. (孟子公孫丑上)
금언왕약역연, 즉문왕부족법여. (맹자·공손추상)

해석 지금 왕업이 쉬운 듯이 말씀하시니 그렇다면 문왕은 본받을 만한
분이 못됩니까?

例四 唯求則非邦也與. (論語顔淵)
유구즉비방야여. (논어·안연)

해석 그러면 염구는 나라를 다스리는 것이 아닌가요?

例五 不降其志. 不辱其身. 伯夷叔齊與. (論語微子)
불강기지. 불욕기신. 백이숙제여. (논어·미자)

해석 그 뜻을 굽히지 않고 그 몸을 욕되게 하지 않은 이는 백이와 숙제였
느니라.

(4) 부사로 사용할 때는 "모두"의 의미이다. "擧"와 용법이 유사하다.

例一 王霸安存, 危殆滅亡. 制與在我亡乎人. (순자왕제)
왕패안존, 위태멸망. 제여재아무호인. (순자·왕제)

해석 왕자와 패자가 되는 것·편안히 존속하는 것, 위태함·멸망함을 결
정짓는 것은 모두 나에게 있지 타인에게 있는 것이 아니다.

例二 數日, 號令召三老, 豪杰與皆來會計事. (史記陳涉世家)
수일, 호령소삼로, 호걸여개래회계사. (사기·진섭세가)

해석 수 일후, (진승은) 명을 내려 삼로와 지방 호걸들을 모두 불렀는데
모두 와서 대사를 논의했다.

147 與其 (여기)

접속사로 "차라리…하다"라는 의미이다.
주로 "寧, 何, 不, 孰" 등의 단어들이 뒤에 온다.

例一 與其有聚斂之臣. 寧有盜臣. 此謂國不以利爲利. 以義爲利也. (大學十章)

여기유취렴지신. 영유도신. 차위국불이리위리. 이의위리야. (대학·십장)

解釋 재물을 취렴하는 신하를 둘 바에는 차라리 도둑질하는 신하를 둘 것이다. 이것은 국가는 이익으로 도움을 삼지 않고 의리로 도움을 삼는 다고 말하는 것이다.

例二 禮與其奢也. 寧儉. 喪. 與其易也. 寧戚. (論語八佾)

예여기사야. 녕검. 상. 여기역야. 녕척. (논어·팔일)

解釋 예는 사치함보다는 차라리 검소해야 하고 (부모의) 상을 당하면 형식을 갖추기 보다는 차라리 슬퍼해야 하느니라.

例三 奢則不孫, 儉則固. 與其不孫也, 寧固. (論語述而)

사즉불손, 검즉고. 여기부손야, 녕고. (논어·술이)

解釋 사치하면 겸손하지 못하고 지나치게 검약하면 고루해지기 쉽다. 그러나 겸손치 않은 것보다는 차라리 고루한 것이 나으니라.

例四 "與其媚於奧. 寧媚於竈, 何謂也?"子曰∶不然 ; 獲罪於天, 無所禱也. (論語八佾)

"여기미어오. 녕미어조, 하위야?"자왈∶불연 ; 획죄어천, 무소도야. (논어·팔일)

解釋 "'깊은 방 속에 모신 신주에게 비는 것보다 차라리 부뚜막 귀신에게 빌라'하는 것은 무엇을 두고 한 말입니까?"라고 물었다. 공자께서 말씀하셨다. "그렇지 않습니다. 하늘에 죄를 지으면 빌 곳이 없습니다."

[與其] yǔqí

접속사로 "…하기보다는(寧可)" 등의 부사와 함께 사용하여, 두 가지 사건 중에 한 가지를 선택하고 다른 한 가지를 선택하지 않는 것을 표시한다. "與其"는 전반 절에 사용하고 포기하는 내용을 가리킨다. ① 與其在這裏等車, 不如慢慢走去. 이곳에서 차를 기다리느니 차라리 천천히 걸어가는 것이 낫다. ② 與其匆匆忙忙趕着交卷, 還不如多花點時間修改一下. 서둘러서 답안지를 제출하기보다는 시간을 좀 들여 수정을 하는 것이 좋다. ③ 與其說是困難多, 毋寧說是努力不夠. 곤란이 많다고 말하기보다는 노력 부족이라고 말하는 것이 좋다. ④ 與其隨隨便便下結論, 寧可再仔細硏究一下. 임의로 결론을 내리기보다는 더욱 자세히 연구하는 것이 낫다.

148 蓋 (개)

부사와 접속사의 용법이 있다.

⑴ 부사로 사용할 때는 "대개", "모두", "아마도"의 의미이다.

> **例一** 舜目蓋重瞳子. (史記項羽本紀)
> 순목개중동자. (사기 · 항우본기)
> **해석** 순의 눈에는 대략 두 개의 눈동자가 있었다.

> **例二** 蓋乃事美一詩, 語流千載. (蕭統文選序)
> 개내사미일시, 어류천재. (소통 · 문선서)
> **해석** 이는 모두 한 시대의 미담으로 천년을 전해 내려온다.

> **例三** 西伯蓋卽位五十年. 其囚羑里. 蓋益易之八卦爲六十四卦.
> (史記周本紀)
> 서백개즉위오십년. 기인유리. 개익역지팔괘위육십사괘(사기 · 주본기)
> **해석** 서백은 약 오십년간 재위했다. 아마도 그가 유리에 갇혀있을 때 역

의 팔괘를 더해 육식사괘로 만든 것 같다.

例四 有能一日用其力於仁矣乎？我未見力不足者. 蓋有之矣. 我
未之見也. (論語里仁)

유능일일용기력어인의호？아미견력부족자. 개유지의. 아미지견
야. (논어·이인)

해석 하루를 능히 어진 것에 힘쓸 사람이 있는가? 나는 아직(그렇게 하는
데) 힘이 부족한 사람을 보지 못하였다. 대체로 그런 사람이 있을
법한데 나는 아직 그런 사람을 보지 못하였다.

(2) 접속사로 사용하면 "… 때문에", "왜냐하면"이라는 의미이다.

例一 聞有國有家者, 不患寡而患不均. 不患貧而患不安. 蓋均無
貧. 和無寡. 安無傾. (論語季氏)

문유국유가자, 부환과이환부균. 부환빈이환부안. 개균무빈. 화
무과. 안무경. (논어·계씨)

해석 나라가 있고 집이 있는 자는 사람의 숫자가 적음을 걱정하지 않고
평균되지 않음을 걱정하며 가난함을 걱정하지 않고 편안하지 않음
을 걱정한다. 왜냐하면 평균되면 가난함이 없고 화합하면 부족함
이 없고 안정되면 기울어짐이 없다.

例二 蓋追先帝之殊遇. 欲報之於陛下也. (諸葛亮前出師表)

개추선제지수우. 욕보지어폐하야. (제갈량·전출사표)

해석 선제께서 특별히 후대해주셨기 때문에 폐하에게 보답하고자 합
니다.

149 寧 (녕) 접속사와 부사의 두 가지 용법이 있다.

(1) 접속사로 사용할 때는 "차라리… 하다", "설마 … 하다"의 의미이다.

例一 與其殺不辜. 寧失不經. (書經大禹謨)

여기살불고. 녕실불경. (서경·대우모)

> [해석] 죄가 없는 사람을 죽이느니 차라리 실수로 상법(常法)을 지키지 않는 것이 났다.

> [例二] 屈原曰, 吾寧悃悃款款朴以忠乎. 送往勞來斯無窮乎. 寧誅鋤草茅以力耕乎. 將游大人以成名乎. (楚辭卜居)
> 굴원왈, 오녕곤곤관관박이충호. 송왕노래사무궁호. 영주서초모이력경호. 장유대인이성명호. (초사·복거)

> [해석] 굴원이 말했다. "내가 진심을 가지고 충성을 다할 것인가? 아니면 왕래하며 교분을 쌓아 가며 계속 어지럽게 살 것인가? 차라리 잡초를 베며 힘들게 농사를 지을 것인가? 아니면 권문세가에 드나들며 자신의 명성을 만들 것인가?"

> [例三] 寧赴常流. 而葬乎江魚腹中耳. 又安能以皓皓之白. 而蒙世之溫蠖乎. (史記屈原列傳)
> 영부상류. 이장호강어복중이. 우안능이호호지백. 이몽세지온확호. (사기·굴원열전)

> [해석] 차라리 강에 뛰어 들어 물고기 뱃속에 장사를 당할지언정 어떻게 결백한 몸으로 세속적인 모욕을 당할 것인가?

(2) 부사로 사용할 때는 "어떻게…말인가?", "의외로"의 의미이다.

> [例一] 居馬上得之. 寧可以馬上治之乎. (史記陸賈傳)
> 거마상득지. 영가이마상치지호. (사기·육가전)

> [해석] 말위에서 그것을 얻었다고 설마 말위에서 그것을 다스릴 수 있는가?

> [例二] 身爲閨閤之臣. 寧得自引於深藏岩穴邪. (司馬遷報任少卿書)
> 신위규합지신. 영득자인어심장암혈야. (사마천·보임소경서)

> [해석] 나는 지금 환관과 마찬가지인데 어떻게(고결함을 지키면서) 산속에 깊게 은거할 수 있겠는가?

> [例三] 盡瘁以仕, 寧莫我有. (詩經小雅四月)
> 진췌이사, 녕막아유. (시경·소아·사월)

> [해석] 수고로움을 다 바쳐 일하건만 오히려 날 기억해 주지도 않네.

현대중국어의 용법

[寧] níng 부사로 "寧可(níngkě)"와 통용한다.

[寧可] níngkě 부사.

"與其", "決不", "也不" 등의 허사와 함께 사용하여 양쪽의 상황을 비교한 후 그 중에 하나를 택함을 표시한다. "…할지언정(차라리…하다)"의 의미로 사용한다. 주어 앞에 사용할 수 있다(例④). ① 與其匆匆忙忙趕着交卷, 寧可再花點時間修改一下. 서둘러서 답안을 제출하느니 차라리 시간은 다시 내어 수정을 하는 것이 좋다. ② 與其隨便下結論, 寧可事先多作點調査硏究. 임의로 결론을 내리는 것 보다 사전에 많은 조사연구를 하는 것이 좋다. ③ 寧可自己辛苦點, 也不能影響別人休息. 차라리 자신이 괴로울지언정 타인의 휴식에 영향을 줄 수는 없다. ④ 魯迅說 : "寧可將可作小說的材料縮成速寫, 決不將速寫材料拉成小說." 노신이 말하였다 : "차라리 소설의 재료를 단축하여 짧은 글(速寫:문체의 일종)을 만들 수 있어도 결코 짧은 글의 재료를 소설로 길게 늘릴 수는 없다.

<u>설명</u> "與其"를 사용하는 문장은 위의 전반 두 예문처럼 먼저 포기하는 조건을 말하고, 중점을 "당연히 … 하지 않는다"에 둔다. "決不", "也不"를 함께 사용하면, 위의 후반 두 예문처럼 먼저 강조하는 조건을 말하고, "당연히 … 해야 함" 강조한다.
만약 포기하는 조건이 명확하지 않으면, 한쪽 면만을 말할 수 있고, "寧可"만을 사용하면 진정으로 원함을 표시한다. ① 寧可不吃不睡, 也要把這個難關攻下來. 먹지 않고 자지 않을 지라도 이 난관을 해결해야만 합니다. ② 在工作中, 我們寧可把困難想得多一點. 일하는 동안 우리들은 당연히 곤란한 점을 많이 생각해야 한다. ③ 爲了早日把祖國建設好, 我寧可多流點汗. 일찍이 조국건설을 잘하기 위하여 우리는 응당 땀을 좀더 흘려야한다.

<u>동의어</u> (1) "寧肯", "寧願"과 "寧可"는 의미가 같다. 일반적으로 희망이나 의지를 표시할 때, "寧肯" 혹은 "寧願"을 사용한다. ① 寧肯少些, 但要好些. 차라리 양이 적을지언정 그러나 좋아야 한다.

② 寧願生活再艱苦一點, 也不向朋友伸手. 생활이 다시 고통스러울지언정 친구에게 손을 내밀지는 않는다.

[동의어] (2) "寧"은 "寧可"의 의미로, 주로 숙어와 격언 등에서 고정된 형식으로 사용한다. "寧死不屈"(차라리 죽을지언정 굴복하지 않는다), "寧缺毋濫"(차라리 약간 모자랄지언정 대충 메우지는 말라), "寧爲玉碎, 不爲瓦全"(정의를 위하여 옥쇄를 할지언정 너절히 살지는 않는다 ; 옥이 되어 부서질지언정 기와가 되어 오래 보전되지는 않는다)

150 輒(첩)

부사로 "가끔", "항상","곧"의 의미이다.

[例─] 或置酒招之. 造飲輒盡. 期在必醉. (陶淵明五柳先生傳)
혹치주초지. 조음첩진. 기재필취. (도연명·오류선생전)
[해석] 그를 초청하여 술을 마시는 데 언제나 술이 다할 때까지 마시고 반드시 취하기를 기대했다.

[例二] 飲少輒醉. 而年又最高. 故自號曰醉翁也. 醉翁之意不在酒. 在乎山水之間也. (歐陽修醉翁亭記)
음소첩취. 이년우최고. 고자호왈취옹야. 취옹지의부재주. 재호산수지간야. (구양수·취옹정기)
[해석] 술을 약간만 마셔도 항상 취한다. 그의 나이가 가장 많다. 그러므로 자칭 취옹이라고 부른다. 취옹의 뜻은 술에 있는 것이 아니라 산수에 있다.

[例三] 累擧進士. 輒抑於有司. (歐陽修梅聖兪詩集序)
누거진사. 첩억어유사. (구양수·매성유시집서)
[해석] 여러 번 진사 시험을 보았지만 언제나 감독관의 억압을 받았다.

[例四] 張負女五嫁而夫輒死. 人莫敢娶. (史記陳平世家)
장부녀오가이부첩사. 인막감취. (사기·진평세가)
[해석] 장부의 딸은 다섯 번이나 결혼을 했으나 곧 남편이 죽어 사람들이 감히 그녀를 맞이하지 못한다.

151 嘗 (상) 부사로 "이미", "항상"의 의미이다.

例一 吾嘗終日不食. 終夜不寢. 以思. 無益. 不如學也. (論語
衛靈公)

오상종일불식. 종야불침. 이사. 무익. 불여학야. (논어·위영
공)

해석 내 일찍이 종일토록 먹지 않고 밤새도록 잠자지 않으며 사색을 했
으나 유익함이 없었고 공부하는 것만 못했다.

例二 衛靈公問陣於孔子. 孔子對曰：俎豆之事，則嘗聞之矣. 軍
旅之事，未之學也. (論語衛靈公)

위령공문진어공자. 공자대왈 ： 조두지사, 칙상문지의. 군려지
사, 미지학야. (논어·위영공)

해석 위 영공이 공자에게 진법에 관하여 물었다. 공자께서 말씀하셨
다. "조두(俎豆)를 다루는 일에 관하여는 일찍이 들은 바가 있습니
다만 군사를 지휘하는 일은 아직 배운 바가 없나이다."

例三 王嘗語莊子以好樂，有諸？(孟子梁惠王下)

왕상어장자이호악, 유제？(맹자·양혜왕하)

해석 왕께서 전에 장자에게 음악을 좋아하노라고 말씀하셨다는데 그런
일이 있었습니까?

例四 滕定公薨. 世子謂然友曰：昔者孟子嘗與我言於宋，於心終
不忘. (孟子滕文公上)

등정공훙. 세자위연우왈 ： 석자맹자상여아언어송, 어심종불망.
(맹자·등문공상)

해석 등나라 정공이 죽자 세자가 연우(然友)에게 말했다. 일찍이 맹자가
나와 함께 송나라에서 이야기한 일이 있었는데 마음에 끝내 잊히지
않습니다.

例五 廣所居郡, 聞有虎, 嘗自射之. (史記李將軍列傳)

공소거군, 문유호, 상자사지. (사기 ·이장군열전)

해석 이광은 부임한 후에 군에 호랑이가 있다고 들으면 항상 친히 나가
쏘아 잡았다.

▌152 ▏誠 (성)　　　　　　　형용사와 부사의 용법이 있다.

⑴ 형용사로 사용할 때는 "성실하다", "간절하다"의 의미이다.

> 例一 故君子必誠其意. (大學六章)
> 고군자필성기의. (대학·육장)
> 해석 그러므로 군자는 반드시 그 뜻을 성실히 해야 한다.

> 例二 以力服人者, 非心服也, 力不贍也. 以德服人者. 中心悅而
> 誠服也. (孟子公孫丑上)
> 이력복인자, 비심복야, 역불섬야. 이덕복인자. 중심열이성복
> 야. (맹자·공손추상)
> 해석 힘으로 타인을 복종하게 만들면 상대는 마음으로 복종하는 것이 아
> 니라 힘이 모자라서이다. 덕으로 타인을 복종하게 하면 마음속으
> 로 기뻐하여 참으로 복종한다.

> 例三 悅親有道. 反身不誠. 不悅於親矣. 誠身有道. 不明乎善.
> 不誠其身矣. (孟子離婁上)
> 열친유도. 반신불성. 불열어친의. 성신유도. 불명호선. 불성기
> 신의. (맹자·이루상)
> 해석 부모를 기쁘게 하는데 방법이 있으니 자신에 돌이켜서 성실하지 못
> 한 점이 있으면 부모에게 기뻐함을 얻지 못한다. 자신을 성실하게
> 하는데 방법이 있으니 선(善)에 밝지 못하면 자신을 성실하게 하지
> 못한다.

> 例四 萬物皆備于我矣. 反身而誠, 樂莫大焉. 强恕而行, 求仁莫
> 近焉. (孟子盡心上)
> 만물개비우아의. 반신이성. 락막대언. 강서이행, 구인막근언.
> (맹자·진심상)
> 해석 모든 사물의 이치가 나에게 갖추어져 있으니 자신을 반성해보아 성
> 실하면 즐거움이 더없이 크고 힘써 용서하는 마음으로 행하면 인을
> 구하는 길이 더없이 가까우니라.

⑵ 부사로 사용할 때는 "정말로", "정확히", "진정으로"의 의미이다.

例一 子曰, 善人爲邦百年. 亦可以勝殘去殺矣. 誠哉是言也.
(論語子路)

자왈, 선인위방백년. 역가이승잔거살의. 성재시언야. (논어·자로)

해석 공자께서 말씀하셨다. "선인이 백 년 동안 나라를 다스리면 잔학함을 누르고 살육을 제거할 수 있다고 하니 진실 되도다! 이 말은. "

例二 不爲者與不能者之形何以異？挾太山以超北海. 語人曰, 我不能. 是誠不能也. 爲長者折枝語人曰：我不能. 是不爲也, 非不能也. (孟子梁惠王上)

불위자여불능자지형하이이？ 협태산이초북해. 어인왈, 아불능. 시성불능야. 위장자절지어인왈 : 아불능. 시불위야, 비불능야. (맹자·양혜왕상)

해석 하지 않는 것과 할 수 없는 것은 형태가 어떻게 다른가요? 태산을 끼고 북해를 뛰어 넘는 일을 다른 사람에게 말하기를 "나는 못 한다"고 한다면 이는 진실로 못하는 것이지만 어른을 위해 나뭇가지 하나를 꺾는 일을 다른 사람에게 말하기를 "나는 못 한다"고 한다면 이는 하지 않는 것이지 못하는 것은 아닙니다.

例三 世子曰, 然. 是誠在我. (孟子滕文公上)

세자왈, 연. 시성재아. (맹자·등문공상)

해석 세자가 말했다. "그렇다. 이것은 정말로 나에게 달려있다."

例四 是誠何心哉. 我非愛其財. 而易之以羊也, 宜乎百姓之謂我愛也. (孟子梁惠王上)

왕소왈, 시성하심재. 아비애기재. 이역지이양야, 의호백성지위아애야. (맹자·양혜왕상)

해석 그것은 정말 무슨 마음이었을까요? 나는 재물을 아끼려한 것은 아니나 그것을 양으로 바꾸었으니 백성들이 내가 인색하다고 말하는 것도 당연합니다.

例五 陳仲子, 豈不誠廉士哉. (孟子滕文公下)

진중자, 기불성렴사재. (맹자·등문공하)

해석 진중자는 어찌 참으로 청렴한 선비가 아니겠습니까?

例六 誠如是也. 民歸之. 由水之就下. 沛然誰能禦之. (孟子梁

惠王上)

성여시야. 민귀지. 유수지취하. 패연수능어지. (맹자·양혜왕상)

해석 진실로 이와 같다면 백성이 그 사람에게로 돌아가는 것이 물이 아래로 흘러가는 것과 같으니 힘차게 흐르는 것을 누가 막을 수 있겠습니까?

---

153 爾 (이) 대명사, 형용사, 어기사의 용법이 있다.

(1) 대명사로 사용할 때는 "이것", 인칭 대명사의 경우 "당신"의 의미이다.

例一 賜也. 非爾所及也. (論語公冶長)

사야. 비이소급야. (논어·공야장)

해석 사야! 네가 할 수 있는 것이 아니다.

例二 顏淵季路侍. 子曰, 蓋各言爾志. (論語公冶長)

안연계로시. 자왈, 개각언이지. (논어·공야장)

해석 안연과 계로가 공자의 옆에 시립하고 있었다. 공자가 말하기를 "너희들의 뜻을 각각 말해보지 않겠는가?"라고 하였다.

例三 曾子曰, 戒之戒之. 出乎爾者. 反乎爾者也. (孟子梁惠王下)

증자왈, 계지계지. 출호이자. 반호이자야. (맹자·양혜왕하)

해석 증자가 말하였다. "경계하고 또 경계하라. 너에게서 나간 것이 너에게로 다시 되돌아오느니라.

例四 孔子曰, 求. 無乃爾是過與. (論語季氏)

공자왈, 구. 무내이시과여. (논어·계씨)

해석 공자가 말했다. 구야! 이것은 아마도 네 잘못이 아니냐?

例五 如或知爾. 則何以哉. (論語先進)

여혹지이. 즉하이재. (논어·선진)

해석 만약 어떤 사람이 너희들을 알아준다면 어떻게 하겠는가?

例六 子貢曰, 夫子何善爾也. (禮記檀弓上)

자공왈, 부자하선이야. (예기·단궁상)

<u>해석</u> 자공이 묻기를 "선생님께서는 왜 이것을 찬미 하십니까?"라고 했다.

⑵ 접미사로 형용사나 동사의 뒤에 사용한다.

<u>例一</u> 夫子莞爾而笑曰, 割雞焉用牛刀. (論語陽貨)
부자완이이소왈, 할계언용우도. (논어 · 양화)

<u>해석</u> 공자께서 빙그레 웃으시며 말씀하셨다. "닭을 잡는데 어찌 소 잡는 칼을 쓰겠는가?"

<u>例二</u> 一簞食. 一豆羹. 得之則生. 弗得則死. 嘑爾而與之. 行道之人弗受. 蹴爾而與之. 乞人不屑也. (孟子告子上)
일단사. 일두갱. 득지즉생. 부득즉사. 호이이여지. 행도지인불수. 축이이여지. 걸인불설야. (맹자 · 고자상)

<u>해석</u> 한 그릇 밥과 한 그릇 국을 얻으면 살고 얻지 못하면 죽는 경우에도 "옛다!"하고 거칠게 주면 길가 던 사람도 받지 않고 발로 차서 주면 거지도 달갑게 여기지 않는다.

⑶ 어기사로 사용할 때는 "…뿐이다"의 의미이다.

<u>例一</u> 發憤忘食. 樂以忘憂. 不知老之將至云爾. (論語述而)
발분망식. 낙이망우. 부지노지장지운이. (논어 · 술이)

<u>해석</u> 분발하면 식음을 전폐하고 즐거워하면 근심을 잊어버린다. (너는) 늙음이 곧 닥쳐오는 것도 알지 못할 뿐이다.

<u>例二</u> 抑爲之不厭. 誨人不倦. 則可謂云爾已矣. (論語述而)
억위지불염. 회인불권. 즉가위운이이의. (논어 · 술이)

<u>해석</u> 나는 그것(성인의 도리)을 함에 싫증을 내지 않고 다른 사람을 가르침을 게을리 하지 않는다고 말할 수 있을 뿐이다.

<u>例三</u> 其在宗廟朝廷. 便便言. 唯謹爾. (論語鄕黨)
기재종묘조정. 변변언. 유근이. (논어 · 향당)

<u>해석</u> (공자는) 종묘와 조정에 계실 때는 거침없고 분명히 말씀하시되 오직 삼가서 하셨을 뿐이다.

<u>例四</u> 是猶紾其兄之臂. 子謂之姑徐徐云爾. (孟子盡心上)

시유진기형지비. 자위지고서서운이. (맹자·진심상)

해석 그것은 마치 어떤 사람이 자기 형의 팔을 비트는 것을 그대가 그 사람에게 좀 천천히 하라고 말하는 것과 같을 뿐이다.

例五 縱而來歸, 殺之無敵. 而又縱之而又來. 則可知爲恩德之致爾. (歐陽修縱囚論)

종이내귀, 살지무적. 이우종지이우래. 즉가지위은덕지치이. (구양수·종수론)

해석 그들을 석방했으나 그들이 돌아왔다. 곧 그들을 살해하고 사면하지 않았다. 이후 다시 한 무리를 석방하자 여전히 다시 돌아왔다. 이것은 은혜를 베풀어서 그들이 이렇게 된 것을 곧 알 수 있다.

例六 子曰, 二三子以我爲隱乎. 吾無隱乎爾. (論語述而)

자왈, 이삼자이아위은호. 오무은호이. (논어·술이)

해석 너희들은 내가(무엇을) 숨기고 있다고 생각하느냐? 나는 숨김이 없다.

154 蔑 (멸)　　　　부사로 사용하며 "없다"의 의미이다.

例一 蔑不濟矣. (左傳僖公十年)

멸부제의. (좌전·희공십년)

해석 성공하지 못하는 것이 없다.

例二 德至矣哉. 大矣. 如天之無不幬也. 如地之無不載也. 雖甚盛德. 其蔑以加於此矣. (左傳襄公二十九年)

덕지의재. 대의. 여천지무부주야. 여지지무부재야. 수심성덕. 기멸이가어차의. (좌전·양공이십구년)

해석 (춤에서 표현된) 덕행이 최고에 이르렀다. 정말 위대하다. 마치 하늘이 (만물을) 덮지 않는 곳이 한곳도 없고 땅이 싣지 않는 곳이 하나도 없는 것 같다. 비록 위대한 덕행이라도 이것 보다 더욱 위대한 것은 없다.

155 輩 (배) 접미사, 부사의 용법이 있다.

(1) 접미사로 대명사나 명사 뒤에서 사용하고 "…들"의 의미이다. 복수형을 만든다. 인명 뒤에서는 "…등"으로 해석한다.

例一 使嘉賓不死, 鼠輩敢爾. (世說新語簡傲)

사가빈불사, 서배감이. (세설신어 · 간오)

解釋 만약 가빈이 죽지 않았다면 이 쥐들이 어찌 감히 이렇게 하겠는가?

例二 昔永遠宗雷輩十八人, 同入此山, 老死不反. (白居易草堂記)

석용원종뢰배십팔인, 동입차산, 로사불반. (백거이 · 초당기)

解釋 옛날 혜영(惠永) 혜원(慧遠) 종병(宗炳) 뢰차종(雷次宗) 등 18명이 함께 이 산에 들어와서 늙어 죽을 때까지 돌아가지 않았다.

(2) 부사로 사용할 때는 "대량으로"의 의미이다. 出자와 같이 사용한다.

例一 該校歷史悠久. 是以人才輩出.

해교력사유구. 시이인재배출.

解釋 그 학교는 역사가 유구하여 이 때문에 많은 인재들을 대량으로 배출하였다.

例二 孝武之世, 郡擧孝廉, 又有賢郎文學之選, 於是名臣輩出, 文武幷興. (後漢書蔡邕傳)

효무지세, 군거효렴, 우유현랑문학지선, 어시명신배출, 문무병흥. (후한서 · 채옹전)

解釋 효무황제 때 각 군에서 효렴을 천거하고 또 현량과 문학을 뽑았다. 이에 명신들이 대량으로 나와 문무가 함께 흥하였다.

156 適 (적) 동사와 부사 접속사의 용법이 있다.

(1) 동사로 사용할 때는 "나아가다", "따르다"의 의미이다.

例一 善哉問也 ! 天子適諸侯曰巡狩(孟子梁惠王下)

선재문야! 천자적제후왈순수(맹자·양혜왕하)

해석 잘 물으셨습니다. 천자가 제후에게 가는 것을 "순수"라고 합니다.

例二 赤之適齊也. 乘肥馬. 衣輕裘. (論語雍也)

적지적제야. 승비마. 의경구. (논어·옹야)

해석 적(赤)이 제나라로 갈 때 살찐 말을 타고 가벼운 털옷을 입었다.

例三 我安適歸矣. (史記伯夷列傳)

아안적귀의. (사기·백이열전)

해석 나는 어디로 가란 말인가?

例四 使其中坦然不以物傷性. 將何適而非快. (蘇轍黃州快哉亭記)

사기중탄연불이물상성. 장하적이비쾌. (소철·황주쾌재정기)

해석 만약 그의 마음이 평탄하다면 물욕으로 본성을 상할 수 없고 어디
를 가더라도 즐겁지 않겠는가?

例五 昔衛靈公與雍渠同載. 孔子適陳. (司馬遷報任少卿書)

석위영공여옹거동재. 공자적진. (사마천·보임소경서)

해석 이전에 위나라 영공과(환관) 옹거가 함께 차를 탔다. 매우 화를 냈
다. 이 때문에 공자는(즉시 위나라를 떠나) 진나라로 갔다.

(2) 부사로 사용할 때는 "마침", "단지"의 의미이다.

例一 憂者以樂. 病者以愈. 而吾亭適成. (蘇軾喜雨亭記)

우자이낙. 병자이유. 이오정적성. (소식·희우정기)

해석 우수에 찬 사람이 모두 즐거워지고 병자가 치료되고 나의 정자도
마침 완성되었다.

例二 適魏公子無忌奪晉鄙軍以救趙擊秦. 秦軍引而去. (戰國策
魯仲連義不帝秦)

적위공자무기탈진비군이구조격진. 진군인이거. (전국책·노중련
의불제진)

해석 마침 위나라 공자 무기는 진비(晉鄙)의 군대를 탈취하여 조나라를
구원하려 진(秦)나라 군대를 공격했다. 진나라 군대가 퇴각했다.

例三 鄉秦之禁. 適足以資賢者爲驅除難耳. (史記秦楚之際月表)

향진지금. 적족이자현자위구제난이. (사기·진초지제월표)

해석 이전에 진나라의 금지령은 마침 재능이 있는 사람을 잘 도와 환난

을 제거하였을 뿐이다.

> 例四 殺身無益. 適足增羞. (李陵答蘇武書)
> 살신무익. 적족증수. (이릉 · 답소무서)
> 해석 자살은 아무런 이익이 없다. 단지 모욕만을 증가시킨다.

> 例五 飮食之人. 無有失也. 則口腹, 豈適爲尺寸之膚哉. (孟子
> 告子上)
> 음식지인. 무유실야. 즉구복, 기적위척촌지부재. (맹자 · 고자상)
> 해석 음식을 탐하는 사람이 잃어버리는 것이 없다면 입과 배가 어찌
> 단지 한 자 한 치의 살 정도밖에 안 되겠는가?

(3) 접속사로 사용할 때는 "가령 … 한다면"의 의미이다.

> 例一 適爲不得, 子將若何. (晏子春秋內篇諫下)
> 적위부득, 자장약하. (안자춘추 · 내편 · 간하)
> 해석 만일 허락을 받지 못한다면 그대는 장차 어찌할 것인가?

> 例二 臣適不幸而有過, 願君幸而告之. (韓非子外儲說右上)
> 신적불행이유과, 원군행이고지. (한비자 · 외제설우상)
> 해석 신에게 만약 불행하게도 잘못이 있으면 원컨대 임금께서는 그 잘못
> 을 알려주십시오.

> 例三 夫人先誡御者曰 王適有言, 必加從命. (韓非子內諸說下)
> 부인선계어자왈 왕적유언, 필가종명. (한비자 · 내제설하)
> 해석 부인은 미리 시종에게 경계하여 "왕에게 만약 무슨 말이 있으면 반
> 드시 명령에 따라야 한다."라고 했다.

157 諸 (제) 　　　대명사, 접속사, 어기사, 부사로 쓰인다.

(1) 대명사로 사용할 때는 "여러"의 의미, 인칭대명사는 "그"라는 의미
이다.

> 例一 告諸往而知來者. (論語學而)

고제왕이지래자. (논어·학이)

[해석] 그에게 지나간 것을 말하면 닥쳐 올 것을 안다.

[例二] 反諸身不誠. 不順乎親矣. (中庸二十章)

반제신불성. 불순호친의. (중용·이십장)

[해석] 만약 자신을 반성하는데 성실하지 않으면 어버이에 순종하는 것이 아니다.

[例三] 王之諸臣. 皆足以供之. (孟子梁惠王上)

왕지제신. 개족이공지. (맹자·양혜왕상)

[해석] 임금님의 여러 신하들은 그것들을 다 충분히 공급합니다.

[例四] 諸大夫皆曰賢. 未可也. (孟子梁惠王下)

제대부개왈현. 미가야. (맹자·양혜왕하)

[해석] 모든 사대부들이 현명하다고 말하지만 안 된다.

(2) 접속사로 사용할 때는 "之", "於" 두 글자의 합성어이고 "…에", "… 을 향하여"의 의미이다.

[例一] 忠恕違道不遠. 施諸己而不願. 亦勿施於人. (中庸十三章)

충서위도불원. 시제기이불원. 역물시어인. (중용·십삼장)

[해석] 충성과 용서는 중용의 도리와 멀지 않다. 만약 나에게 가해지는 일을 내가 원하지 않는다면 또한 다른 사람에게도 시행하지 말라.

[例二] 君子求諸己. 小人求諸人. (論語衛靈公)

군자구제기. 소인구제인. (논어·위영공)

[해석] 군자는 자기에게서 구하고 소인은 다른 사람에게서 구한다.

[例三] 道在爾而求諸遠. 事在易而求諸難. (孟子離婁上)

도재이이구제원. 사재이이구제난. (맹자·이루상)

[해석] 도리는 매우 가까운데 있으나 오히려 먼 곳에서 찾고 일은 쉬운 데 있으나 오히려 어려운 곳에서 구한다.

[例四] 禹疏九河. 淪濟漯. 而注諸海. (孟子滕文公上)

우소구하. 윤제탑. 이주제해. (맹자·등문공상)

[해석] 우(禹)는 강을 아홉 개 파고 잘 흐르게 하고 제수(濟水)와 탑수(漯水)를 뚫어 바다로 흘러가게 하였다.

(3) 어기사로 사용할 때는 "之", "乎" 두 글자의 합성어이고 반문이나 의문, 감탄을 표현한다.

> **例一** 定公問. 一言而可以興邦. 有諸. (論語子路)
> 정공문. 일언이가이홍방. 유제. (논어·자로)
>
> **해석** 노나라 정공이 공자에게 물었다. "말 한 마디로 나라를 홍성하게 할 수 있다는 데 그런 말이 있습니까?"
>
> **例二** 齊宣王問曰, 文王之囿. 方七十里. 有諸. (孟子梁惠王下)
> 제선왕문왈, 문왕지유. 방칠십리. 유제. (맹자·양혜왕하)
>
> **해석** 제나라 선왕이 맹자에게 물었다. "주나라 문왕의 정원은 사방이 70리라는데 정말로 그렇습니까?"
>
> **例三** 王以謂淳于髡曰, 聞先生受魏之璧馬, 有諸? (戰國策魏策三)
> 왕이위순우곤왈, 문선생수위지벽마, 유제? (전국책·위책삼)
>
> **해석** 제나라 왕이 순우곤에게 "선생이 위나라로부터 벽옥과 준마를 받았다고 들었는데 그런 일이 있습니까?"라고 했다.

(4) 부사로 사용할 때는 "대체로"라는 의미이다. 문두에 사용한다.

> **例一** 諸吏卒民有謀殺傷其將長者, 與謀反同罪. (墨子號令)
> 제리졸민유모살상기장장자, 여모반동죄. (묵자·호령)
>
> **해석** 대체로 아전이나 병졸 백성들이 그들의 將令이나 장자를 살상하려고 모의하는 것은 모반과 같은 죄이다.
>
> **例二** 諸遭亂爲人奴隷者復爲民. (明史太祖紀二)
> 제조난위인노예자부위민. (명사·태조기이)
>
> **해석** 대저 난리를 만나 다른 사람의 노예가 된 사람은 다시 양민이 되도록 했다.

▌158 **獨** (독)　　　　　　　　　　부사와 형용사의 용법이 있다.

(1) 부사로 사용할 때는 "다만", "설마 …하겠는가?", "몰래", "특히". "오히려"라는 의미이다.

> **例一** 口之於味也. 有同耆焉. 耳之於聲也. 有同聽焉. 目之於色

也. 有同美焉. 至於心. 獨無所同然乎. (孟子告子上)

구지어미야. 유동기언. 이지어성야. 유동청언. 목지어색야. 유동미언. 지어심. 독무소동연호. (맹자・고자상)

해석 입으로 맛보는 경우 누구나 좋아하는 것이 있고 귀로 듣는 소리도 누구나 좋아하는 것이 있다. 눈으로 보는 여색은 누구나 아름답게 여기는 것이 있다. 그런데 단지 마음에 있어 설마 다 같이 옳다고 여기는 것이 없을 리가 있겠는가?

例二 且比化者. 無使土親膚. 於人心獨無恔乎. (孟子公孫丑下)

차비화자. 무사토친부. 어인심독무교호. (맹자・공손추하)

해석 하물며 죽은 이를 위하여(관을 두껍게 하여) 살이 흙에 닿지 않게 하는 것이 사람 마음엔들 좋지 않겠는가?

例三 擧世混濁我獨淸. 衆人皆醉我獨醒. (史記屈原列傳)

거세혼탁아독청. 중인개취아독성. (사기・굴원열전)

해석 세상은 모두 혼탁한데 단지 나만 청렴하고 중인들은 모두 취했는데 단지 나만 깨어있다.

例四 其母將行卜相. 言當大貴, 母獨喜. (漢書外戚傳)

기모장행복상. 언당대귀, 모독희. (한서・외척전)

해석 그 어미가 딸을 데리고 점을 보러 갔는데 반드시 크게 귀해질 거라고 하니 어머니가 몰래 기뻐했다.

例五 堯獨憂之, 擧舜而敷治焉. (孟子滕文公上)

요독우지, 거순이부치언. (맹자・등문공상)

해석 요임금은 특히 그것을 걱정하다 순을 등용하여 널리 다스리게 하였다.

例六 太公伊尹以如此. 龍逢比干獨如彼. 豈不哀哉. (漢書東方朔傳)

태공이윤이여차. 용봉비간독여피. 개불애재. (한서・동방삭전)

해석 태공과 이윤은 이와 같고 용봉과비간은 오히려 저와 같으니 어찌 슬프지 않은가?

(2) 형용사로 사용할 때는 "단독으로", "독자적으로"라는 의미이다.

例一 不得志. 獨行其道. (孟子滕文公下)

부득지. 독행기도. (맹자・등문공하)

해석 가령 뜻을 얻지 못한다면 혼자 그 길을 간다.

例二 此莫非王事. 我獨賢勞也. (孟子萬章上)

차막비왕사. 아독현노야. (맹자・만장상)

해석 이런 것들이 왕의 일이 아닌 것이 있는가? (모두들 당연히 해야 할 것인데) 내가 재주가 있다고 나 혼자만 고생을 하게 하는가?

例三 雖有臺池鳥獸. 豈能獨樂哉. (孟子梁惠王上)

수유대지조수. 기능독낙재. (맹자・양혜왕상)

해석 비록 영대와 연못 새와 짐승이 있을지라도 어찌 혼자서 즐길 수 있겠는가?

例四 諸君子皆與驩言. 孟子獨不與驩言. 是簡驩也. (孟子離婁下)

제군자개여환언. 맹자독불여환언. 시간환야. (맹자・이루하)

해석 많은 사람들이 와서 왕환과 말을 하는데 맹자만이 혼자 환과 말을 하지 않았다. 이것은 나를 무시하는 것이다.

현대중국어의 용법

[獨] dú

(1) 부사로 동작 행위가 개별적으로 진행됨을 표시하고 뒤에 단음절의 동사만 온다. ① 我獨住在朝南的房間裏, 光線很好. 나는 남향의 방에 혼자 산다. 햇빛이 매우 좋다. ② 他個性孤僻, 常常一個人獨來獨往. 그는 성격이 괴벽하여 항상 혼자 다닌다.

동의어 "獨自" 역시 "獨"와 같은 의미이지만 위의 예문 ②와 같이 단독으로 사용하는 단음절의 동사 앞에서는 사용할 수 없다.

(2) "只", "僅僅"의 의미로, "有"와 함께 사용하여 유일하게 일반과 다름을 표시한다. ① 今年幾次台風, 獨有第九號台風最厲害. 금년에 몇 차례 태풍이 불었으나 오직 9호 태풍이 가장 심했다. ② 我們都坐飛機, 獨有哥哥因爲身體不好, 坐了火車. 우리는 모두 비행기를 탔지만 오직 형님은 몸이 좋지 않아 기차를 탔다.

> 동의어 "獨獨", "惟獨" 역시 "只", "僅僅"의 의미지만, 뒤에 "有"를 함께 사용하지 않는다. ① 你一向很有決斷, 怎麼獨獨在這個問題上遲疑起來. 당신은 이제껏 매우 결단력이 있었는데 왜 단지 이 문제만 의심하고 주저하는가. ② 他幾乎沒有甚麼愛好, 惟獨對集郵發獨生很大興趣. 그는 좋아하는 것이 거의 없지만 오직 우표수집만은 매우 흥미가 있어한다.

■ 159 頻 (빈)   형용사와 부사의 용법이 있다.

(1) 형용사로 사용할 때는 "연이어"의 의미이다.

> 例─ 校長獲悉張君拾金不昧. 頻頻領首. 深表嘉許.
> 교장획실장군습금불매. 빈빈령수. 심표가허.
> 해석 교장선생님은 장군이 타인의 돈을 줍고 숨기지 않았음을 알았다. 계속 고개를 끄덕이며 깊은 찬사를 표시했다.

> 例二 三顧頻煩天下計. (杜甫蜀相)
> 삼고빈번천하계. (두보·촉상)
> 해석 세 번이나 연이어 초가를 찾은 것은 천하를 구할 계책을 구함이다.

(2) 부사로 사용할 때는 "여러 번", "일제히"의 의미이다.

> 例─ 近於京師, 頻得足下所爲文, 讀之甚善. (歐陽脩與石推官第一書)
> 근어경사, 빈득족하소위문, 독지심선. (구양수·여석추관제일서)
> 해석 근래 서울에서 여러 번 당신이 지은 문장을 얻어 읽어보았는데 매우 좋았습니다.

> 例二 百嘉備舍, 君臣頻行. (國語楚語下)
> 백가비사, 군신빈행. (국어·초어하)
> 해석 모든 귀한 것들이 집에 준비되자 신들이 일제히 행동하였다.

[頻頻] pínpín

부사로 "여러 차례"의 의미로, 동작이 단시간 내에 연속적으로 출현함을 표시한다. 문어체에서 사용한다. ① 民國以前, 淮河流域水災頻頻發生. 중화민국 이전에 회수와 황하 유역에는 수재가 여러 차례 발생하였다. ② 到會敎授聽到介紹宏偉的規劃時, 頻頻點頭, 表示贊賞. 회의에 도착한 교수들이 웅대한 계획을 소개하는 것을 들었을 때, 여러 차례 고개를 끄떡이며 찬성을 표시한다.

동의어 "頻"은 "頻頻"의 의미로, 뒤에 단지 단음절의 단어만 온다. 예를 들어, "捷報頻傳"(승전보가 쏟아지다)과 같다.

---

160 **謂** (위)　　　　　　동사와 전치사의 용법이 있다.

(1) 동사로 사용할 때는 " …에게 묻다", "말하다", "일컫다"의 의미이다.

例一 **子謂顏淵曰, 用之則行, 舍之則藏.** (論語述而)
자위안연왈, 용지즉행, 사지즉장. (논어・술이)
해석 공자가 안연에게 말했다. "임금이 나를 등용하면 (나의 도리를) 행하고 등용하지 않으면 은퇴한다."

例二 **子謂子貢曰, 女與回也孰愈.** (論語公冶長)
자위자공왈, 여여회야숙유. (논어・공야장)
해석 공자가 자공에게 물었다. "너와 안회를 비교해보면 누가 더 나은가?"

例三 **詩云. 他人有心. 予忖度之. 夫子之謂也.** (孟子梁惠王上)
시운. 타인유심. 여촌도지. 부자지위야. (맹자・양혜왕상)
해석 시경에서 말하기를 "다른 사람에게 생각하는 것이 있으면 나는 그것을 추측할 수 있다"라고 하였다. 이것은 마치 공자를 두고 한 말인 것 같다.

例四 謂其臺曰靈臺. 謂其沼曰靈沼. （孟子梁惠王上）

위기대왈령대. 위기소왈령소. (맹자·양혜왕상)

해석 그 대를 영대라 하고 그 늪을 영소라고 말했다.

(2) 전치사로 사용할 때는 뒤의 목적어와 함께 "… 때문에", "왜냐하면"의 의미이다. "爲"와 용법이 비슷하다.

例一 塗之人加以爲禹, 曷謂也. （荀子性惡）

도지인가이위우, 갈위야. (순자·성악)

해석 "행인도 우임금과 같은 사람이 될 수 있다."는 말이 있는데 무엇 때문인가요?

例二 亦不以衆人之觀易其情貌, 亦不謂衆人之不觀不易其情貌. （列子力命）

역불이중인지관역기정모, 역불위중인지불관불역기정모. (열자·역명)

해석 또한 많은 사람이 보는 것으로써 심신의 상태를 바꾸거나 또한 많은 사람이 보지 않기 때문에 그 심신의 상태를 바꾸지 않는다.

例三 白公曰 然則人固不可與微言乎. 孔子曰 何謂不加? （淮南子 道應訓）

백공왈 연즉인고불가여미언호. 공자왈 하위불가? (회남자·도응훈)

해석 백공이 말했다. "저런 사람은 본래 그들과 함께 사소한 말을 말하지 않는가?" 공자가 말했다. "무엇 때문에 하지 않겠는가?"

161 雖 (수) 접속사와 부사 두 가지 용법이 있다.

(1) 접속사로 사용할 때는 " 비록…일지라도"의 의미이다.

例一 自反而縮. 雖千萬人吾往矣. （孟子公孫丑上）

자반이축. 수천만인오왕의. (맹자·공손추상)

해석 스스로 반문하여 진실이라면 비록 천만인이라 하더라도 나는 용감하게 적을 향하여 나아간다.

例二 賢者在位. 能者在職. 國家閒暇. 及是時. 明其政刑. 雖大
國必畏之矣. (孟子公孫丑上)

현자재위. 능자재직. 국가한가. 급시시. 명기정형. 수대국필외
지의. (맹자·공손추상)

해석 현명한 사람이 벼슬자리에 있고 능력이 있는 사람이 직책을 맡으면
나라는 걱정이 없이 무사하게 태평성세를 누린다. 이 때를 이용해
정사와 형벌을 확실히 밝혀(국위를 신장한다면) 설령 아무리 대국
이라 하더라도 반드시 그 나라를 두려워할 것이다.

例三 苟子之不欲. 雖賞之不竊. (論語顏淵)

구자지불욕. 수상지부절. (논어·안연)

해석 진실로 그대가 원하지 않는다면 비록 상을 준다고 하여도(백성들
이) 훔치지 않을 것이다.

例四 言忠信. 行篤敬. 雖蠻貊之邦行矣. (論語衛靈公)

언충신. 행독경. 수만맥지방행의. (논어·위영공)

해석 말이 성실하여 신의가 있고 행동이 돈독하여 공경스러우면 비록 오
랑캐의 나라에서라도 잘 통할 수 있을 것이다.

(2) 부사로 사용할 때는 "단지", "겨우"의 의미이다.

例一 決之則行, 塞之則止, 雖有明君能決止, 又能塞止. (荀子君
臣下)

결지즉행, 색지즉지, 수유명군능결지, 우능색지. (순자·군신하)

해석 터주면(물은) 흘러가고 막으면 멈춘다. 단지 현명한 임금만이 그것
을 터줄 수 있고 또 막을 수도 있다.

例二 雖子墨子之所謂兼者, 於文王取法焉. (墨子兼愛下)

수자묵자지소위겸자, 어문왕취법언. (묵자·겸애하)

해석 단지 묵자가 말하는 겸애는 문왕으로부터 모범을 취한 것이다.

例三 雖上古聖人, 亦若此而已. (韓詩外傳卷十)

수상고성인, 역약차이이. (한시외전·권십)

해석 다만 상고 시대의 성인들 역시 이와 같았을 뿐이다.

> **[雖]** suī   접속사로 현대중국어에서 "雖然(suīrán)"과 통용된다.
>
>   아래 "雖然(suīrán)"을 참고하라.

---

162 雖然 (수연)   접속사로 "비록 이와 같을 지라도"라는 의미이다.

예一 孟子曰, 於齊國之士. 吾必以仲子爲巨擘焉. 雖然. 仲子惡
能廉. (孟子滕文公下)
맹자왈, 어제국지사. 오필이중자위거벽언. 수연. 중자오능렴.
(맹자·등문공하)

해석 맹자가 말했다. " 제나라 선비 중에 나는 확실히 중자(巨擘)를 첫
번째 인물로 생각한다. 비록 그렇다 할지라도 중자를 어찌 청렴하
다고 할 수 있겠는가?"

예二 滕君則誠賢君也. 雖然. 未聞道也. (孟子滕文公上)
등군즉성현군야. 수연. 미문도야. (맹자·등문공상)

해석 등나라 문공은 (어진 정치를 베풀어) 현덕한 임금이라고 할 수 있
다. 그러나 나는 아직 성인의 큰 도리를 듣지 못했다.

> **[雖然]** suīrán 접속사.

(1) "비록…일지라도"의 의미로, 양보와 전환을 표시한다. 먼저 모종의
사실을 인정하고 뒤에 상반되는 일면을 지적한다. 항상 "但是",
"可是", "可", "却", "倒", "還是" 등의 허사와 함께 사용한다. ①
你的工作雖然平凡, 但是很重要. 당신의 일은 비록 평범하지만 매우
중요하다. ② 衣服雖然縫好了, 可是鈕扣還沒有釘. 의복은 비록 바

느질은 다됐지만 단추를 아직 달지 않았다.

(2) 후반 구문에 사용하여, 모종 사실을 추인하고, 전반 구문을 강조한다. 단지 주어 앞에서만 사용할 수 있다. 문언에 많이 사용한다. ① 他書倒讀了不少, 雖然年紀還那麼小. 그는 읽은 책이 적지 않지만 나이는 아직 상당히 어리다. ② 天還是很冷, 雖然現在已經是春天了. 날씨는 아직 매우 춥지만 지금은 이미 봄이다.

> **동의어** (1) "雖"는 "雖然"의 의미로, 주어 뒤에서만 사용하고, 주로 단음절의 단어가 온다. 문어체에서 사용한다. ① 年紀雖小, 書倒讀了不少. 나이는 비록 적지만 읽은 책은 많다. ② 天氣雖冷, 屋裏却很暖和. 날씨가 춥지만 방안은 오히려 매우 따스하다.

> **동의어** (2) "雖說", "雖則"의 의미는 "雖然"과 같고, 구어체에서 많이 사용한다. ① 雖說他有病, 工作可仍照樣干. 비록 그가 병이 있다고 말하지만 일은 여전히 마찬가지로 할 수 있다. ② 奶奶雖則上了年紀, 精神還是挺好. 할머니는 비록 나이가 많지만 정신은 아직도 매우 좋다.

163 縱 (종)
동사와 접속사의 용법이 있다.

(1) 동사로 사용할 때는 "놓아주다", "멋대로 하다"의 의미이다.

例一 若夫縱而來歸而赦之. 可偶一爲之爾. (歐陽修縱囚論)
약부종이내귀이사지. 가우일위지이. (구양수·종수론)
해석 그들을 석방하고 돌아갔다가 다시 돌아와서 그들을 사면했다. (이런 일은) 단지 우연히 시험 삼아 한번 해볼 뿐이다.

例二 白露橫江. 水光接天. 縱一葦之所如. 凌萬頃之茫然. (蘇軾前赤壁賦)
백노횡강. 수광접천. 종일위지소여. 능만경지망연. (소식·전적벽부)
해석 흰 이슬이 강가에 자욱하고 물빛이 하늘과 닿았다. 멋대로 일엽편주가 파도에 따라서 출렁이고 만경창파 위에 떠돈다.

(2) 접속사로 사용할 때는 "설사 …라고 할지라도"의 의미이다.

例一 故非仕有力者. 不可以遊. 非材有文者. 縱遊無所得. (宋
濂送天台陳庭學序)

고비사유력자. 불가이유. 비재유문자. 종유무소득. (송렴・송천
태진정학서)

解釋 그러므로 관직을 해 능력이 있는 사람이 아니면 여행을 할 수 없
다. 재능이 있어 문장력이 있는 사람이 아니면 설사 여행을 하여도
소득이 없을 것이다.

例二 縱江東父老憐而王我. 我何面目見之. (史記項羽本紀)

종강동부로연이왕아. 아하면목견지. (사기・항우본기)

解釋 설사 강동의 백성들이 나를 불쌍히 여겨 나를 왕으로 삼았지만 내
가 또 무슨 낯으로 그들을 볼 것인가?

例三 且予縱不得大葬, 予死於道路乎. (論語子罕)

차여종부득대장, 여사어도로호. (논어・자한)

解釋 또 내가 설사 성대한 장례를 받지 못한다고 하더라도 내가 길에서
죽을 수 있겠는가?

현대중국어의 용법

[縱] zòng   접속사. "縱然(zòngrán)"을 참고하라.

[縱然] zòngrán

접속사로 "설사…라 하더라도(卽使)"의 의미로, 가정과 양보를 표시
한다. 임시로 어떤 가설적인 상황을 인정하고 다시 정설로 진입한
다. 항상 "也", "還", "仍然", "還是" 등의 부사와 함께 사용하여 어
감을 강조한다. 주로 문어체에서 많이 사용한다. ① 商店備貨齊全,
顧客盈門, 縱然應接不暇, 營業員還是禮貌待人, 熱情服務. 상점에 물
건을 완벽히 갖추고 고객이 문전성시를 이루어 설사 접대할 여유가
없을 지라도 종업원들은 여전히 예의바르게 사람을 접대하고 열정적

으로 서비스한다. ② **我們曾在小學長期共事, 朝夕相處, 縱然時過十 年, 往事還歷歷在目.** 우리들은 이미 초등학교에서 오랜 동안 함께 일 을 하였고 조석으로 만나며 벌써 10년이 지났음에도 불구하고 지난 일이 아직도 하나하나 눈에 선하다. ③ **充分利用水源, 挖掘生産潛力, 縱然天氣干旱, 仍然可以奪取豐收.** 수자원을 충분히 이용하여 생산잠 재력을 발굴하고 설사 날씨가 가뭄이 들어도 여전히 풍성히 수확할 수 있다.

164 彌 (미)   부사, 형용사의 용법이 있다.

(1) 부사로 사용할 때는 "…할수록…하다"라는 의미이다.

> 例— 是其曲之彌高. 其和彌寡. (楚辭宋玉對楚王問)
> 시기곡지미고. 기화미과. (초사·송옥대초왕문)
> 해석 이것은 곡조가 높을수록 창화하는 사람이 적어짐을 표시한다.

> 例二 顔淵喟然嘆曰, 仰之彌高. 鑽之彌堅. 瞻之在前. 忽焉在 後. (論語子罕)
> 안연위연탄왈, 앙지미고. 찬지미견. 첨지재전. 홀언재후. (논어 ·자한)
> 해석 안연이 길게 탄식하며 말했다. "공자의 도는 우러러 볼수록 더욱 높고 뚫고 들어갈수록 더욱 견고하고, 앞에 있는 것을 보면 어느 사이 뒤에 와 있다.

(2) 형용사로 사용할 때는 "가득하다"의 의미이다.

> 例— 旣而彌月不雨. 民方以爲憂. (蘇軾喜雨亭記)
> 기이미월불우. 민방이위우. (소식·희우정기)
> 해석 이미 한 달 동안 비가 내리지 않아 백성들이 이 때문에 걱정을 한다.

165 擧 (거)　　　　　　　　　　　동사, 부사의 용법이 있다.

(1) 동사로 사용할 때는 "채용하다", "함락하다"의 의미이다.

例一 擧直錯諸枉. 能使枉者直. (論語顔淵)

거직착제왕. 능사왕자직. (논어・안연)

해석 정직한 사람을 채용하고 부정직한 사람을 채용하지 않으면 부정직한 사람도 정직한 사람으로 변할 수 있다.

例二 以萬乘之國. 伐萬乘之國. 五旬而擧之. (孟子梁惠王下)

이만승지국. 벌만승지국. 오순이거지. (맹자・양혜왕하)

해석 만대의 전차를 소유한 (제나라가) 동일한 전차를 소유한 연나라를 공격해 50일 만에 함락시켰다.

(2) 부사로 사용할 때는 "모두"의 의미이다.

例一 屈原曰, 擧世混濁我獨淸. 衆人皆醉我獨醒. 是以見放. (史記屈原列傳)

굴원왈, 거세혼탁아독청. 중인개취아독성. 시이견방. (사기・굴원열전)

해석 굴원이 말했다. "세상이 모두 혼탁한데 단지 나만 청백하고 중인이 모두 취했는데 단지 나만 깨어 있다. 그러므로 귀양을 당했다.

例二 擧欣欣然有喜色而相告曰, 吾王庶幾無疾病與. (孟子梁惠王下)

거흔흔연유희색이상고왈, 오왕서기무질병여. (맹자・양혜왕하)

해석 모든 사람들이 다 기쁜 얼굴로 서로 말하기를 "우리 임금님께서는 아마도 병이 없으신 모양이구나." 한다.

例三 王由足用爲善. 王如用予. 則豈徒齊民安. 天下之民擧安. (孟子公孫丑下)

왕유족용위선. 왕여용여. 즉기도제민안. 천하지민거안. (맹자・공손추하)

해석 제나라 왕은 아직은 선을 행할 만하다. 만약 제나라 임금이 나를 등용한다면 어찌 제나라 백성들만 편안하겠는가? 천하의 백성들을 모두 편안하게 만들 수 있다.

166 歟 (여)   어기사로 반문이나, 의문, 감탄 등을 표시한다.

例一 漁父見而問之曰, 子非三閭大夫歟. 何故而至此. （史記屈原列傳）

어부견이문지왈, 자비삼려대부여. 하고이지차. (사기·굴원열전)

해석 어부가 보고서 곧 물었다. "당신은 삼려대부도 아니지 않소? 무엇 때문에 여기까지 왔습니까?"

例二 豈上之人無可援. 下之人無可推歟. （韓愈與于襄陽書）

기상지인무가원. 하지인무가추여. (한유·여우양양서)

해석 설마 위에 있는 사람이 발탁을 못하면 아래 있는 사람이 추천도 할 수 없단 말인가?

例三 無懷氏之民歟. 葛天氏之民歟. （陶淵明五柳先生傳）

무회씨지민여. 갈천씨지민여. (도연명·오류선생전)

해석 (상고시대의) 무회 씨의 백성인가 아니면 갈천 씨의 백성인가?

例四 秦歟. 漢歟. 將近代歟. （李華·弔古戰場文）

진여. 한여. 장근대여. (이화·조고전장문)

해석 이것은 진대의 전쟁터인가, 한대의 전쟁터인가 아니면 근대의 전쟁터인가?

例五 惟其欲自固其身. 而天子不悅. 奸臣得以乘其隙. 錯之所以自全者. 乃其所以自禍歟. （蘇軾鼂錯論）

유기욕자고기신. 이천자불열. 간신득이승기극. 착지소이자전자. 내기소이자화여. (소식·조착논)

해석 단지 그는 자신을 지키려고만 했다. 그러나 천자는 기뻐하지 않았다. 간신들이 그 틈을 이용한 것이다. 그러므로 조착은 자신을 보존할 수 있었으나 이것이 바로 그가 스스로 화를 입게 된 원인인 것이다.

例六 將有作於上者. 得吾說而存之. 其國家可幾而理歟. (韓愈 原毀)

장유작어상자. 득오설이존지. 기국가가기이리여. (한유·원훼)

해석 장차 윗자리에서 무엇인가를 하려는 사람은 내 말을 듣고 마음속에 간직한다면 그 나라는 아마도 잘 통치될 것이다.

▪167 嚮 (향)　　동사, 부사, 접속사가 있다. 鄕으로도 쓴다.

(1) 동사로 사용하여 "앙모하다"의 의미를 갖는다.

例一 詩有之'高山仰止. 景行行止. 雖不能至. 然心鄕往之.' (史 記孔子世家贊)

시유지'고산앙지. 경행행지. 수불능지. 연심향왕지.' (사기·공 자세가찬)

해석 시경에서 말하기를 "높은 산을 우러러 보고 큰길을 순행한다. 비록 (이렇게 위대하고 숭고한 것을 모든 사람이) 이룰 수는 없지만 일심으로 앙모할 수는 있다."라고 했다.

(2) 접속사로 사용하여 "만약"의 의미로 사용된다.

例一 嚮使刺讞其誠僞. 考正其曲直. 原始而求其端. 則刑禮之 用. 判然離矣. (柳宗元駁復讎議)

향사자얼기성위. 고정기곡직. 원시이구기단. 즉형례지용. 판연 리의. (유종원·박복수의)

해석 만약 일의 진실과 거짓을 살펴서 시비와 선악을 바로잡고 처음부터 그 결과를 탐구하면 벌을 줄지 상을 줄지의 처분은 명백하게 구분 되는 것이다.

例三 嚮吾不爲斯役, 則久已病矣. (柳宗元捕蛇者說)

향오불위사역, 즉구이병의. (유종원·포사자설)

해석 만약 내가 이런 부역을 하지 않았다면 오래 전에 이미 병이 났을 것이다.

(3) 부사로 사용하여 "이전에", "방금"의 의미를 표시한다.

> **例一** 嚮之憑恃險阻. 剗削消磨. (歐陽修豊樂亭記)
>
> 향지빙시험조. 잔삭소마. (구양수·풍락정기)
>
> **해석** 이전에 각자 험악한 요새를 믿고 할거하던 자들은 모두 제거와 소멸을 당하였다.

> **例二** 嚮者. 僕嘗厠下大夫之列. (司馬遷報任少卿書)
>
> 향자. 복상측하대부지렬. (사마천·보임소경서)
>
> **해석** 과거, 나는 하대부의 반열에 참여 한 적이 있다.

> **例三** 吾嚮者望子, 疑以爲人君也. 子至而人臣也. (說苑臣術)
>
> 오향자망자, 의이위인군야. 자지이인신야. (설원·신술)
>
> **해석** 내가 방금 그대를 바라보았을 때는 임금으로 의심했는데 그대가 이르러 보니 신하로구나.

현대중국어의 용법

[向] xiàng

(一) 전치사.

(1) "…향으로"의 의미로, 동작이 행하는 방향을 표시한다. ① 這屋子向南開窗. 이 집은 남향으로 창을 냈다. ② 向左拐彎就是我們的學校. 왼쪽으로 돌아가면 바로 우리 학교이다.

(2) "…에게(對)"의 의미로, 동작의 대상을 끌어들인다. ① 不懂的問題可以向老師請教. 이해하지 못하는 문제는 선생님에게 가르침을 부탁할 수 있다. ② 文學藝術是向群衆進行民主主義教育的有力工具. 문학예술은 군중에게 민주주의 교육을 진행하는 유력한 도구이다.

(3) "往"의 의미로, 전치사 구조로 단음절의 동사 뒤에 사용하여, 동작의 방향을 표시한다. ① 火箭準確地飛向目標. 로케트가 정확하게 목표를 향하여 날아갔다. ② 我們正在從勝利走向新的勝利. 우리는 마침 승리로부터 새로운 승리를 향해 나아가고 있는 중이다.

(二) 부사.

"원래부터(向來)"의 의미로, 모종의 상황이 과거부터 지금까지 계속 이
와 같음을 표시한다. 뒤에 단음절의 단어만 오며 문어체에서 사용한
다. ① 蘇州, 杭州向有"天堂"之稱. 소주·항주는 원래부터 "천당"이
란 별칭이 있다. ② 這些規章制度向未執行, 需要重新修訂. 이 규장제
도는 원래부터 집행되지 않아 다시 새로이 수정해야할 필요가 있다.

168 靡 (미)   부사와 형용사 용법이 있다.

(1) 부사로 사용할 때는 "없다", "…아니다"의 의미이다.

> **例一** 上稱帝嚳. 下道齊桓. 中述湯武. 以刺世事. 明道德之廣
> 崇. 治亂之條貫. 靡不畢見. (史記屈原列傳)
> 상칭제곡. 하도제환. 중술탕무. 이자세사. 명도덕지광숭. 치난
> 지조관. 미불필견. (사기·굴원열전)
>
> **해석** 위로는 제곡을 칭찬하고, 근대에는 제 환공을 칭찬하였고 중간에는
> 탕무제의 (혁명을) 서술한 것은 세상사를 풍자하고 도덕이 넓고
> 숭고함을 천명하기 위한 것이다. 치세와 난세 득과 실은 진상이 드
> 러나지 않음이 없다.

> **例三** 古布衣俠, 靡得而聞已. (史記游俠列傳)
> 고포의협, 미득이문이. (사기·유협열전)
>
> **해석** 고대 민간인 협객이 있었다는 말을 듣지 못했다.

(2) 형용사로 사용할 때는 "사치하다"의 의미이다.

> **例一** 夫子曰. 若是其靡也. 死不如速朽之愈也. (禮記檀弓上)
> 부자왈. 약시기미야. 사불여속후지유야. (예기·단궁상)
>
> **해석** 공자가 말하기를 만약 이렇게 사치하면 죽어서 하루 빨리 썩어버
> 리는 것이 더 났다.

169 疇 (주)   대명사와 어기사의 용법이 있다.

⑴ 대명사로 사용하면 "누구"라는 의미이다.

> 例一 帝曰, 疇若予工. (尙書舜典)
> 제왈, 주약여공. (상서·순전)
> 해석 황제께서 "누가 내 공사를 하겠는가?"라고 했다.

> 例二 運轉亡已. 天地密移, 疇覺之哉. (列子天瑞)
> 운전망이. 천지밀이, 주각지재. (열자·천서)
> 해석 움직이면서 구르는 것이 끊이지 않고 천지는 비밀리에 옮겨진다. 누가 그것을 깨달을 것인가?

⑵ 어기사로 사용할 때는 문두에 오고 해석하지 않는다.

> 例一 將戰, 華元殺羊食士, 其御羊斟不與, 及戰, 曰, 疇昔之羊, 子爲政. 今日之事, 我爲政.
> 장전, 화원살양사사, 기어양짐불여, 급전, 왈, 주석지양, 자위정. 금일지사, 아위정.
> 해석 곧 전쟁을 하려할 때 화원은 양을 잡아 병사들에게 주었고 그의 전차를 모는 양짐에게는 주지 않았다. 전쟁에 이르러 양짐이 말하기를 "어제의 양고기는 당신이 주관하였지만 오늘의 일은 내가 주관한다."라고 말했다.

> 例二 疇昔之夜, 飛鳴而過我者, 非子也耶. (蘇軾後赤壁賦)
> 주석지야. 비명이과아자, 비자야야.
> 해석 어제 밤에 내가 있는 곳을 울면서 날아오르는 것이 당신이 아니었는지?

170 顧 (고)   동사와 부사, 접속사의 용법이 있다.

⑴ 동사로 사용할 때는 "보다", "고려하다"의 의미이다.

> 例一 四境之內不治. 則如之何. 王顧左右而言他. (孟子梁惠王下)

사경지내불치. 즉여지하. 왕고좌우이언타. (맹자·양혜왕하)

[해석] 나라 안을 잘 통치를 할 수 없으면 어떻게 해야 합니까? 선왕이 이 말을 듣고 (대답하기가 곤란하여) 좌우의 사람을 살펴보며 다른 말을 했다.

[例二] 仰見明月. 顧而樂之. (蘇軾後赤壁賦)

앙견명월. 고이낙지. (소식·후적벽부)

[해석] 고개를 들어 명월을 보며 (사방의 경치를) 둘러보니 정말로 즐겁다.

[例三] 善用兵者. 使之無所顧. 有所恃. (蘇洵心術)

선용병자. 사지무소고. 유소시. (소순·심술)

[해석] 군대를 선용하는 사람은 병사로 하여금 생각하지 않고 의뢰하도록 만든다.

[例四] 言顧行. 行顧言. 君子胡不慥慥爾. (中庸十三章)

언고행. 행고언. 군자호불조조이. (중용·십삼장)

[해석] 말은 행동을 생각하고, 행동은 말을 생각한다. 군자가 (중용의 도를 행함에) 어찌 독실하지 않을 수 있겠는가?

[例五] 臣非不自惜也. 顧王業不可偏安於蜀都. 故冒危難. 以奉先帝之遺意. (諸葛亮後出師表)

신비불자석야. 고왕업불가편안어촉도. 고모위난. 이봉선제지유의. (제갈량·후출사표)

[해석] 신이 자신을 아끼지 않는 것이 아니라 왕업을 고려하면 사천에서 편안할 수 없어 모험을 무릅쓰고 선왕의 유명을 받들었습니다.

(2) 부사로 사용할 때는 "그러나", "오히려"의 의미이다.

[例一] 方餘小時, 嘗有志於出遊天下. 顧以學未成而不暇. (宋濂送天臺陳庭學序)

방여소시, 상유지어출유천하. 고이학미성이불가. (송렴·송천대진정학서)

[해석] 내가 어렸을 때 일찍이 세상을 주유할 뜻을 세웠었다. 그러나 아직 학문이 완성되지 않아 시간을 낼 수 없었다.

例三 白之顧益黑. (呂氏春秋審分覽)

백지고익흑. (여씨춘추 · 심분람)

[해석] 그것을 희게 하고자 했으나 오히려 더 검어졌다.

(3) 접속사로 "단지 …일뿐이다", "그러므로"라는 의미이다.

例一 此在兵法, 顧諸君不察耳. (史記淮陰侯列傳)

차재병법, 고제군불찰이. (사기 · 회음후열전)

[해석] 이것은 병법에 기재되어 있는데 단지 제군들이 살피지 않았을 뿐이다.

例二 於是手詔停婚, 顧其家漸衰矣. (舊唐書魏徵列傳)

어시수조정혼, 고기가점쇠의. (구당서 · 위징열전)

[해석] 이에 황제가 친히 조서를 내려 혼인을 파기하였다. 그러므로 그의 집안은 점차 몰락했다.

색 인

필 획 색 인

한국어 발음색인

▓ **편자소개** ▓

- 대만 대학교 중국문학박사
- 강원대학교 중어중문학과 교수
- EBS교육방송 초급 중국어 중급중국어 집필 및 방송
  (2001년 ~ 2004년)
- 중국인의 감정표현법(강원대학교출판사)외 다수

고문허사사전

초판인쇄   2011년 12월 10일 초판 1쇄 인쇄
초판발행   2011년 12월 20일 초판 1쇄 발행

편 자   이 경 규
발 행 인   윤 석 현
발 행 처   제이앤씨
책임편집   이 신 · 정지혜 · 최인노
등록번호   제7-220호

우편주소   ⓟ 132-702 서울시 도봉구 창동 624-1
            북한산 현대홈시터 102-1206
대표전화   02) 992 / 3253
전   송   02) 991 / 1285
홈페이지   http://www. jncbms. co. kr
전자우편   jncbook@hanmail. net

ⓒ 이경규 2011 All rights reserved. Printed in KOREA

ISBN 978-89-5668-885-5 91720   정가 18,000원